CHINA

CHINA

UNTERWEGS IN ALLEN PROVINZEN

FOTOGRAFIE UND TEXT

BASIL PAO

AUS DEM ENGLISCHEN
VON CHRISTEL KLINK

GEO
FREDERKING & THALER

Ein Buch der Partner FREDERKING & THALER und GEO

Die Deutsche Bibliothek verzeichnet diese Publikation in der Deutschen Nationalbibliografie; detaillierte bibliografische Daten sind im Internet unter http://dnb.ddb.de abrufbar.

Titel der englischen Originalausgabe:
»China Revealed. A Portrait of the Rising Dragon«

Fotografie und Text: © Basil Pao 2007
Produktion und Recherche (China): Nina Huang Fan
Recherche und Lektorat: Gavin Greenwood
Projektmanager: Debbie Woska
Art Direction & Design: Basil Pao
Associate Designer: Stella Lai
Kalligrafie: Zheung Yao Qun

Übersetzung aus dem Englischen: Christel Klink, München
Lektorat: Ulrich Mayer, München
Herstellung und Satz: Verlagsservice Rau, München
Druck und Bindung: Printer Trento, Italien

Printed in Italy

ISBN 978-3-89405-695-7

[DIESE DOPPELSEITE] Der Li-Jiang-Fluss, Provinz Guangxi.

[VORANGEHENDE SEITEN]
[1] Panda-Aufzucht- und Forschungsstation in Chengdu.
[2–3] Die Docks bei Chaotianmen in Chongqing.

[NACHFOLGENDE SEITEN]
[6–7] Das Ende der Chinesischen Mauer bei Jiayuguan, Provinz Gansu.
[10–11] Schneesturm über Taerqin, Westtibet.
[12–13] Khunjerab-Pass, Xinjiang.
[30–31] Das Lusheng-Festival in Zhouxi, Provinz Guizhou.

Für meine Eltern und meine Familie.

Und für Sonia Tse'yan –
möge deine Reise wahrhaftig sein.

INHALT

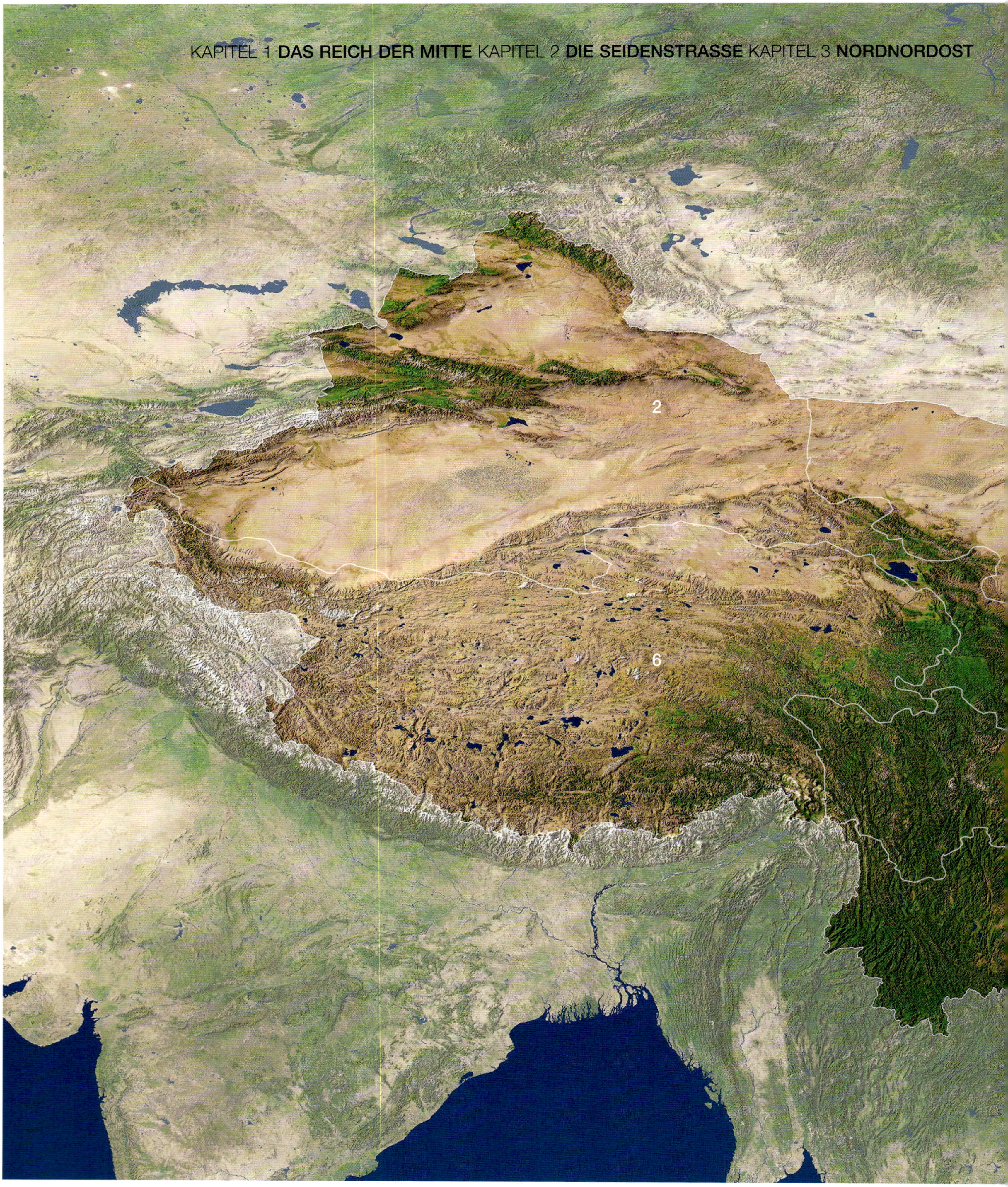
2
6

3
4
1
5

VOM GALOPPIERENDEN PFERD AUS ORCHIDEEN BETRACHTEN

ODER

MAGISCHER DRACHE – TRAGISCHER DRACHE

Im Dunkeln klingelt das Telefon. Meine Augen sind wie zugeklebt. Ich taste nach dem unbekannten Klingelton, doch die Arme greifen ins Leere. Bis ich endlich wach genug bin, um zu merken, dass ich keine Ahnung habe, wo ich bin, und es einfach klingeln lassen will, hört es auf. Zwei Sekunden später klingelt es nebenan. Durch die dünne Wand hinter meinem Kopfbrett höre ich, wie eine Männerstimme »Wei …?« in den Hörer schreit. Da fällt mir ein, wo ich bin. Ich bin in China, und dem penetranten Geruch nach zu urteilen, der aus der nahen Nasszelle entweicht, im Standardzimmer eines Drei-Sterne-Hotels, das sich in einer Provinzstadt als Vier-Sterne-Hotel verkauft. Der Anruf kam wahrscheinlich von einer der Masseusen aus dem »Wellness-Center« des Hotels, die Fremden in der Nacht ihren Zimmerservice anbieten, ein Angebot unter Tausenden, die in diesem Moment überall im Lande gemacht werden. Doch bevor ich meinem vom Jetlag geplagten Hirn weitere Erkenntnisse entlocken kann, packt mich eine überwältigende Erinnerung wie eine Raubtierpranke und zerrt mich weit zurück in die Vergangenheit, in jene gespenstische Zone ewigen Zwielichts, aus der es kein Entrinnen gibt …

前言

Im Dunkeln klingelte das Telefon. Ich öffnete die Augen und suchte instinktiv nach dem Widerschein des Lichts, das in mondhellen Nächten die Glasoberfläche des Schreibtischs am Fenster aufleuchten ließ wie frischen Schnee. Es war jedoch stockdunkel, und die Nacht schien plötzlich kälter.

Der altmodische Klingelton hallte gespenstisch wie ein Echo aus Hitchcocks *Bei Anruf Mord* den schmalen Korridor entlang in unser Zimmer. Mein Bruder regte sich im Bett über mir, während sich unser »Großonkel« im oberen Bett gegenüber auf die andere Seite wälzte und weiterschnarchte. Ein leises Knarren war zu hören, als sich die Türe des Elternschlafzimmers öffnete, dann das sandpapierartige Schlurfen der Lederslipper auf den Dielen, als mein Vater rasch zum Esszimmer ging. Kurze Stille, ein Klick, dann flackerte das Neonlicht über dem Korridor auf, und kaltes, grünes Licht strömte durch die schmale Türöffnung in unser Zimmer. Das Klingeln hörte auf, und ich versuchte, mich auf die Stimme meines Vaters zu konzentrieren, während die Standuhr vier Uhr schlug.

Ein Gewirr von Schritten, Stimmen, Schatten, die an der Wand entlanghuschten, sickerte in mein Bewusstsein. Mein Vater rief die Mutter ans Telefon. Der Großvater rief von seiner Tür uns gegenüber aus: »Wer ist denn dran?«, während im Hintergrund meine Großmutter hustete, sich räusperte und in den Spucknapf neben ihrem Bett spuckte. Irgendwann wurde unsere Tür von einer Silhouette leise zugezogen, der schmale Lichtausschnitt glitt über die Zimmerdecke und entwischte durch den sich schließenden Spalt. Das Schnarchen am anderen Ende des Zimmers hörte plötzlich auf und stürzte die Dunkelheit in abgründige Stille. Verwirrt zog ich mir damals die Decke über den Kopf und dachte, dass das Telefon noch nie zuvor um vier Uhr morgens geklingelt hatte. Beim Frühstück am nächsten Tag erfuhren wir, dass Tante Ida, die ältere Schwester meiner Mutter, angerufen und uns informiert hatte, dass ihr älterer Bruder »Älterer Bruder Chong«, wie er in der Familie genannt wurde, in der Nacht aus China »rübergemacht« und zu ihrer Villa in Kowloon Tong gefunden hatte.

Während der Schule an diesem Tag klaubte ich mir alle Erinnerungsfetzen an diesen Onkel zusammen, der ohne Vorankündigung in jenen Nachtstunden aufgetaucht war, die meine Großmutter für die Geisterstunde hielt. Ich wusste nur eines sicher, dass er bis gestern in Kanton gelebt hatte. Alles andere war ein Wust von Geschichten, die den nostalgischen Reminiszenzen meiner Eltern entstammten und die lediglich von ein paar winzigen, verblassten Fotografien im Familienalbum illustriert wurden. Mein Vater, der in seiner Jugend selbst ein ausgezeichneter Schwimmer gewesen war, erzählte, dass Älterer Bruder Chong ein ziemlich bekannter Volleyballspieler und der Star eines Teams talentierter junger Spieler gewesen war, das Hongkong vor dem Krieg in den East Asian Games vertreten hatte. Sein Spitzname war »Stachel Gottes«, und am Netz konnte ihn keiner aufhalten.

Die Erzählungen unserer Mutter bezogen sich mehr auf ihre Familiengeschichte, einer Saga von wohlhabenden Grundbesitzern wie *Vom Winde verweht*, deren enormes Vermögen und umfangreiche Besitztümer, die sich über ganz Südostasien vom südlichen Guangdong über Hongkong und bis nach Penang erstreckten, im Gezeitenwechsel von Krieg und Revolution zu- und abnahmen. Glaubte man den Geschichten der Eltern, dann war Älterer Bruder Chong dazu noch Frauenliebling und stadtbekannter Schürzenjäger gewesen.

前言

Zehn Kinder waren dem großmütterlichen Schoß entschlüpft, von denen acht überlebten. Mein Onkel war das zweite gewesen und der einzige Sohn. Da er als Stammhalter in westlichen Schulen erzogen und, leider durch und durch modern, einer »blinden und stummen« (arrangierten) Heirat offensichtlich abgeneigt war, wurde ihm in seinem 18. Lebensjahr eine sorgfältig ausgedachte Falle gestellt. Dazu gehörte der Bau eines neuen Familienwohnsitzes im Dorf der Ahnen. Bei den wichtigen Zeremonien des Richtfestes war seine Anwesenheit unbedingt erforderlich. So wurde er aus Hongkong nach Tai Shan zurückgelockt, und bevor er sichs versah, war er dort mit einer Bauerntochter verheiratet worden, auf die er noch nie zuvor einen Blick geworfen hatte.

Pflichtbewusst nahm er seine junge Braut mit nach Hongkong und erfüllte im Laufe der nächsten Jahre seine Familienverpflichtungen, indem er eine Tochter und einen Sohn mit ihr zeugte, was aber nicht darüber hinwegtäuschen konnte, dass die beiden einander fremd blieben und ein jeder für sich lebte. Die Heirat konnte ihn auch nicht von seiner Karriere als Star-Athlet abbringen, geschweige denn davon, den Damen der Gesellschaft weiterhin den Hof zu machen und Abenteuer mit »Taxi-Girls« in den berühmtesten Nachtclubs im Delta des Pearl River zu suchen. Nachdem seinen Vater später in einer Zinnmine irgendwo auf der Malaiischen Halbinsel, in die er investiert hatte, plötzlich der Tod ereilte – unter ungeklärten Umständen, wie man munkelte –, erbte Älterer Bruder Chong das riesige Familienvermögen. Er ließ sich eng mit einer Nachtclub-Hostesse ein und nahm sie als Konkubine auf. Mit ihr verbrachte er dann sein weiteres Leben.

Der Zweite Weltkrieg, die japanische Invasion, der Bürgerkrieg in China und der Anbruch des Kommunismus zerstörten sein Leben wie auch das vieler Millionen anderer. Doch das Bild, das meine Eltern – wohl gleichermaßen aus Nostalgie wie auch aus Angst, der Realität Chinas ins Auge zu blicken – weiterhin von ihm zeichneten, war das einer heroischen, fast mythischen Gestalt: der allseits angebetete, sagenhaft reiche und schneidige Typ, dem die Frauen auf dem Tanzboden in die Arme sanken und vor dem die Gegner auf dem Volleyballplatz zitterten.

Als ich klingelte, immer noch außer Atem von meinem Lauf die acht Stockwerke zu unserem Apartment hinauf, quoll meine Fantasie über mit Vorstellungen von meinem Onkel, wie dieser adlergleich abhob und den weißen Ball über dem Netz mit himmlischem Zorn traf, um dann graziös wie Fred Astaire mit einer Schönen im Arm zurück auf spiegelndem Boden dahinzugleiten …

Meine Mutter saß in einer Gruppe ernst blickender Frauen im Wohnzimmer, die mit gedämpfter Stimme sprachen, als wollten sie ein schlafendes Kind nicht wecken. Pflichtgemäß grüßte ich jede einzeln, indem ich sie dem Alter nach mit ihrem angemessenen Titel in der Familienhierarchie ansprach, wobei meine Mutter helfend soufflierte. Endlich sagte sie: »Begrüße deinen Onkel …«, und ihr Blick richtete sich über meinen Kopf hinweg zum Esszimmer hinter mir.

Er saß allein am Esstisch, mit dem Rücken zu uns. Der erste Gedanke, der mir durch den Kopf schoss, war, dass er kleiner war, als ich ihn mir vorgestellt hatte. »Großer Onkel«, rief ich und ging schnell auf ihn zu. Seit ich die Wohnung betreten hatte, sprach ich nun zum ersten Mal laut. Er drehte den Kopf langsam in meine Richtung, aber bevor ich sein Gesicht erkennen konnte, verschwand er wieder hinter den hochgezogenen Schultern. Ich ging vorsichtig näher, unsicher, wie ich mich verhalten sollte, ging um den Tisch herum, ohne es zu wagen, direkt in seine Richtung zu blicken. Ich steckte den Kopf in die Küche und begrüßte Koch und Kindermädchen, bevor ich auf einen der mit rotem Vinyl bezogenen Stühle unter den Fenstern kletterte. Ich wollte meinen Mut zusammennehmen und ihn ansehen, aber mein Blick schweifte vom Telefon neben mir zur Standuhr drüben, während ich mich an die Stimmen erinnerte, die seine unerwartete Ankunft bekannt gegeben hatten. Schließlich fiel mein Blick doch zögerlich auf sein Gesicht, und eine ungekannte Angst krallte meine Brust zusammen.

Das mit schmutzigem Grau gesprenkelte Haar des Onkels stand wirr vom Kopf ab, das Gesicht war verbraucht, der gute Knochenbau verborgen hinter einer sonnengegerbten, fast schwarzen Lederhaut. Stoppeln als Zeichen einer hastigen Rasur überzogen sein Gesicht wie grüner Schimmel, und die ehemals attraktiven Züge waren von harter Arbeit zerstört worden. Er blickte nach unten und konzentrierte sich darauf, löffelweise Zucker aus einer Dose auf ein Stück weiches Weißbrot zu häufen. Vorsichtig klappte er das Brot zusammen und stopfte es fast ganz in den Mund. Beim Kauen schaute er auf und starrte mit leeren Augen und ausdruckslosem Gesicht in den dunklen Korridor hinaus. Nur wenn er mühsam schluckte, unterbrach er sein mechanisches Kauen und verzog das Gesicht in einer Art leichter Grimasse. Dann zog er ein weiteres Stück Weißbrot aus der Packung und wiederholte den Vorgang. Während ich ihm zusah, hörte ich in Gesprächsfetzen Spekulationen darüber, wo er wohnen sollte, was sich ihm an Arbeitsmöglichkeit böte, wo man mit ihm Kleidung kaufen könnte … Während also seine Zukunft sozusagen hinter seinem Rücken, doch so, dass er es hören konnte, entschieden wurde, fabrizierte und aß mein Onkel Zucker-Sandwichs in seiner ganz eigenen Welt, wie eine Maschine, die vergessen hatte, wofür sie da war.

Als seine Hand schließlich kein Weißbrot mehr in der Packung fand, hielt er inne und atmete durch. Erst sah er seine Hände eine Zeit lang an, dann pickte er langsam und minutiös mit Zeigefinger und Daumen die Zuckerkörnchen auf, die auf dem Tisch zurückgeblieben waren, und platzierte sie vorsichtig in seinen Mund. Ganz mechanisch tat er das so lange, bis der Tisch sauber war. Mit der Zunge schleckte er die letzten Zuckerkörnchen von den Fingern, dann schloss er Mund und Augen mit einem tiefen Seufzer der Erleichterung. Er ließ die Hände an den Seiten herunterfallen und lehnte sich am Tisch zurück.

Ohne Vorwarnung drehte er sich plötzlich zu mir und starrte mich an, oder besser: durch mich hindurch. Was danach passierte, habe ich nie richtig verstanden. Ich kann mich nur noch daran erinnern, dass ich zu fallen schien, immer tiefer und tiefer in seine leeren grauen Augen, in ein Loch, dunkler, schwärzer und bodenloser, als ich es mir je hätte vorstellen können, und dass ich mich nicht bewegen konnte, als sei ich festgefroren. Meine Brust schmerzte, als ich nach Atem rang, doch ich konnte nicht wegsehen. Ich war wie hypnotisiert von einer Faszination, die stärker war als alle physischen Empfindungen. Dann drehte er sich weg, so gedankenlos, wie er sich mir zugewandt hatte, und der Bann löste sich langsam. Erst Jahre später lernte ich die richtigen Begriffe für das, was ich in diesem Moment, als sich unsere Blicke trafen, gespürt hatte. Viel wichtiger ist jedoch, dass China in jenem Augenblick für mich »konkret« wurde. Das war im Winter 1962, im Februar, um genau zu sein, und ich war neun Jahre alt.

前言

In diesem Jahr ging endlich der utopische Wahnsinn zu Ende, der als der »Große Sprung nach vorn« bekannt wurde und 1958 begonnen hatte. Mao hatte sich gerade genötigt gesehen, bei der Konferenz der Siebentausend »Selbstkritik« zu üben und endlich wenigstens etwas Verantwortung für das Versagen seiner Politik zu übernehmen, die in nur vier kurzen Jahren, in der größten von Menschen verursachten Hungersnot der Geschichte, direkt zum Tod von mindestens 30 Millionen Menschen geführt hatte. In diesem Februar 1962 öffnete die Provinzregierung in Guangdong für ein paar Tage ihre Pforten entlang der Grenze nach Hongkong und löste so den Exodus von über 50 000 Menschen aus, die auf der Suche nach einem neuen Leben den Stacheldraht zum britischen Territorium überwanden, unter ihnen auch mein Onkel.

Bis zu jenem Augenblick, als ich diesem Wrack begegnete, das einmal der mächtige »Stachel Gottes« gewesen war, und in seine leeren Augen geblickt hatte, war »China« ganz im Reich der Fantasie angesiedelt gewesen. Meine Vorstellungen über das Land und das Wenige, das ich über seine Geschichte wusste, hatte ich hauptsächlich der Welt der Comiczeichnungen und ihrer Adaption klassischer Erzählungen wie *Die Reise nach Westen, Die Räuber vom Liangshan-Moor* und *Die Geschichte der drei Reiche* entnommen. Um die Illusion komplett zu machen, gab es noch billige kantonesische Filme und die historischen Seifenopern im Radio, die ich mir eifrig jeden Tag im Zimmer meiner Großeltern zu Gemüte führte. Während der langen, heißen Nachmittage in den Sommerferien lag ich oft auf einer kühlenden Strohmatte auf dem Bett meines Großvaters, die Augen fest geschlossen, und malte mir die Szenen aus, während er am Schreibtisch saß und endlos Haufen linierten Papiers vollkritzelte, das er in Ringordnern aufbewahrte. Meine Anflüge von Patriotismus für das »Vaterland«, während ich in einem Apartmentkomplex für Angehörige der Staatsdiener Ihrer Majestät in Hongkong lebte, leiteten sich ab von der seltsamen, aber überaus populären Serie *Abenteuer von Onkel Chai* über einen Banditen und Freiheitskämpfer, der wochenlang die Geschichte des Zweiten Weltkriegs umschrieb, indem er im Alleingang die japanischen Invasoren in der Mandschurei besiegte. Niemand wusste, warum, aber er war wie ein kanadischer Holzfäller gekleidet, einschließlich eines Waschbärenfellhuts à la Daniel Boone, und hatte einen treuen Schäferhund an seiner Seite.

Mit der Volksrepublik China war ich nur über den »Großonkel« in Kontakt gekommen, der bei uns wohnte. Obschon noch keine 30 und jünger als mein Vater, war er dennoch dessen Onkel, da er der Adoptivbruder meiner Großmutter aus einem anderen Zweig der Familie war. Als offensichtlicher Linker und ungenierter Patriot hatte er die *China Pictorial* abonniert, die Antwort der Kommunistischen Partei auf das Magazin *LIFE*. Hier sah ich zum ersten Mal stark retuschierte Fotos von Mao, Tschou, Stalin und Castro, zusammen mit unglaublich glücklichen Bauersfrauen inmitten wogender Weizenfelder, deren Backen selbst in Schwarz-Weiß-Aufnahmen rot glühten, und unwahrscheinlich stolzen Männern mit Schutzhelmen, die tatkräftig und heroisch auf Flüsse geschmolzenen Stahls oder auf riesige Bohrinseln blickten. Später kamen noch Bilder von Ho Chi-Minh und nordvietnamesischen Genossen hinzu, die die Invasoren des »amerikanischen imperialistischen Papiertigers« zurückdrängten.

Mit Maos China kam ich nur beim Einkauf in den verschiedenen »China-Products-Märkten« in Berührung, die spezialisiert waren auf billige Haushaltsgegenstände, Fertigprodukte und sonstige unter der roten Sonne produzierte Waren. Zum Beispiel komische nackte Gummipuppen, die mit rätselhaften bunten Linien und

Punkten tätowiert waren. Dass es sich dabei um Akupunkturmodelle mit eingezeichneten Meridianen und Druckpunkten handelte, erfuhr ich erst später. Und dann diese Pralinen, wirklich die widerlichsten Kakaoprodukte, die ich jemals gegessen habe. Unser Großonkel kaufte sie immer für uns, aus patriotischem Pflichtbewusstsein oder sonstigen perversen Gründen, die nur er kannte, denn sie schmeckten wirklich eklig, und er wusste genau, dass wir sie hassten. Manchmal frage ich mich, ob nicht gerade diese Pralinen schuld daran waren, dass ich mich willentlich von der Kultur entfremdete, die doch durch meine Adern fließen soll, um mich ganz bewusst den fremden Einflüssen von da Vinci und Led Zeppelin auszuliefern. War der Kampf um die kulturelle Identität lediglich ein Krieg zwischen Süßigkeiten? Handelte es sich einfach um Cadbury gegen Himmlischer Tempel?

All das änderte sich am Tag, nachdem »Großer Onkel Chong« zu uns ins Haus kam und einen ganzen Laib Weißbrot mit Zucker vertilgte. Von dem Moment an, als ich durch seine Augen in den Abgrund eines Mannes fiel, dessen Geist gebrochen und dessen Seele geflohen war, war Schluss mit der Romantik in der *Geschichte der drei Reiche*. Mitten im Flug landete der Affenkönig unsanft auf dem Boden. »China« mit all seinen Facetten war plötzlich keine wohlgesinnte, unbekannte Macht mehr, sondern ein Feuer speiender Drache, der selbst den stärksten Mann in ein Wrack verwandeln konnte. Nie hätte ich gedacht, dass ich diesen nackten, unverfälschten Terror, der mich an jenem Tag körperlich gefangen hielt und der mir das Blut in den Adern gefrieren ließ, nicht mehr loswürde. Doch genau dies geschah. Er blieb, wurde Teil von mir und wucherte insgeheim.

Ich dachte, das Untier sei verschwunden, als ich meinen Onkel einige Wochen später bei einem Familienessen wiedersah. Man hatte ihn zurechtgemacht, und der Eindruck, er sei gerade noch dem Tod von der Schippe gesprungen, war verschwunden. Ein Haarschnitt, eine saubere Rasur und ein neuer Anzug ließen ihn jünger und entschieden menschlicher aussehen. Obwohl er immer noch abweisend war und wie aus einer anderen Welt zu kommen schien und obwohl ich kategorisch jeden Augenkontakt mit ihm vermied (für den Rest seines Lebens), hatte ich keine Angst mehr vor ihm und dachte, der Albtraum sei vorbei. Da irrte ich mich aber gewaltig, denn der Onkel war nur der Vasall gewesen, der das Untier hergebracht hatte. Mein Schicksal war besiegelt. Der Drache sollte mein schlimmster Freund und bester Feind werden, ein lebenslanger Begleiter, der unsichtbar in mein Unterbewusstsein schlüpfte und still mein Schicksal nach seinem Willen gestaltete. Je mehr ich ihn von mir stieß, desto näher kamen wir uns, je mehr ich versuchte, ihn links liegen zu lassen, desto unwiderstehlicher wurde er. Wie eine unersättliche Geliebte erstickte er mich in erdrückender Umarmung, und ich war dazu verdammt, mit den Konflikten von Abneigung und Faszination zu ringen, Liebe und Hass für das Untier zu empfinden, das in mir lebte und all das personifizierte, was an China gut und böse war und, im Endeffekt, auch an mir. Egal was ich seither unternommen habe und was aus mir geworden ist, sein 3000 Jahre altes Blut fließt in meinen Adern. Während der nächsten 40 Jahre verleugnete ich aber diese simple Wahrheit und versuchte vergeblich, vor ihr davonzulaufen.

In den Jahren darauf, in denen ich nolens volens in die Pubertät stolperte, retteten Reformer wie Liu Shao-chi und Deng Xiaoping das Land vor dem Abgrund, während Mao sich in seine diversen hübsch angelegten Villen auf dem Land zurückzog und Rachepläne schmiedete. China erholte sich langsam von der

Hungersnot, und der Drache in meinem Körper schlief, als ein plötzlicher Wachstumsschub die letzten Spuren des freundlichen kleinen Jungen tilgte, dem man einst den Kosenamen »Little Buddha« gegeben hatte. Von Tag zu Tag wurde ich schlaksiger und launischer. Auch meine innere Orientierung begann sich zu ändern. Zunächst war die Ausrichtung nach Westen nur oberflächlich: Die chinesischen Geschichtscomics wurden abgelöst von der Komikertruppe *The Three Stooges*, mein Lieblingsheld war Steve McQueen aus *Der Kopfgeldjäger* mit seiner abgesägten Winchester, der Zhao Yun aus den *Drei Reichen* mit seinem langen Speer ersetzte, und die Top-40-Hits schlugen die kantonesischen Seifenopern aus dem Radio um Längen. Dann sah ich zum ersten Mal ein paar *Playboy*-Hefte, die ein frecher Cousin auf Wochenendbesuch in einer PanAm-Tasche ins Haus geschmuggelt hatte. Was sich meine Mutter dabei dachte, als drei Jungs sich miteinander im Bad einschlossen, wird mir für immer ein Rätsel bleiben. Sie hat nie ein Wort darüber verloren.

Als ich in den Stimmbruch kam, setzte Mao zum Vergeltungsschlag an. Im Mai 1966 initiierte er die Große Proletarische Kulturrevolution und rief die Schüler und Studenten Chinas auf, sich zu erheben und gegen ihre Lehrer und Autoritätspersonen »zu kämpfen«. Im Juni schon war aller Unterricht aufgehoben, und eine renommierte Mittelschule in Beijing schuf den berüchtigten Begriff »Rote Garde«. Die systematische Zerstörung chinesischer Kultur begann, und eine ganze Generation von Schülern und Studenten hatte Sommerferien, die zehn Jahre lang andauern sollten. Aufgeputscht durch die Freiheit und völlig hormongesteuert, machten sie sich mit dem jugendlichen Übermut an die Arbeit, der für Teenager in aller Welt so typisch ist. Während im August die Engländer noch im Hochgefühl der gewonnenen Fußballweltmeisterschaft schwelgten, wurde in Beijing gerade die Leiterin einer Mädchenschule von ihren Schülerinnen zu Tode gefoltert. Zwei Wochen später, am 18. August, stand Mao auf dem Tor zum Tian-An-Men-Platz und ließ die entfesselten Roten Garden auf eine Welt los, die geschockt und eingeschüchtert diesem zerstörerisch wütenden Sturm zusah, den ein böswilliges Ego heraufbeschworen hatte.

Die Nachrichtenbilder von Hunderttausenden singender und skandierender Anhänger, die einem gebrechlichen 72-jährigen Mann absolute Loyalität schworen, erinnerten an den Leni-Riefenstahl-Klassiker *Triumph des Willens* – das Nonplusultra des Propagandafilms. Wo die Kunst und Perfektion der Nazi-Propaganda fehlte, wurde dies bei den Nachrichtenclips über die Roten Garden am Tian-An-Men-Platz wettgemacht durch geballte Leidenschaft und schieren Wahnsinn. Dank der neuen Regelungen der Eisenbahn, wonach als Fahrkarte, egal wohin in China, das Armband der Roten Garden, ein Mao-Anstecker und eine Kopie der Mao-Bibel galten, konnten Scharen Roter Garden von den Städten aus auf dem flachen Land einfallen. Die Revolution unter der Maxime »Lasst uns alles kurz und klein schlagen, einschließlich der Leute ...« breitete sich wie ein Lauffeuer in die entferntesten Winkel des Landes aus – sehr zum Entsetzen einer bereits zur Genüge terrorisierten Bevölkerung, die sich gerade erst vom »Großen Sprung nach hinten« zu erholen begann. Als die Empörung über John Lennons Aussage »Die Beatles sind größer als Jesus« nach Amerika überschwappte und die Amerikaner Beatles-Schallplatten verbrannten, standen in ganz China historische Monumente und Kulturgüter in Flammen, ganz zu schweigen von uralten Schriften und kostbaren Büchern.

Der Drache lehnte sich zurück und genoss das Feuerwerk, während die Hormone in meinem Körper explodierten wie Brandbomben im Blitzkrieg. Verklemmt und ein geborener Feigling, war ich verrückt nach

Mädchen, hatte aber keinen blassen Schimmer. Mein Schicksal schien es zu sein, kein Don Juan, sondern stiller Beobachter zu werden, und so begnügte ich mich damit, die Mädchen des St. Margaret Girls College von ferne zu bewundern, einem Lehrinstitut, das eher für seine Toleranz bei regelwidrigen Minirocklängen als für seine akademische Exzellenz bekannt war. Zwar gelang es mir, in die Endrunde eines Amateur-Musikwettbewerbs zu kommen, die von einem Teenie-Magazin gesponsert wurde – ich spielte zwölfsaitige Gitarre und sang Bob Dylans »*The Times They Are A-Changing*«. Aber ich gewann weder einen Preis noch ein Mädchen und musste so meine vielen Dämonen im Stillen bekämpfen.

Als desorientierter, benommener Teenager wurde ich dann dumm und leichtsinnig und spielte zum ersten Mal mit selbstzerstörerischen Gedanken. Ich hing ab mit den »Fly-Boys« (kantonesischer Jargon für einen jugendlichen Angeber, dessen ganzer Lebenszweck darin besteht, den Entenschwanz-Haarschnitt von Elvis Presley und das Schmollen von James Dean in *Denn sie wissen nicht, was sie tun* zu kopieren). Ich spielte Ball auf von Triaden verseuchten öffentlichen Sportplätzen, die kein normaler Mensch freiwillig betreten hätte. In der Schule fing ich mit dem Glücksspiel an, bis ich erwischt wurde. Meine Noten wurden auch schizoid. Während ich in Englisch weiterhin sehr gute bis gute Noten hatte, gelang mir das fast Unmögliche, nämlich ein Ungenügend für chinesische Geschichte und Literatur, was daran lag, dass ich den Unterricht verschlief und das ganze Jahr über nichts tat.

Im Mai 1967 schwappte die Kulturrevolution nach Hongkong über und zwar in Form von Arbeitskonflikten, die zu Streiks und Unruhen führten. Bald darauf wurden Ausgangssperren verhängt, und selbst gebastelte Bomben, die in simple braune Tüten verpackt und »Ananas« genannt wurden, explodierten überall in der Stadt. Als ein populärer Radiosprecher, der sich gegen die Gewalt geäußert hatte, einem Anschlag der »Linken« zum Opfer fiel – er war zusammen mit seinem Bruder im Auto in die Luft gejagt worden –, machte sich Angst in der Stadt breit, und wer konnte, schickte seine Kinder nach Übersee. In diesem Sommer wurden mein Bruder und mein Cousin nach England verfrachtet – wo Sgt. Pepper regierte –, und meine beiden besten Schulfreunde gingen in die USA, gerade rechtzeitig für den Summer of Love. Nachdem sie abgereist waren, verschlechterte sich mein Leben erheblich. Durch die ständige Konfrontation mit den gewalttätigen Bildern einer von Kriegen und Revolutionen erschütterten Welt wurde das Untier rastlos und kam immer öfter nachts zum Spielen heraus. Es mästete sich an meiner Einsamkeit und Frustration und verfolgte mich in meinen Träumen, bis der Albtraum sich in den Tag hineinzog.

Als ich schließlich 18 Minuspunkte für schlechtes Betragen hatte – zwei mehr, und ich würde von der Schule fliegen – und kaum noch durchkam, ging ich eines Abends zu meinen Eltern und bat sie, mich nach England in die Schule zu schicken. Obwohl sie es sich eigentlich nicht leisten konnten und ihnen klar war, dass mein Vater nun noch mehr Film-Untertitel in Nachtarbeit übersetzen musste und die Familie für längere Zeit den Gürtel würde enger schnallen müssen, stimmten sie zu. Vielleicht hatten sie das Flehen einer verzweifelten Seele erkannt, oder sie dachten ganz einfach, dass es Zeit für mich sei, ein Hongkong zu verlassen, dessen politische Zukunft immer unsicherer wurde. Auf jeden Fall aber war es vorbehaltlose Liebe, die sie dazu brachte, diese zusätzliche Bürde zu schultern und das Opfer auf sich zu nehmen. Dafür werden sie für immer einen Platz in meinem Herzen haben. Denn mir graut bei dem Gedanken, was aus mir geworden

wäre, hätten sie Nein gesagt. Wie durch ein Wunder wurde ich in der Kingswood School in Bath angenommen, der Schule, die John Wesley für die Kinder methodistischer Prediger gegründet hatte.

Bald danach, in einer schwülen, sternenklaren Nacht, bestieg ich einen Charterflug nach Amsterdam mit Anschluss nach London. Meine Mitreisenden waren hauptsächlich Einwanderer aus den ländlichen New Territories, die sich auf den Weg in die Chinatowns Europas machten. Ihr Handgepäck enthielt viele Töpfe und Pfannen, und ein Mann hielt seinen Lieblings-Wok fest im Arm. Ein anderer hatte frischen, am selben Tag geernteten *choi-sum* aus seinem Gemüsebeet dabei. Irgendwie scheine ich mich an eine Frau zu erinnern, die völlig aus der Fassung geriet, weil sie ihre Hühner nicht mit an Bord nehmen durfte, aber ob diese Erinnerung stimmt, weiß ich nicht mehr. Nur eines weiß ich noch genau, nämlich wie ekstatisch ich war – über meine erste Flugreise, die erste Reise alleine und, mehr als alles andere, über das neue Leben, das mich am anderen Ende der Welt erwartete. Ich ließ den Drachen hinter mir und würde China ein für alle Mal den Rücken kehren. Als ich die Viscount Turboprop 800 betrat, trieb das Schicksal einen grandiosen Scherz mit mir: Alle Sitze waren nach hinten ausgerichtet, und so flog ich rückwärts nach London, mit Zwischenstopps in Kalkutta und Dubai und einem Flugzeugwechsel in Amsterdam, wo die meisten Passagiere ausstiegen, dann über den Ärmelkanal nach London – und die ganze Zeit über blickte ich in Richtung China zurück.

Aber das machte nichts. Als ich erst einmal an der Victoria Station angekommen war und mein Bruder mich mit seinen Freunden zusammen abholte, war der Ausbruch aus dem Gefängnis geschafft. Ich war entkommen, und ich war frei. Eine schwere Last war von mir genommen, ich fühlte mich beschwingt und befreit, und dieses Gefühl blieb mir im Großen und Ganzen durch die Höhen und Tiefen der nächsten zwölf Jahre meines selbst gewählten Exils treu. In dieser Zeit machte ich mich daran, meine chinesische Haut abzustreifen und das zu werden, was die Amerikaner eine »Banane« nennen – außen gelb und innen weiß –, denn ich unterlag der Täuschung, dass das kulturelle Erbe, das ich als Chinese in mir trug, mich im Leben ausbremsen würde. Zu meiner Schande muss ich gestehen, dass es mir damals gelang, alles zu verdrängen, trotz anfänglicher Widrigkeiten, wie zum Beispiel gleich in der ersten Woche vom Schulraufbold »Schlitzauge« genannt zu werden.

Es war aber auch eine Zeit großer persönlicher Entfaltung, die in den stillen Hügeln von Bath ihren Ausgang nahm, wo ich mich zum ersten Mal für das Lernen interessierte, und die im Wolkenkratzerdschungel von New York City und den smogverseuchten Tälern von Los Angeles endete, wo man mein Talent schätzte und unterstützte. Außerdem lernte ich wichtige Überlebenskünste, so zum Beispiel, wie man im Schlafsack in eine leere Bierdose pinkelt, ohne sich zu schneiden, weil Jimi Hendrix jeden Moment auftreten würde und zwischen mir und dem Klo 600 000 voll Zugedröhnte herumhingen. Es gibt viele andere Storys von Schwierigkeiten und Erfolgen aus dieser Zeit, aber die gehören hier nicht her, denn der Drache schlief die meiste Zeit über, während ich China tiefer und tiefer in mein Unterbewusstsein verdrängte und kaum darüber nachdachte, selbst nicht bei Maos Tod, der Verhaftung der Viererbande und als es wieder mal Sache der Reformer unter der Leitung von Deng war, das Volk zu retten. Damals war ich bereits in den USA, an den Stränden Kaliforniens auf der Suche nach dem blonden

Busenwunder im rosa Tupfenbikini, das auf dem Cover von *LIFE* abgebildet war, auf der Suche nach dem American Dream, den sie inspiriert hatte.

Aber eine Anekdote muss ich doch noch berichten. Als ich im zweiten Jahr am Art Center College of Design in Los Angeles ein volles Stipendium bekam und zu Hause anrief, war meine Mutter so aufgeregt, dass sie die Zuckerdose fallen ließ und sie zerbrach. Damals vergaß ich zu fragen, ob es dieselbe Dose war, aus der mein Onkel seine Sandwichs behäuft hatte.

Und dann, eines smogerfüllten Sonntagnachmittags in meiner Bude in Laurel Canyon, als die Luft vom pochenden Rhythmus eines Helikopters direkt vor dem Fenster widerhallte, erwachte das Untier aus seinem langen Winterschlaf, und als die Nacht hereinbrach, hatte es seinen Kopf aus den trüben Wassern meiner Seele gestreckt und mich heimgerufen. Das war am 16. September 1979, in dem Jahr, als Ronald Reagan die Zielscheibe aller Komiker der Welt war, in jenen Tagen der Unschuld, als niemand wirklich glaubte, er würde für das Amt als Präsident der Vereinigten Staaten kandidieren.

Ich rannte die Straße hinauf zum höchsten Punkt des Hügels, auf dem sich das spanische Schloss unserer abwesenden Nachbarn wie ein Wachturm über die Canyons rundum erhob. Der Himmel war voller Rauch und Hubschrauber, und die stickige Smogluft hatte gerade genug Sauerstoff, um den Flammen Nahrung zu bieten, voll des Gestanks geschmolzenen Metalls und dem seltsam berauschenden Geruch der riesigen Eukalyptusbäume, von denen weiter unten eine ganze Reihe in Flammen stand. Vom Felsvorsprung aus beobachtete ich das Inferno, das sich durch die Canyons wälzte und Häuser entlang der Serpentinenstraße verschlang, die ich jeden Tag auf dem Weg von und zur Arbeit fuhr. Ich sah, dass das Feuer direkt auf uns zukam. Und wir hatten kein Wasser. Ich sah Leute weiter unten am Berg, die versuchten, die glimmenden Büsche mit dem Wasser ihrer Swimmingpools zu löschen, indem sie mühsam Eimer für Eimer schleppten, und die Funken zu ersticken, die über die strohtrockenen Rasenflächen tanzten. Ich blickte auf den grünen Gartenschlauch in meinen Händen, aus dem weniger Wasser tröpfelte, als ein Baby pinkelt, und erstickte ein bitteres Lachen. Die Vorstellung, damit diese Anlagen und das dreistöckige Château hinter mir feucht zu halten, war einfach lächerlich. Ohne jede Warnung schoss das Feuer, das 100 m weiter unten in der Schlucht brannte, die Canyon-Wände herauf, und eine riesige Flammenwand bäumte sich direkt vor mir auf. Als ich zurücktaumelte und den grünen Schlauch ohnmächtig vor dem Feuer schlenkerte, erhob sich der Drache und heulte auf. Ein ungewohnt eisiger Schrecken durchfuhr meine Glieder.

Die Polizei kam und befahl uns, die Gegend zu evakuieren. Meine Nachbarn Joey und Richie pferchten ihre drei Hunde hinten auf den Pick-up, ich steckte meinen Pass in meinen leeren Attaché-Koffer, packte meine Nikon-F und eine Rolle Film, warf einen schnellen Blick über meine Gemäldesammlung an den Wänden und verabschiedete mich innerlich von ihnen. Dann drehte ich mich um und ging weg, ohne auch nur abzuschließen.

Wir hielten auf halbem Weg den Berg hinunter an der gegenüberliegenden Seite des Canyons an, von wo aus wir einen guten Blick auf unsere Häuser hatten. Dort warteten wir darauf, dass das Feuer die Richtung ändern und all unsere Habe mitsamt unserer Vergangenheit verschlingen würde. Ich legte den Film ein, kam aber nie dazu, ein Bild aufzunehmen. Ein Hubschrauber der Feuerwehr kippte eine Ladung Wasser in die Canyon-Wand direkt neben meiner Bude – noch heute habe ich irgendwo ein Bild aus der *Newsweek* von diesem Augenblick –, und damit verlor das Feuer an Dynamik und erlosch.

前言

Am späten Nachmittag wurden die Polizeisperren aufgehoben, und wir durften heim. Ich öffnete meine Haustür und war überwältigt von der Ruhe, die das Wohnzimmer ausstrahlte. Die Stille war makellos, selbst der Geruch – oder eher das Fehlen eines Geruchs – verbreitete Ruhe. Es schien, als wäre der Raum hermetisch versiegelt und in eine andere Dimension verschoben gewesen, als Feuer und Rauch ringsumher wüteten, eine kleine Zelle des Friedens in einem gigantischen Inferno. Das Erste, was mich begrüßte, war ein tibetisches Thangka, das ich im Jahr zuvor einem Wandermönch in einem buddhistischen Tempel im Chinesenviertel New Yorks abgekauft hatte, aus dessen Mitte mir Sakyamuni entgegenlächelte. Während die Stadt unten von der Dämmerung eingehüllt wurde, beobachtete ich, wie Neonschilder und die Scheinwerfer auf den riesigen Reklametafeln am Ende des Sunset Strip aufflackerten. Das Château Marmont fiel mir ins Auge, und ich suchte nach dem Balkon des Zimmers, in dem ich mehrere Monate gelebt hatte, als ich zum ersten Mal von New York nach Hollywood kam. Damals war alles ganz anders gewesen: Wie viel Vergnügen hatte mir damals meine Tätigkeit bereitet – und wie sehr hasste ich es heute, zur Arbeit zu gehen! Damals hatte ich mich so wohl gefühlt, heute fühlte ich mich elend.

Der Drache rührte sich, tauchte aus dem dunklen Wasser auf und flüsterte etwas, das ich nicht verstehen konnte. Ich war in die Neue Welt gezogen auf der Suche nach dem American Dream, und der hatte sich für mich auch voll erfüllt. Nun fragte ich mich aber, frei zitiert nach Ingmar Bergman: »Was, wenn das in Wirklichkeit der Traum eines anderen ist und sie nun aufgewacht war und sich schämte …«. Ich kannte mehr Leute, und mehr Leute kannten mich als je zuvor, und trotzdem war ich noch nie so verzweifelt einsam gewesen. Ich hatte viele verschiedene Versionen des Busenwunders auf dem Cover von *LIFE* kennengelernt, weswegen ich einst hierhergekommen war, doch ich liebte keine von ihnen. Und als ich dummerweise geglaubt hatte, auf einer wilden Woge von Sex, Drugs and Rock 'n' Roll zu surfen, wurde ich in Wirklichkeit auf den Messingsternen im Pflaster des Walk of Fame zertreten wie eine Kakerlake. Ich starrte lange Zeit auf die unterbrochene Lebenslinie meiner rechten Hand. Während die Straßenlampen Gitter orangefarbenen Lichts über die Stadt der Engel bis zum Pazifik hinunterwarfen, sprach der Drache wieder. Und diesmal verstand ich ihn! Ich war in den Westen gekommen, um mich selbst zu finden. Jetzt hatte ich diesen Menschen gefunden, am Ende einer langen, mühseligen Reise, nur um festzustellen, dass es sich um ihn nicht wirklich lohnte. In diesem Augenblick wusste ich, dass mein amerikanischer Traum für immer ausgeträumt war.

Am nächsten Tag sah ich auf dem Weg zur Arbeit, dass der gelbe Cadillac eines Nachbarn, der mich immer begrüßt hatte, wenn ich um diese Kurve fuhr, zu einem formlosen Klumpen auf der Auffahrt geschmolzen war. Die Verwüstung weiter unten war noch zerstörerischer. Die verbrannten, ramponierten Palmen erinnerten an ein nordvietnamesisches Dorf nach einem Napalm-Angriff. Als ich dann in meinem Büro in Burbank ankam, wusste ich, es war Zeit zu gehen. Bald darauf reichte ich meine Kündigung ein. Im Februar 1980, am Vorabend des chinesischen Neujahrsfests zum Jahr des Affen, stieg ich endlich in den Nachtflug nach New York und begann meine lange Heimreise. Ohne einen Pfennig Geld und todtraurig drehte ich Hollywood und der Karriere, die ich aufgebaut hatte, den Rücken zu, diesmal endgültig.

Ich kam nach Hongkong zurück und richtete mich in einer bescheidenen Existenz auf der Fischerinsel Cheung Chau ein, wo die Miete noch billig war. In den folgenden zehn Jahren unternahm ich eine persönliche Forschungsreise in mein tiefstes Inneres und versuchte, die Teile zu retten, die ich bei meiner eigenen Kulturrevolution vor vielen

Jahren nicht zertrümmert hatte. Ich arbeitete intensiv und hart, verschlang die chinesischen Klassiker und stürzte mich in jedes Thema, das gerade mein Interesse erweckte, egal ob Geschichte, Taoismus, Feng-shui, Konfuzius, Buddhismus, Architektur, I-Ging oder regionale Küche, sogar Tang-Lyrik und Kräutermedizin. Ich ging meine Rehabilitierung mit demselben Eifer an, mit dem ich damals mein chinesisches Erbe hatte ausmerzen wollen. Wie ich leider feststellen musste, war es viel leichter, nicht mehr Chinese zu sein, als wieder Chinese zu werden, und ich hatte meine Vergangenheit so gründlich ausgelöscht, dass das Innere der Banane nur ein wenig gelb wurde – vom Alter. Es gelang mir höchstens so viel Informationen über bestimmte Themen zu sammeln, dass ich damit die Konversation bei gesellschaftlichen Dinners bestreiten konnte, ohne dumm dazustehen. Ich machte Ausflüge nach China, um mit eigenen Augen zu sehen, wogegen ich rebelliert hatte, und ich lernte mehr schlecht als recht Mandarin zu sprechen. Als daher 1986 Bertoluccis Monster-Filmteam für den *Letzten Kaiser* die Hauptstadt aufmischte, hatte ich gerade genug Selbstvertrauen und Können angesammelt, um dem Drachen entgegenzutreten. Die Monate, die ich auf dem Filmgelände in Beijing verbrachte, veränderten mein Leben und meine Einstellung zu China. Endlich begann zwischen mir und dem Untier eine Periode der Entspannung, als ich im Fahrwasser des enormen Erfolgs dieses Films eine neue Karriere als Fotograf begann.

Der Drache schlief friedlich bis in die frühen Morgenstunden des 4. Juni 1989, als ich in das elektronische Auge eines 27-Zoll-Sony-Trinitron-Bildschirms starrte und das Gemetzel am Tian-An-Men-Platz sah. Nun spürte ich wieder, wie der Drache wüten konnte. Noch Monate später war ich wie gelähmt vor Wut und von einem Gefühl der Machtlosigkeit. Ich konnte nicht mehr arbeiten und verlor sogar meinen Appetit. In diesem Zustand von Verzweiflung und Qual traf ich eine der schlechtesten Entscheidungen meines Lebens. Beim Anblick meiner Tochter Sonia im tiefen, unschuldigen Kinderschlaf entschied ich in jener Nacht, dass ich ihr nie Chinesisch beibringen würde, denn ich war damals felsenfest davon überzeugt, wie schon die ganzen Jahre über, seit ich China zum ersten Mal den Rücken gekehrt hatte, dass Sprache und kulturelles Erbe miteinander einhergingen. Meiner Meinung nach war China dazu verdammt, seine tragische Geschichte immer wieder zu durchlaufen, und ich wollte nicht, dass sie Teil einer Kultur würde, die ihre Jugend am Altar absoluter Macht opferte. Und obwohl sich meine Meinung über die Tragödie von damals nicht viel geändert hat, tut es mir jetzt, wo Sonia fast unmerklich zur jungen Frau geworden ist, doch leid. Ich hatte kein Recht, ihr China ohne ihre Zustimmung vorzuenthalten.

Ich hatte mir zwar geschworen, nie mehr nach China zurückzugehen, und lehnte von diesem Tag an Aufträge in China konsequent ab, doch im Winter 1996 befand ich mich auf einer Fähre vom koreanischen Hafen Inchon zusammen mit Michael Palin und seinem Team. Im Morgengrauen sollten wir für seine Fernsehserie *Rund um den Pazifik* in Qingdao ankommen. In den Jahren dazwischen hatte sich das Untier gekrümmt und gewunden, während der Staub sich langsam legte und nur zwei Erinnerungen aus der Asche jener Tragödie zurückblieben, nämlich das Bild eines Mannes, der versucht, sich den Panzern in den Weg zu stellen, und die letzte Zeile des Interviews mit Wu'er Kaixi in *Newsweek*, als der Studentenanführer sagte: »Ich fühle mich wie ein Rockstar.« Das stellte so ungefähr die Quintessenz dar. Eine Wiederholung der Stones-Geschichte in Altamont, nur dass hier alle Hell's Angels waren.

前言

Mit Michael Palins *Himalaya*-Serie erfüllte sich mir im Jahr 2003 der lebenslange Traum, nach Tibet zu reisen. Bevor wir von Nepal nach Tibet einreisten, filmten wir eine Audienz mit seiner Heiligkeit, dem Dalai Lama, in seiner Residenz im indischen Dharamsala. Danach fragte er mich, ob ich Tibeter sei, und als er erfuhr, dass ich kein bisschen tibetisch war und nicht einmal aus den Randgebieten Sichuans oder Yunnans stammte, sondern aus Hongkong, schien er einen Moment enttäuscht. Aber sein sonniges Lächeln kam schnell zurück, und er fragte mich, ob ich in letzter Zeit in China gewesen sei. Als ich ihm erklärte, dass ich seit den Vorkommnissen am Tian-An-Men-Platz alles getan hätte, Reisen nach China zu vermeiden, verschwand sein Lächeln wieder, und sein Gesichtsausdruck wurde zum ersten Mal ernst. »Das ist ein Fehler«, sagte er. »Sie müssen dorthin zurückgehen … Gehen Sie zurück, und erziehen Sie Ihre Brüder und Schwestern, deren Geist sehr eng ist. Sie müssen ihnen vom Rest der Welt erzählen …«

So setzte sich das Rad in Bewegung. Und als Michael nach der Himalaja-Reise ankündigte, er werde jetzt ein Jahr Auszeit nehmen, um seine nächsten Schritte zu planen, da wusste ich, dass nun endlich auch für mich die Zeit reif war, meinen Frieden mit dem Drachen zu machen. Die Zeit war gekommen, mich in die Höhle des Drachen zu wagen …

Inzwischen hellwach, höre ich hinter der Wand die Türglocke meines Nachbarn klingeln und wie er jemandem die Türe öffnet. Ich suche meine Brille und setze sie auf, während ich aus dem Bett krabble. Ein schmaler Streifen Licht blinkt durch den Schlitz zwischen den Vorhängen. Ich ziehe sie beiseite und blicke auf eine typische chinesische Provinzstadt. Es sieht hier aus wie in vielen anderen Städten, in denen ich im letzten Jahr übernachtet habe, wieder auf der Suche nach mir selbst, diesmal in allen Provinzen Chinas. Aber heute Nacht finde ich mich nicht zurecht. Nicht einmal die Neonreklamen verraten etwas darüber, wo ich bin. Ich sehe auf die Uhr: Es ist um Mitternacht herum. Ich zünde eine Zigarette an und nehme einen tiefen Zug. Der Rauch dreht sich wie Schlangen im Paarungstanz, steht einen Moment in der Luft und löst sich dann im Halbdunkel auf. Ob mein Drache die Tour wohl soweit genießt …?

Ob es mir jemals gelingen wird, die Vorurteile eines ganzen Lebens abzuschütteln und mit dem Untier dauerhaften Frieden zu schließen, ist noch ungewiss, aber auf den nachfolgenden Seiten präsentiere ich Ihnen die Bilder meiner Aussöhnungstour. Sie wurden aufgenommen, als ich in Windeseile durch dieses Land reiste, also »vom galoppierenden Pferd aus Orchideen betrachtet« habe, wie das chinesische Sprichwort sagt. Es ist ein Versuch, das aufzuzeichnen, was vom alten China übrig ist, bevor die Globalisierung endgültig einsetzt und die letzten Spuren dessen vernichtet, was authentisch und einzigartig war. Dieses Buch ist ein Andenken an eine Wiedergutmachungsreise, und es ist auch meine Abbitte an meine Tochter in Form eines Buches – denn Sonia liebt Bücher –, in der Hoffnung, dass ihr Interesse geweckt wird für eine Kultur und ein Erbe, das ich ihr törichterweise vorenthalten habe und dessen Blut doch in ihren Adern fließt.

XINJIANG
Kashgar
Akesu
Kuche
Tianchi-See
Turfan
Tashkurgan
Khunjerab-Pass
TIBET
Mt. Kailash
Manasarovar-See
Zhongba
Saga
Zhangmu
Dingri
Latse
Mt. Everest
Shigatse
Gyangtse
Namtso-See
Lhasa
Zedang

Manzhouli
Hailaer
Hulun-See
HEILONGJIANG
Harbin
JILIN
Changchun
INNERE MONGOLEI
LIAONING
Shenyang
Baishan
Tonghua
Dandong
Dalian
Qinhuangdao
BEIJING
TIANJIN
Dunhuang
GANSU
Jiayuguan
Datong
SHANXI
Taiyuan
HEBEI
Wuqiao
Yinchuan
NINGXIA
NGHAI
Qinghai-See
Xining
Lanzhou
Grottentempel von
Bingling Si
Yanan
Pingyao
Hukou
Yuncheng
Mt. Taishan
SHANDONG
Qingdao
Qufu
Shaolin-Tempel
Kaifeng
Luoyang
Zhuxianzhen
HENAN
SHAANXI
Xian
Yushu
JIANGSU
Nanjing
SHANGHAI
ANHUI
Suzhou
Hangzhou
Shaoxing
ZHEJIANG
Tunxi
Jingdezhen
Mt. Huangshan
Wuyuan
Nanchang
JIANGXI
SICHUAN
Kanding
Chengdu
Qionglai
Leshan
Dazu
CHONGQING
Yichang
HUBEI
Wuhan
Changsha
Shaoshan
HUNAN
Fenghuang
Tigersprung-Schlucht
Lugu-See
Lijiang
Dali
GUIZHOU
Guiyang
Kaili
Zhaoxing
Sanjiang
Rongjiang
Xiajiang
Longsheng
Guilin
Yangshuo
GUANGXI
YUNNAN
Kunming
Shilin
Yuanyang
Jinghong
FUJIAN
Hukeng
Huian
Xiamen
GUANGDONG
Guangzhou
Kaiping
MACAO
Zhuhai
HONGKONG
Pinghai
Houmen
Haikou
Dongfang
HAINAN
Sanya

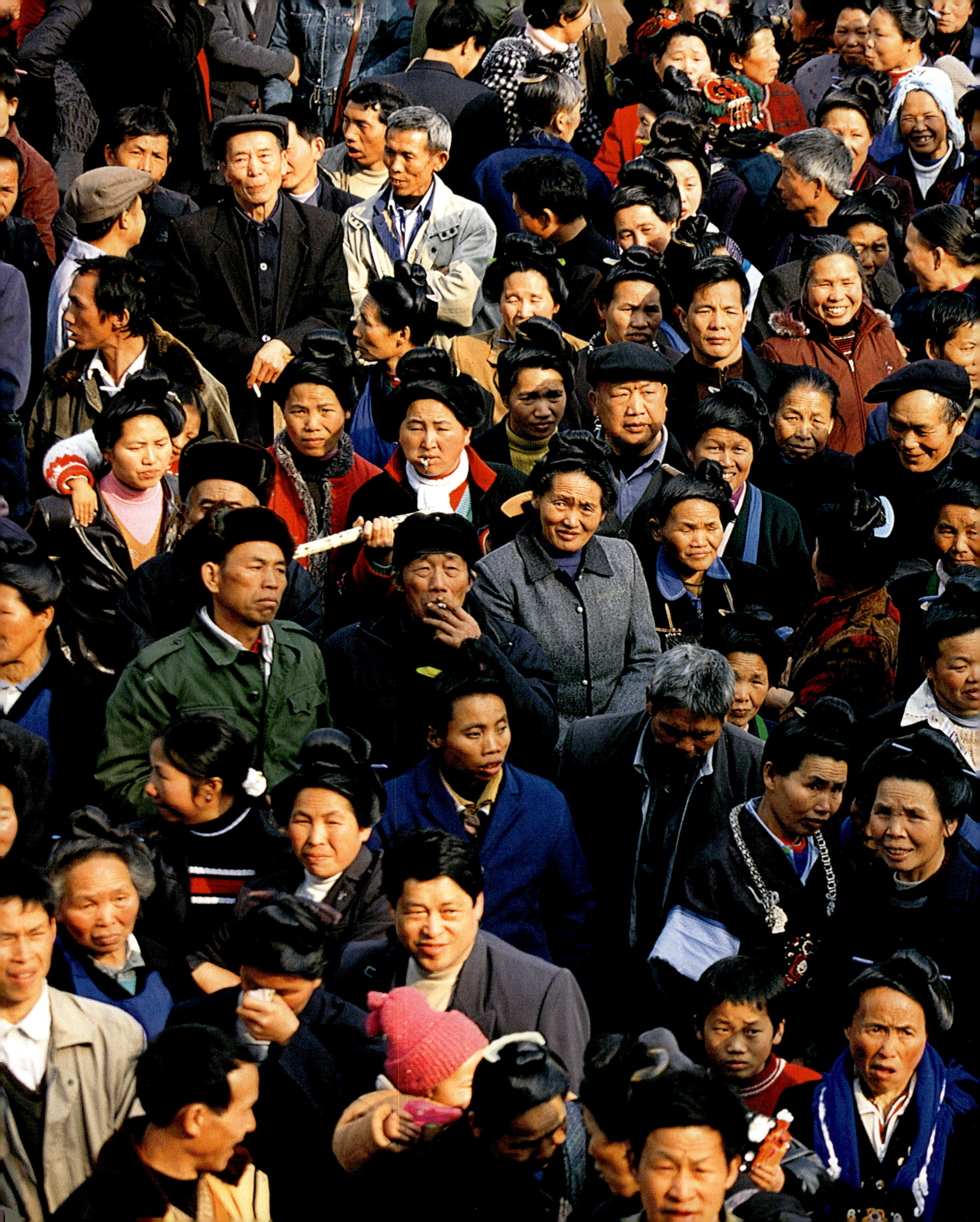

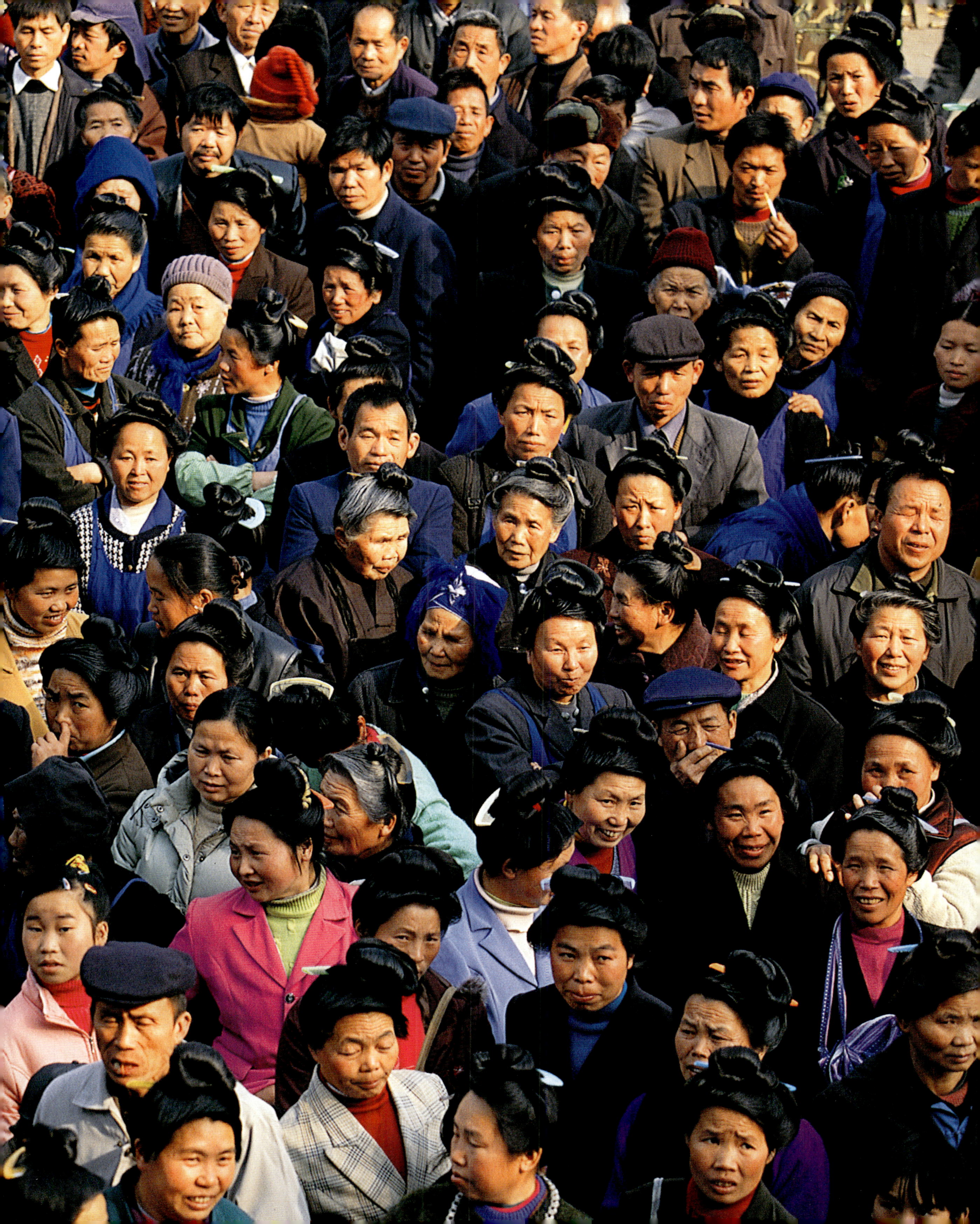

DAS REICH DER MITTE

Die »Kamikaze-Zwillinge« werden immer ausgelassener. Der Anblick des Schummerlichts aus Stahlstaub und Abgasen, das über den bunten Reklamen der Innenstadt Wuhans liegt, und die vielversprechende Aussicht auf Wein, Weib und Karaoke in einem »Entspannungszentrum« pumpen einen Adrenalinstoß in die ohnehin schon mit Red Bull aufgeputschten Hirne meiner beiden rastlosen Fahrer. Sie lachen und kichern, wenn der müde, alte Volkswagen Santana von einer Seite zur anderen schlingert, und als der Wagen mit einem plötzlichen Anfall von Geschwindigkeit zwischen zwei schwer beladenen Lastwagen durchprescht, mit kaum einer Handbreit Abstand an beiden Seiten, steigt von den beiden Vordersitzen ein Freudenschrei auf. Wie zwei Jungs in einer Spielothek, die gerade das »feindliche außerirdische Mutterschiff« abgeschossen haben. Sie schließen schon Wetten darüber ab, wie lange es noch dauern wird bis zum Hotel, als wir mit einer plötzlichen Vollbremsung und quietschenden Reifen gerade noch am Ende eines bombastischen Verkehrsstaus zum Stehen kommen. Den Jungs hat es die Sprache verschlagen, als wir im Schneckentempo hinter einer kilometerlangen Schlange roter Rücklichter herkriechen. Plötzlich schießen sie ohne jede Vorwarnung durch eine Lücke quer über zwei Fahrspuren hinweg in eine Ausfahrt und ins vollkommene Dunkel.

Wir sind in einem Neubaugebiet am äußersten Stadtrand gelandet, einem Labyrinth halbfertiger Fabrikgebäude, noch ohne jede Straßenbeleuchtung, geschweige denn Straßenschilder, da die Straßen noch nicht einmal Namen bekommen haben. Nachdem wir lange Zeit im Dunkeln herumgekurvt sind und auf der Suche nach einer Ausfahrt jede Sackgasse einzeln erkundet haben, geben die Jungs endlich zu, dass wir uns verirrt haben.

Ich bin in Wuhan, dem Ruhrgebiet Chinas, und so schlecht gelaunt wie das Wetter, das mich verfolgt hat auf meiner Fahrt von einer hässlichen, umweltverschmutzten Stadt zur nächsten grauen, gesichtslosen Provinzhauptstadt im Reich der Mitte, nur um bei der Ankunft zu erfahren, dass die vor Monaten organisierten Vorkehrungen zum Fotografieren eines Stahlwerks aufgrund neuer Verwaltungsvorschriften Makulatur waren. Als also die Jungs (die ich inzwischen Kami und Kazi getauft habe) an diesem nieseligen Morgen in einem zerbeulten Auto am Hotel auftauchen und aussehen wie zwei Schläger in einem Hongkonger Gangsterfilm, war meine Maske Zen-artiger Gleichmut und Vernunft schon angeschlagen, und mein Frust darüber, dass ich seit einer Woche kein anständiges Bild geschossen hatte, fing an, sich in unberechenbarer Weise zu äußern. Kami konnte ich schon von Anfang an nicht leiden. Vielleicht lag es an seinen Koteletten oder seinem schmierigen Grinsen. Als er mir dann verlogen erklärte, dass sein Kumpel Kazi, ein früherer Lastwagenfahrer der Volksbefreiungsarmee, als Beifahrer mitmüsse, weil er selbst den Weg zum Drei-Schluchten-Staudamm nicht kenne, war meine Antipathie besiegelt. Der »Weg« ist nämlich eine Reihe von Überlandstraßen und gebührenpflichtigen Autobahnen, mit denen man praktisch bis vor die Tore der Talsperre kommt. Es war also ganz klar, dass sich die Jungs auf meine Kosten eine Vergnügungsfahrt leisteten und für die Übernachtung in Yichang schon Partypläne hatten.

Nachdem wir für 360 km geschlagene fünf Stunden gebraucht hatten, stand ich nun also auf einer Aussichtsplattform über dem Drei-Schluchten-Staudamm. Ein Wald riesiger Kräne erhob sich über der fast fertigen Talsperre wie Äste eines gigantischen Metallbaums, die sich im Winde bewegen. Selbst wenn man eine gewisse Ästhetik des Hässlichen in der Gigantomanie und Waghalsigkeit des Projektes sehen wollte, bleibt die Talsperre an sich merkwürdig unscheinbar. Die Architektur ist strikt utilitaristisch und lässt jedwede majestätische Schönheit vermissen, wie man sie vom »größten Wasserkraftprojekt der Welt« erhoffen könnte. Diese massive Talsperre (2,3 km breit und 185 m hoch) über die Xiling-Schlucht, die den mittleren Lauf des vormals rasch fließenden Yangtse in das größte Wasserreservoir der Welt verwandelt hat, kommt einem vor wie eine weitere chinesische Mauer, allerdings

[LINKS] Räucherstäbchen-Hersteller in Dazu. [VORANGEHENDE SEITEN] Das »Bambusmeer« in Anhui, ein Schauplatz des Films *Tiger and Dragon*.

eine, die die Energie von 15 Kernkraftwerken liefern kann. Sie ist mehr ehrgeiziges Monument als Inspiration, mehr ein Produkt des Willens als des Herzens.

Auf einer Bootsreise durch die Yangtse-Schluchten 1992 hatte ich mit meinen Bekannten noch gewitzelt, dass wir die ganzen historischen Schauplätze auf Tauchtouren besichtigen würden, wenn sie erst einmal überflutet wären. Jetzt, wo tatsächlich alle Stätten entlang der Flussufer, die wir damals zwischen Yichang und Chongqing besichtigt hatten, mindestens 135 m tief unter Wasser lagen, fand ich das gar nicht mehr so lustig. Als ich die Arbeiter von ferne beobachtete, die über die gigantische Staudammstraße liefen wie Ameisen auf einem Gehsteig, wurde mir klar, dass ich für meine geplanten Aufnahmen im Morgenlicht und bei Sonnenuntergang einen Hubschrauber brauchen würde, doch die Chancen dafür waren gleich null. Also fuhr ich pflichtbewusst ein paar Stunden lang herum und suchte vergeblich nach der Einstellung für die Talsperre, doch dann beschloss ich, das Bauwerk, das »den Himmel in Schrecken versetzte und die Erde erzittern ließ«, ein andermal aufzunehmen, und ließ mich zurück nach Wuhan fahren.

Viele Geschichtsschreiber haben in ihrer Einleitung China aus der Vogelperspektive betrachtet, um die geologischen Merkmale deutlich zu machen, die seine Geschichte geprägt haben. Eine solche imaginäre Reise hätte im Jahr 2006 gleichermaßen den Blick auf ein gigantisches Graffiti freigegeben, das über das ganze Land vom Pamir-Gebirge bis hin zur Spitze der Mandschurei reichte und nichts anderes verkündete als: »Land im Bau! Voraussichtliche Fertigstellung im Frühjahr 2008!« Und nirgendwo wurde dieser vorolympische Baufimmel deutlicher sichtbar als in den sieben dicht besiedelten Provinzen des Reichs der Mitte. Über 450 Millionen Menschen leben in dieser fruchtbaren Ebene entlang Chinas längstem Fluss, und egal wohin ich auch kam, waren Bautrupps dabei, in Überstunden neue Autobahnen, Fabriken und Wohnsiedlungen fertig zu stellen.

Von den Außenbezirken Chongqings zu den Vororten der alten Hauptstädte Luoyang und Kaifeng wurden riesige Flächen Agrarland in Industrieviertel oder Luxus-Wohnsiedlungen umgewandelt, mit Namen wie American Town, Traumstadt, Zukunfts-City, Palm Springs oder Olympiagarten. Die Reklametafel für Blue Lake County in Chengdu warb mit einem Südstaaten-Herrenhaus à la *Vom Winde verweht* und einem weißen Pferd auf einem Sprungbrett über einem blauen See. Aber hinter diesen glamourösen Werbetafeln, die Chinas Liebe zum American Dream bezeugen, verbargen sich oft schäbige geheime Absprachen zwischen lokalen Parteichefs und privaten Bauträgern, die die Bauern um ihre Lebensgrundlage brachten, ohne sie ausreichend dafür zu entschädigen. Auf ihrem Langen Marsch exekutierten Maos Truppen unterwegs Hunderttausende von Landeigentümern und verteilten das Land an die Bauern, die es bewirtschaften sollten. Landreform bedeutete das Versprechen auf eine bessere Zukunft und war der Grundstein der Bauernrevolution. Millionen weiterer Landbesitzer sind seither gestorben, aber die chinesischen Bauern haben nie einen Grundbucheintrag für ihr Land gesehen. Stattdessen gingen die Eigentumsrechte an die kommunistische Regierung über, und die Parteibonzen wurden die neuen Herren. Diese illegalen oder halblegalen Enteignungen von Land haben viele Bauern frustriert und wütend gemacht, da die vom Staat eingesetzten Justizbeamten oft entweder machtlos oder unwillig sind, um sich ihrer Fälle anzunehmen. Offiziellen Statistiken zufolge hat die Anzahl von »Massenprotesten« (Demonstrationen mit mehr als 100 Teilnehmern) von 10 000 im Jahr 1994 auf 87 000 im Jahr 2005 zugenommen, dem Jahr, in dem 3,7 Millionen Menschen in 337 Städten und 1955 Bezirken demonstrierten, meist wegen Landenteignungen. Ein besonders schwieriges Gebiet stellt die Beschlagnahmung von Agrarland für den Bau von schnurgeraden Mautstraßen durch ländliche Gebiete dar, wo Enteignungen als Infrastrukturverbesserungen verkauft werden können, bei denen es wenig oder gar keine Entschädigung gibt und die zu erwartenden Profite riesig sind.

中原

Dank der *guang-xi* (Beziehungen) meiner Produzenten bekamen wir von der Hunan-Fernsehgesellschaft ein Auto mit Fahrer für die Reise von der Provinzhauptstadt Changsha in die entlegene Bergstadt Fenghuang zur Verfügung gestellt. Auf dem Toyota Landcruiser prangten überall die Logos des berühmten Fernsehsenders, einem der populärsten im Land. Unser Fahrer nutzte die Gelegenheit, seine Frau bis Zhangjiajie mitzunehmen, wo sie Freunde und Familie besuchen wollte, und durch ihre *guang-xi*, in Gestalt eines alten Schulfreundes, der Chefingenieur des Zhangjiajie-Abschnitts war, durften wir die fast fertige, aber noch nicht freigegebene Mautstraße benutzen, die unsere 533 km lange Reise um vier Stunden verkürzte und uns das Risiko ersparte, in einem Erdrutsch an einem der regenschweren Berghänge stecken zu bleiben. 20 km vor der Ausfahrt von Zhangjiajie lagen große Baumstämme quer über den drei Fahrbahnen, und ein hitziger Streit war im Gange zwischen einer Gruppe wütender Bauern und ein paar erregten Fahrern, die vor ihren blockierten Fahrzeugen standen. Ich wollte aussteigen und Bilder machen, da hielt mich ein entschiedenes Nein von Fahrer und Ehefrau zurück mit dem Hinweis darauf, dass Hunan von alters her für seine Straßenräuber bekannt sei. Sie stiegen aus und verhandelten mit den Bauern, deren Felder ohne angemessene Entschädigung von den Lokalbehörden für diese Mautstraße »enteignet« worden waren. Als die Bauern die Logos auf unserem Auto sahen, wollten sie in die Abendnachrichten kommen. Der Fahrer musste ihnen erst erklären, dass wir keine richtigen Reporter waren, versprach ihnen aber, die Nachrichtenabteilung über diese Missstände zu informieren. Sie tauschten Telefonnummern aus, und ein Baumstamm wurde vorübergehend gerade so weit zur Seite bewegt, dass wir passieren konnten. Als wir weiterfuhren, konnte ich sehen, dass es zu einem Handgemenge kam, als die wütenden Fahrer gegen die bevorzugte Behandlung unseres Fahrzeugs protestierten.

Einige Tage später kamen wir auf unserer Rückreise zusammen mit dem befreundeten Ingenieur an der Einfahrt zur Mautstraße bei Zhangjiajie an. Wir warteten vor den Schranken der noch unfertigen Mauthäuschen, während er ausstieg, um mit einer Gruppe grimmig aussehender Männer in Lederjacken zu reden. Es wurden Anrufe getätigt und Mobiltelefone herumgereicht, während verschiedene Vorgesetzte, die wahrscheinlich noch im Bett lagen, befragt wurden. Endlich öffneten sie widerwillig die Schranken und ließen uns durch. Als wir in den Frühnebel hinein davonfuhren, sah ich zufällig einem der Männer in schwarzem Leder in die Augen und hatte eine böse Vorahnung, dass es für die Bauern hier bald Zoff geben würde. Bei unserer Ankunft in Changsha rückte der Ingenieur damit heraus, dass die örtliche Polizei und private »Sicherheitskräfte« die Proteste aufgelöst hätten und es viele Verletzte und Verhaftungen gegeben habe.

Kami und Kazi sind jetzt nicht mehr aufgekratzt, sondern sauer. Mit ihren Mobiltelefonen fragen sie bei ihren Kumpeln nach, ob sie eine Ahnung hätten, wo wir seien, und es fallen unfreundliche Worte zwischen den beiden. Im Dunkeln schießen plötzlich drei grelle Blitze auf uns zu. Es dauert eine Sekunde, bis ich begreife, dass dies Reflexionen unseres Scheinwerferlichts auf den fluoreszierenden Streifen der Schutzwesten von Bauarbeitern sind. In ihrem schweren Hubei-Akzent fragen die Jungs drei Arbeiter nach dem Weg. Schließlich kommen wir auf die Überlandstraße zurück, und es ist nach 21 Uhr, als wir endlich am Hotel ankommen.

Ich stolpere aus dem Auto, erschöpft von einem weiteren erfolglosen Tag. Meine Nerven sind gereizt und die Knöchel weiß nach all den Beinah-Unfällen auf der Straße. Ich würde die Zwillinge am liebsten anbrüllen und für ihre Fahrerei und Inkompetenz beschimpfen, aber gleichzeitig weiß ich, dass sie in Eile waren, weil ich in Eile war, und ich war in Eile, weil China keine Zeit hat. Also verabschiede ich mich nur mit einer unbestimmten Beschwerde, dass das Auto wohl nicht besonders komfortabel sei für lange Reisen. Kami schenkt mir daraufhin eines seiner schleimig-schiefen Lächeln und sagt »Ich schicke Ihnen morgen einen anderen Wagen vorbei«, bevor er aus dem Parkplatz und in die nieselige Nacht voll Wein, Weib und Gesang hinausdüst.

Die Provinz **SICHUAN**

KOORDINATEN
26° 03' – 34° 20' nördlicher Breite
97° 22' – 110° 10' östlicher Länge

FLÄCHE 485 000 km^2

GEOGRAFIE Das Sichuan-Becken wird im Osten von den Drei Schluchten und dem Yangtse begrenzt, der bergigen Provinz Yunnan im Süden, dem Tibetischen Hochland im Westen und der Qinling-Bergkette im Norden. Die dominierende Wasserstraße ist der Yangtse mit seinen Nebenflüssen Min, Tuo und Wu. Der Yalong durchquert das westliche Plateau, dessen durchschnittliche Höhe bei 4000 m liegt. Das östliche Becken liegt zwischen 1000 und 3000 m ü. M.

KLIMA Das östliche Becken liegt in einer subtropischen, vom Monsun beeinflussten Klimazone mit hoher Luftfeuchtigkeit, ausgiebigen Regenfällen, Nebel und nicht viel Sonne. Die Durchschnittstemperaturen erreichen zwischen 25 °C und 29 °C im Juli und 3 °C und 8 °C im Januar. Das westliche Plateau hat dagegen Hochlandklima mit niedrigeren Temperaturen, weniger Regen, häufigem Nebel und intensiver Sonneneinstrahlung. Die Durchschnittstemperatur der Provinz ist 16,5 °C, der Niederschlag liegt bei 1000 mm.

BEVÖLKERUNG 87,24 Millionen (Ende 2005)

WICHTIGE STÄDTE Chengdu (Provinzhauptstadt), Mianyang, Leshan, Yibin, Panzhihua, Zigong, Nanchong

LANDWIRTSCHAFT Als »Reisschüssel Chinas« bekannt, ist Sichuan einer der führenden Reisproduzenten des Landes. Weitere Feldfrüchte sind Zuckerrohr, Kartoffeln, Zitrusfrüchte, Weizen, Mais, Zuckerrüben, Süßkartoffeln und Bohnen. Außerdem werden in der Provinz Baumwolle, Ramie, Hanf, Heilkräuter, Tee und Ölsamen angebaut sowie Seidenraupen gezüchtet. Auf dem Weideland des Plateaus grasen die größten Rinder- und Schweineherden des Landes.

WICHTIGE INDUSTRIEZWEIGE Neben Kohle-, Eisen-, Stahl- und Energieproduktion gibt es Fertigungsindustrien für Textilien, Wein, Elektronikprodukte, Maschinen, Baumaterialien, Hüttenwesen, Holz und Nahrungsmittel und natürlich Seide, einschließlich der ehemals weltberühmten Shu-Brokate und des Ba-Satins.

JAHRESEINKOMMEN PRO KOPF (2005)
Verfügbares Einkommen der Stadtbevölkerung: RMB 8386 (800 Euro)
Nettoeinkommen der Landbevölkerung: RMB 2802,8 (268 Euro)

HISTORISCHE UND LANDSCHAFTLICHE SEHENSWÜRDIGKEITEN
Zum UNESCO-Welterbe gehören die Steinskulpturen von Dazu und das Bewässerungssystem von Dujiang Yan, das Kalzitbecken Huanglong sowie das Jiuzhaigou-Tal und die Berge Qingcheng und Emei, einschließlich des Riesen-Buddhas von Leshan.

ESSEN Die Küche von Sichuan ist eine der acht großen Nationalküchen Chinas. Sie zeichnet sich durch scharfe und würzige Speisen unter starker Verwendung von Chili, rotem Pfeffer und Knoblauch aus. Klassische Gerichte sind u. a. Heißer Topf, geräucherte Ente, Kung-Pao-Huhn, Zweimal gekochtes Schweinefleisch, Mapo Doufu.

[RECHTS] Bauarbeiten am Zentralbahnhof von Chengdus Untergrundbahn.

DIE PANDA-AUFZUCHT- UND FORSCHUNGSSTATION VON CHENGDU

1

2

3

WENIGER ALS 2000 RIESENPANDAS gibt es noch auf der Welt, und ca. 1600 davon leben wild in den unzugänglichen Berggebieten Sichuans an der nördlichen Grenze zu den Provinzen Gansu und Qinghai. Seit der Gründung des Naturschutzgebiets Wolong 1963 mit dem Ziel, das natürliche Habitat der Spezies zu schützen und ihr Überleben zu sichern, sind weitere 39 Panda-Schutzgebiete in der Region entstanden. [1] In freier Wildbahn ist es so gut wie unmöglich, eines dieser scheuen Tiere zu Gesicht zu bekommen, aber das Panda-Aufzuchtszentrum einige Kilometer außerhalb von Chengdu gibt den Besuchern die Gelegenheit, sie aus der Nähe zu beobachten. [2] Als ich das Zentrum zum ersten Mal besuchte, war dieses Panda-Junge nur drei Monate alt und lebte noch im Schauzimmer der Bärenkinderstube. Es versetzte mir einen gehörigen Schrecken, als es mich plötzlich anbellte wie ein junger Hund, kurz nachdem ich diese Aufnahme machte. Als ich drei Monate später zurückkam, spielte es draußen mit zwei gleichaltrigen Freunden. [3] Kontaktpflege mit der Wärterin und [4] Spaß an der Schaukel.

DER GROSSE BUDDHA

1

»DER BERG IST BUDDHA UND BUDDHA IST EIN BERG« sagt ein Sprichwort in Leshan und beschreibt somit die größte gemeißelte Skulptur der Welt. [4] Am Zusammenfluss von Min, Qingyi und Dadu wurde diese Buddhafigur aus einer Felswand der Lingyun-Berge gehauen. Der Berg selbst hat Ähnlichkeit mit einem liegenden Buddha, wenn man ihn vom gegenüberliegenden Ufer aus betrachtet. Der sitzende Shakyamuni-Buddha ist 71 m hoch, sein Kopf fast 15 m groß, die Schultern sind 28 m breit, und seine Zehen erreichen fast 8,5 m Länge. In der Hoffnung, die gefährlichen Strömungen dort durch die Präsenz Buddhas zu zähmen, begann der Mönch Haitong im Jahr 713 während der Tang-Dynastie mit der immensen Aufgabe, diese Skulptur zu schaffen, doch starb er, lange bevor sie 90 Jahre später fertiggestellt wurde. Die Felsbrocken, die bei der Arbeit abgeschlagen und in den Fluss geworfen wurden, haben tatsächlich die gefährlichen Stromschnellen ausgeglichen, sodass sich die Hoffnung des Mönchs erfüllte. [1] Der linke Fuß des Buddha. [2] Ein stiller Wintertag und [3] Chaos am Höhepunkt der Touristensaison im Sommer.

2

3

4

STRASSE NACH KANDING

1

2

3

KANDING IST DAS TOR ZUM SICHUAN–TIBET-HIGHWAY, der sich 70 km hinter der Stadt in seine nördliche und südliche Route aufteilt. Am östlichen Rand des Tibetischen Hochlands gelegen, in der damaligen Provinz Kham des alten Tibet, war die Stadt einst Hauptstadt des Königreichs Chakla und wichtiger Warenumschlagplatz zwischen Tibet und China. [1] Ein tibetisches Mädchen und [4] ein junger Mönch kaufen auf der Hauptstraße ein, während [3] eine Gruppe Khambas, die am Berg-*kora*-Fest (rituelle Umrundung) teilnehmen, sich in einer Hotellobby entspannen. Die Reise von Chengdu dauerte ca. sechs Stunden, da wir uns unterwegs die Luding-Brücke ansahen. Diese Hängebrücke aus dem 18. Jh. über den Dadu-Fluss war Schauplatz eines berühmten Sieges beim Langen Marsch, als kommunistische Truppen, die von Kuomintang-Einheiten in eine Falle gelockt worden waren, sich über die teilweise zerstörte Brücke kämpften. [2] Obwohl eine neue Biografie von Mao Zedong die Wahrheit der Geschichte stark anzweifelt, macht es keinen Unterschied für diese jungen Parteigenossen, die leidenschaftlich aus der Mao-Bibel rezitieren.

Regierungsunmittelbare Stadt

CHONGQING

KOORDINATEN
28° 10' – 32° 13' nördlicher Breite
105° 17' – 110° 11' östlicher Länge

FLÄCHE 82 400 km², Stadt 1543 km²

GEOGRAFIE Chongqing liegt am Rande des Yungui-Plateaus und am Zusammenfluss des Jialing mit dem Oberlauf des Yangtse. Die Stadt ist auf Hügeln gebaut und von Bergen umgeben: dem Daba Shan im Norden, Wu Shan im Osten, Wuling Shan im Südosten und Dalou im Süden. Die mittlere Höhe der Stadt liegt bei 500 m ü. M.

KLIMA Das Klima ist subtropisch mit den zwei für Südasien typischen vom Monsun geprägten Jahreszeiten. Die Winter sind warm und die Sommer heiß, bei frühem Frühlingsbeginn und kurzem Herbst. Die Temperaturen variieren zwischen 6 °C und 40 °C. Die höchste je gemessene Temperatur ist 44,1 °C, die tiefste -13 °C. Dichter Nebel und starke Luftverschmutzung lassen weniger als 1200 Stunden Sonnenlicht im Jahr zu. Der durchschnittliche Jahresniederschlag liegt zwischen 1000 und 1400 mm.

BEVÖLKERUNG 27,98 Millionen (Ende 2005)

WICHTIGE STÄDTE Chongqing (Provinzhauptstadt), Yongchuan, Changshou, Fuling

LANDWIRTSCHAFT Reis, Futtermais, Weizen, Orangen, Kohl und Süßkartoffeln werden hier angebaut.

WICHTIGE INDUSTRIEZWEIGE Chongqings Industrien umfassen einen Schwerindustriekomplex mit Eisen und Stahlverhüttung, Ölraffinerien und Kupferveredelung, Kraftfahrzeug-Industrie, Maschinenbau, Nahrungsmittelherstellung und Munitionsfabriken, Baumwoll-, Papier- und Seidenherstellung, Chemiebetriebe und Zementwerke sowie Ledergerbereien. In der Nähe befinden sich große Kohle- und Eisenerzvorkommen sowie ein wichtiges Ölfeld.

JAHRESEINKOMMEN PRO KOPF (2005)
Verfügbares Einkommen der Stadtbevölkerung: RMB 10 240 (978 Euro)
Nettoeinkommen der Landbevölkerung: RMB 2785 (266 Euro)

HISTORISCHE UND LANDSCHAFTLICHE SEHENSWÜRDIGKEITEN
Chongqing ist ein wichtiger Ausgangspunkt für Schiffsreisen zu den Drei Schluchten. Zu den Sehenswürdigkeiten gehören die Felsskulpturen von Dazu und das Schlachtfeld von Diaoyucheng, wo die mongolische Expansion nach Westen aufgehalten wurde.

ESSEN Chongqing ist ein kulinarisches Zentrum für die Sichuan-Küche, eine der großen acht Küchen Chinas. Sie zeichnet sich aus durch reichlich Chili, scharfen roten Pfeffer und Knoblauch. Zu den Gerichten gehören Heißer Topf, über Kampfer geräucherte Ente, Kung-Pao-Huhn, pikantes Rindfleisch gedämpft, Schweinefleischfrikassee mit Chilis in der Pfanne gebraten, Bambussprossen und Pilze.

[RECHTS] Ein »Stockmann« mit seiner Last an der Anlegestelle von Chaotianmen.

限 公 司
茶楼鱼庄

DIE STRASSEN VON CHONGQING

1

CHONGQING WURDE 1997 VON SICHUAN ABGETRENNT, um den Status einer regierungsunmittelbaren Stadt zu erlangen. Mit einer Bevölkerung von ca. 30 Millionen Menschen ist es heute Chinas größtes städtisches Siedlungsgebiet. Die geschäftige Hafenstadt, die sich die steilen Hänge des Sichuan-Beckens am Zusammenfluss von Yangtse und Jialing hinaufzieht, ist von alters her ein wichtiges Transportzentrum an Chinas längstem Strom. Chongqing ist auch Chinas einzige Großstadt, in der Fahrräder selten zu sehen sind. An ihrer Stelle sieht man hier [1] überall die »Stockmänner«, die alles an ihren Schulterjochen hängend transportieren, vom Gemüse bis zum Sofa, bergauf und bergab, auf den steilen, überfüllten Straßen der Stadt. [2] In der schnell verschwindenden Altstadt spielt altmodische Gerätschaft zur Haarverschönerung noch eine Rolle. [3] Enten und Hühner vom Land landen an der Anlegestelle des Tors zum Himmel (Chaotianmen), dem Hauptterminal für Personenverkehr am Oberlauf des Yangtse. [4] Ein »Straßendoktor« auf den Stufen der Altstadt. [5] Ein Baby in einer traditionellen Trage auf dem Bahnsteig in Chongqing.

2

3

4

5

DIE STRASSEN VON CHONGQING

1

2

3

4

5

CHONGQING IST SCHON SEIT DER QIN-DYNASTIE (221 – 207 V. CHR.) WICHTIGES TRANSPORTZENTRUM FÜR SÜDWESTCHINA. Die Umwandlung der Stadt in eine Industriehochburg begann erst, als Chiang Kai-shek sie im Zweiten Weltkrieg zum Kuomintang-Regierungssitz machte. Als sich die japanischen Streitkräfte von allen Seiten näherten, flüchteten Unternehmer, Fachkräfte und Flüchtlinge aus ganz China nach Chongqing. Diese Konzentration an unternehmerischer Erfahrung, technischem Können und einem unerschöpflichen Heer billiger Arbeitskräfte gab der industriellen Entwicklung der Stadt einen Schub. [1] Landvermesser in der Stadt können nur eines bedeuten: Chongqings altes Zentrum wird bald zerstört und in [3] eine gigantische Baugrube verwandelt werden, die darauf wartet, mit riesigen Wolkenkratzern gefüllt zu werden. [2] Ein Schaufensterpuppen-Geschäft in der Altstadt. [4] Arbeiter beim Mittagessen an einer Baustelle am Fluss. [5] Blick aus einem Drehrestaurant hinab auf das Labyrinth der Einkaufszentren in der Innenstadt. Kaum zu glauben, dass bis vor Kurzem das neonbeleuchtete Freiheitsmonument der höchste Bau der Stadt war.

DER SCHATZGIPFELBERG

1

»DAZU« BEDEUTET »REICHE ERNTE«, hört sich aber auf Chinesisch wie »Großfuß« an. Der Bezirk ist berühmt für seine Felsskulpturen. Mehr als 60 000 buddhistische, taoistische und konfuzianische Statuen und Felsskulpturen sowie 100 000 gemeißelte Schriftzeichen wurden in die Sandsteinfelswände der Region gehauen. Diese Arbeiten begannen 650 n. Chr. im ersten Jahr der Regierungszeit Yonghuis in der Tang-Dynastie. Die berühmtesten Grotten befinden sich am Baoding Shan (Schatzgipfelberg). [2–5] Der Hufeisen-Canyon ist voll exquisiter buddhistischer Skulpturen in hervorragender Ausarbeitung und atemberaubender Größe. Sie wurden wahrscheinlich zwischen 1179 und 1249 während der Jin- und Yuan-Dynastien geschaffen. 1999 wurden die Felsskulpturen von Dazu zum Weltkulturerbe ernannt. Auf dem Weg nach Dazu, das nördlich des Chongqing–Chengdu-Highways liegt, kam ich an einem Familienbetrieb [1] vorbei, der sich auf die Herstellung traditioneller »hängender Nudeln« spezialisiert hat. Der Firmenchef war ein irritierender Alter, der mich immer mit »Onkel« anredete, obwohl er viel älter war als ich und auch schon Großvater.

2

3

4

5

Die Provinz **HUBEI**

KOORDINATEN
29° 05' – 33° 20' nördlicher Breite
108° 21' – 116° 07' östlicher Länge

FLÄCHE 185 900 km²

GEOGRAFIE Diese Region ist sehr bergig. Die im Zentrum und Osten liegende Ebene Jianghan macht nur 20 % des Provinzgebiets aus, während die weitere Landmasse von den Bergen ringsum und ihren Ausläufern eingenommen wird. Im Westen dominieren die Bergzüge der Wudang Shan, Jing Shan, Daba Shan und Wu Shan, im Nordosten liegen die Dabie Shan, im Norden die Tongbai Shan und im Südosten die Mufu Shan. Der Yangtse fließt von Westen durch die Drei Schluchten in die Provinz, der Hanshui fließt aus Nordwesten zu. Die durchschnittliche Höhenlage reicht von 50 – 1000 m ü. M. Der höchste Berg ist der Shennong mit 3105 m.

KLIMA Hubei hat ein subtropisches Klima mit ausgeprägten Jahreszeiten. Die durchschnittlichen Temperaturen erreichen im Januar 1 °C bis 6 °C und im Juli 24 °C bis 30 °C. Die höchste je gemessene Temperatur ist 41,3 °C, die tiefste -18,1 °C. Die durchschnittlichen Jahresniederschläge bewegen sich zwischen 800 und 1600 mm.

BEVÖLKERUNG 60,31 Millionen (Ende 2005)

WICHTIGE STÄDTE Wuhan (Provinzhauptstadt), Jingzhou, Shiyan

LANDWIRTSCHAFT Die wichtigsten Feldfrüchte sind Reis und Weizen. Für den Handel werden Baumwolle, Tee, Ölsamen und Ramie angebaut.

WICHTIGE INDUSTRIEZWEIGE Die wichtigsten Industrien sind Fahrzeugindustrie, Metallurgie, Maschinenbau, Kraftwerke, Textilien, Nahrungsmittel und Hochtechnologie. Die Provinz ist wichtiger Lieferant von Wasserkraft, und der riesige Drei-Schluchten-Staudamm, der zur Zeit anläuft, wird diese Rolle verstärken.

JAHRESEINKOMMEN PRO KOPF (2005)
Verfügbares Einkommen der Stadtbevölkerung: RMB 8786 (840 Euro)
Nettoeinkommen der Landbevölkerung: RMB 3099 (296 Euro)

HISTORISCHE UND LANDSCHAFTLICHE SEHENSWÜRDIGKEITEN
Der Berg Wudang, die Gelbe-Kranich-Pagode, die Talsperre an den Drei Schluchten, das Naturschutzgebiet Shennong, das Schlachtfeld am roten Fels.

ESSEN Die Küche von Hubei ist bekannt für ihre Süßwasserfische, die in den zahlreichen Seen und großen Flüssen der Provinz leben. Zu den Gerichten zählen gedünstete Brasse, gekochter Fisch mit Mandarinenmark, eingemachte Schildkröte, Drache und Phönix (Aal und Huhn).

[RECHTS] Medizinmann in den Hügeln über der Yangtse-Schlucht.

1

2

3

DAS ALTE WUSHAN WAR EINE GESCHÄFTIGE, LAUTE KLEINE STADT voll Karaoke-Bars und Bordellen, die sich als Friseursalons ausgaben. Ich verbrachte einmal einen netten Abend dort, als ich auf dem Weg mit der Fähre von Yichang nach Chongqing durch die Yangtse-Schlucht in der Stadt übernachtete. Ich saß auf einem roten Plastikstuhl auf dem dreckigen Straßenpflaster, trank Bier und vesperte die »Köstlichkeiten« der dortigen Imbissbuden. Dabei beobachtete ich von meinem wackligen Tischchen aus die vorbeiziehenden Menschen auf dem Nachtmarkt. Die Stadt existiert nicht mehr, und die Plätze, an denen ich meine Fußstapfen im Kohlestaub hinterlassen hatte, als ich 1992 diese Bilder aufnahm, liegen jetzt 135 m unter den stillen Wassern dieses »Lake Placid«. Der Stausee ist der größte der Welt und entstand durch die Drei-Schluchten-Talsperre, die sich dem Yangtse in den Weg stellt und einen großen Teil des Flusstals überflutet. [1] Ein Arbeiter macht Zigarettenpause neben einem am Ufer abgeladenen Kohlehaufen. [2] Ein Arbeiter kratzt in einer Behelfswerft mühsam den Rost eines Tankers ab. [3] Arbeiter schaufeln Kohle auf die Anhänger der Traktoren.

1

2

DIE IDEE, DEN UNBERECHENBAREN YANGTSE ZU ZÄHMEN, Chinas längsten Strom, hat den Herrschern Chinas schon seit Jahrhunderten keine Ruhe gelassen. Pläne für den umstrittenen Drei-Schluchten-Staudamm wurden schon vor dem »Großen Sprung nach vorn« in den späten 50er-Jahren ausgearbeitet, doch haben die Bauarbeiten an diesem Mammutprojekt erst 1994 begonnen. Im Oktober 2002 waren die Arbeiten am Nordufer abgeschlossen, und 14 Wasserturbinen generierten 49 Milliarden kW/h Elektrizität bis Ende 2005. Insgesamt wurden die Bauarbeiten 2006 abgeschlossen, und das Projekt ist voraussichtlich 2008 voll im Einsatz. Die Talsperre schließt die Xiling-Schlucht auf einer Breite von 2,3 km ab und ist 185 m hoch, die Wassertiefe wird 156 m betragen. Die 26 Turbinen sollen 84,7 Milliarden kW/h Elektrizität jährlich generieren – so viel wie 15 Kernkraftwerke. Umweltschützer haben seit Langem das Projekt in Frage gestellt. Ernsthafte Sorge bereitet z. B., dass sich das Staubecken, das sich 600 km lang den Fluss hinauf erstreckt, zu einem fauligen Sumpf entwickeln könnte, wenn sich Verschmutzungen aus den überfluteten Minen und Fabriken mit dem Abfall der großen Industriezentren flussaufwärts verbinden. Ihre Stimmen gingen jedoch im Lärm von Bauarbeiten und Propaganda unter. [1] Ein Steinbruch in der Nähe der Talsperre. [2] Einer der 1,3 Millionen durch den Drei-Schluchten-Staudamm Vertriebenen.

DIE DREI SCHLUCHTEN

1

OHNE ZWEIFEL BRAUCHT CHINA BILLIGE ENERGIE, um das Wachstum zu unterstützen und Wohlstand in die ärmsten Provinzen zu tragen. Viele haben jedoch in Frage gestellt, ob der Drei-Schluchten-Staudamm diese Anforderungen erfüllen kann. Abgesehen von den Umweltschützern, die die Auswirkungen der Umweltverschmutzung auf das ökologische Gleichgewicht der Region fürchten, haben Ingenieure schon lange dafür plädiert, besser eine Reihe kleinerer Staudämme zu bauen, die ähnliche Mengen Elektrizität liefern könnten, ohne wie die »Mutter aller Talsperren« das Problem der Verschlammung hervorzurufen. Die Kosten für die Menschen zeigen sich bereits jetzt. Eine große Anzahl der bis heute weit über eine Million Vertriebenen durch das 25 Milliarden US-Dollar teure Projekt sind in Armut geraten aufgrund massiver und allgegenwärtiger Korruption. Große Mengen der Gelder, die für die Umsiedlung vorgesehen waren, sind einfach verschwunden. Alle in diesen Bildern gezeigten Orte liegen jetzt unter Wasser, und die Menschen wurden in alle Richtungen zerstreut. [1] »Stockmänner« schleppen Felsbrocken aus den Stromschnellen. Die Felsen werden für die Abstützung der Dämme in den »Mini-Drei-Schluchten« entlang [2] dem Fluss Danning benutzt. [4] Beim Betrachten des Yangtse. [3] Industrielle Umweltverschmutzung. [5] Ein Fischer flickt seine Netze an den Ufern des Yichang.

2

3

4

5

1

2

DIE GELBE-KRANICH-PAGODE

3

WUHAN IST DAS RUHRGEBIET CHINAS: berühmt für seine Schwerindustrie und berüchtigt für die enorme Umweltverschmutzung. An einem ganz deprimierenden Tag, wenn der graue Himmel mit metallischen Dämpfen geschwängert im Dauerregen auf die Stadt herunternieselt, kann man sich kaum vorstellen, dass die Gelbe-Kranich-Pagode [3] am südlichen Ufer des Yangtse einst der berühmteste königliche Lustpalast der Region war. Hier genossen Prinzen und Minister die besten Aussichten über ihr Gebiet, zusammen mit dem besten »Wein, Weib und Gesang«. Der Dichter Li Bai aus der Tang-Dynastie verewigte sie in seiner Ode an den Abschied: »Mein alter Freund sagt mir adieu, im Westen, an der Gelbe-Kranich-Pagode. Er geht hinunter nach Yangzhou, zwischen Blumen und Frühlingshauch. Das ferne Bild seines einsamen Segels löst sich auf in blaues Nichts. Nur den Langen Fluss kann ich nun sehen, der dem Rand des Himmels zufließt.« [1] Die Drei-Schluchten-Talsperre nähert sich ihrer Vollendung. [2] Eine Modelldarstellung des »größten Wasserkraftprojekts der Geschichte« im Besucherzentrum vor Ort.

Die Provinz **HUNAN**

KOORDINATEN
24° 38' – 30° 08' nördlicher Breite
108° 47' – 114° 13' östlicher Länge

FLÄCHE 207 254 km^2

GEOGRAFIE Etwa die Hälfte der Provinz ist bergig, die andere Hälfte besteht zu je einem Drittel aus Ebenen, Hügeln und Flussniederungen. Im Nordwesten erhebt sich die Wuling-Bergkette, im Westen liegen die Xuefeng-Berge, die Nanling-Berge im Süden und die Luoxiao-Berge im Osten. Im Nordosten erstreckt sich die Seenplatte des Dongting-Beckens. Der Xiang-Fluss fließt in Nord-Süd-Richtung durch die Provinz und zusammen mit den kleineren Flüssen Yuan und Zi in den Dongting-See. Den mittleren Süden und Westen charakterisieren die Talauen der Fluss-Systeme und die Ausläufer der Berge. Die Berge erreichen Höhen von 1500 m, das Flachland liegt nicht höher als 50 m ü. M.

KLIMA Hunan prägt ein subtropisches Klima bei milden Wintern und großen Niederschlagsmengen. Im Januar liegen die Temperaturen bei 3 °C bis 8 °C, im Juli bei 27 °C bis 30 °C. Die höchste je gemessene Temperatur ist 43 °C, die tiefste -18 °C. Der durchschnittliche Jahresniederschlag liegt bei 1200 bis 1700 mm.

BEVÖLKERUNG 66,97 Millionen (Ende 2004)

WICHTIGE STÄDTE Changsha (Provinzhauptstadt), Zhuzhou, Hengyang, Yueyang

LANDWIRTSCHAFT Hauptsächlich wird Reis angebaut – Hunan ist einer der größten Reisproduzenten Chinas – sowie Mais, Süßkartoffeln, Gerste, Buchweizen und Zitrusfrüchte. Für den Handel werden Ramie, Tee und Raps kultiviert. Zusätzlich existiert eine große Süßwasser-Fischzucht.

WICHTIGE INDUSTRIEZWEIGE
Die Schwerindustrie umfasst Aluminium-Schmelzen, Eisen- und Stahlherstellung, Kohleabbau, Ölraffinerie und Wasserkraftwerke. Weitere Industriezweige befassen sich mit Textilien, Werkzeugmaschinen und Kunsthandwerk. Außerdem ist die Provinz der größte Feuerwerkshersteller des Landes.

JAHRESEINKOMMEN PRO KOPF (2005)
Verfügbares Einkommen der Stadtbevölkerung: RMB 9524 (910 Euro)
Nettoeinkommen der Landbevölkerung: RMB 3118 (298 Euro)

HISTORISCHE UND LANDSCHAFTLICHE SEHENSWÜRDIGKEITEN Shaoshan (Geburtsort Maos), der Nationalpark Wuling Yuan (UNESCO-Welterbe, er umfasst Zhangjiajie, das Suoxi-Tal, den Berg Tianzi, den Fluss Mengdong), der Berg Hengshan und der Yueyang-Turm.

ESSEN Die Küche Hunans verwendet viel frische und getrocknete Chilis, Knoblauch und eine große Bandbreite scharfer, süßsaurer Saucen. Typische Gerichte sind Orangen-Rindfleisch, knusprige Ente, gebratene Bohnen mit Knoblauch, gedämpfte Weichschildkröten, *dongting-fat*-Fischblase und fermentierter Tofu.

[RECHTS] Der Xianjiang-Fluss.

DIE UMMAUERTE STADT PHOENIX

1

HUNAN WAR SCHON IMMER HINTERLAND CHINAS. Diese Ferne und Unzugänglichkeit haben sich für die Provinz ausbezahlt. Hunan hat Kriege und die Zerstörungsorgien der Ära Maos gut überstanden, da die Soldaten und Ideologen an ihr vorbeieilten auf dem Weg zu vielversprechenderen Regionen. Fenghuang, das sich in die westlichen Berge der Provinz schmiegt, ist eines der am besten konservierten architektonischen Schmuckstücke aus der Zeit der Ming- und Qing-Dynastien. [1] Eine Frau wäscht Bettwäsche im Tuojiang-Fluss, der durch Fenghuangs Altstadt fließt. [2] Eine Restaurantbesitzerin dekoriert ihr Schaufenster. [3] Auf eine Häuserwand bei Shaoshan, Maos Geburtsort, wird Reklame aufgepinselt. Millionen von Touristen pilgern zu dem kleinen, staubigen Städtchen südwestlich von Changsha. Die Beamten ließen eine protzige Villa bei der Wassertropfenhöhle errichten, weil Mao nebenbei erwähnt hatte, dass er sich dorthin einmal zurückziehen und in dem kleinen Stausee schwimmen wolle. Die Villa ist einer der vielen »Reisepaläste«, die für den Großen Vorsitzenden gebaut wurden, und das in einer Zeit, als fast ganz China sich buchstäblich zu Tode hungerte. Insgesamt hat Mao ganze elf Tage in seinem Ruhesitz in Shaoshan verbracht.

2

3

MAO ZEDONG, Hunans berühmtester Sohn, wurde 1893 in Shaoshan in eine Familie von Landbesitzern aus der Mittelschicht geboren. In der Geschichte der Menschen gibt es nur wenige, die immer noch wie Halbgötter verehrt werden, obwohl sie den Tod von Millionen ihrer eigenen Untertanen entweder durch direkte Machtausübung oder durch katastrophale politische Entscheidungen auf dem Gewissen haben. Maos perverses Genie lebt aber dadurch fort, dass seine Vorgehensweise als Modell für andere hoffnungsvolle Revolutionäre herhalten muss, obwohl er vorsätzlich die Zerstörung des kulturellen Erbes seines Landes und der intellektuellen Bestrebungen einiger Generationen im Namen einer fragwürdigen Ideologie angezettelt hat. Alle Bemühungen, maoistische Propaganda zu entlarven und die oft schmutzige Wahrheit seiner Hinterlassenschaft ans Licht zu bringen, konnten die Entschlossenheit unterdrückter Randgruppen auf der ganzen Welt nicht erschüttern, ihm nachzueifern. Perus Guerillakämpfer des Leuchtenden Pfades wurden zwar besiegt, und ihr Anführer wurde eingekerkert, doch stehen die Maoisten in Nepal kurz davor, nach Erfolgen in einem langwierigen Guerillakampf, der Tausende von Menschenleben gekostet hat, in beträchtlicher Stärke ins Parlament einzuziehen. Solche Bauernrevolutionen lassen vielleicht die ideologische Basis des kommunistischen Aufstands Maos vermissen, doch tragen sie eindeutig seine Handschrift. Das Bild, das Maos Aktionen in der Erinnerung hervorrufen, hat sich mit der Zeit auch verzerrt. Man kann sich unmöglich vorstellen, dass in Deutschland oder Russland 183 m hohe Statuen von Hitler oder Stalin errichtet würden, doch im ambivalenten Klima Chinas finden derlei Ideen einen Nährboden. Die offiziellen Bemühungen, den Persönlichkeitskult Maos zu entmystifizieren, scheinen aufgegeben worden zu sein. Die Provinzregierung von Hunan verkündete Ende 2005, dass im Interesse eines »roten Tourismus« eine 183 m hohe Statue Maos (er war 1,83 m groß!) auf der Insel Juzizhou im Yangtse in der Nähe der Hauptstadt Changsha errichtet würde. Im Vergleich: Die Freiheitsstatue im Hafen New Yorks ist von der Fackelspitze bis zum Boden 93 m hoch. Im Frühjahr 2006 verkündete die chinesische Regierung, man werde eine 12 m hohe Statue Maos nahe der tibetischen Hauptstadt Lhasa errichten. Weitere Denkmäler dieser Art sind zu erwarten, wenn mit der Zeit die brutaleren Erinnerungen an die Ära Maos unter dem Imperativ des chinesischen Nationalismus verblassen. »Mao als Retter« erscheint einem weniger seltsam, wenn man aus historischer Sicht die Demütigungen Chinas im Jahrhundert vor der Machtergreifung der Kommunisten 1949 betrachtet. Und bei noch längerer Perspektive kommt man zu der Erkenntnis, dass seit der Zeit, als 221 v. Chr. Qin Shi Huangdi Chinas erster Kaiser wurde, nur die skrupellosesten Tyrannen ein vereinigtes China erfolgreich regieren konnten. Unter diesem Aspekt ist Mao sicherlich der letzte große Kaiser Chinas. Bei seinem Ruf als eiskalter Megalomane vergisst man leicht den »eigentlichen Menschen« Mao. Selbst seine schärfsten Kritiker müssen widerwillig zugeben, dass er in chinesischer Geschichte und Literatur sehr bewandert war, zu den größten modernen Lyrikern gehörte und die Kunst der Kalligrafie ausgezeichnet beherrschte. Mit diesen Talenten stellt er die meisten heutigen Regierungschefs in den Schatten. [1] Mit Mao als Verkaufsargument versucht ein junger Mann ältere Leute in einem Dorf um 100 Yuan (ca. 10 Euro) zu erleichtern – für ein auf Kacheln gemeißeltes Grabporträt. [2], [3] Szenen aus Bertoluccis Film *Der letzte Kaiser* von Rote-Garden-Paraden bei der Kulturrevolution. [4] Das Tian-An-Men-Tor in Beijing. [5] Eine der größten Statuen Maos in Kashgar im Uigurischen Autonomen Gebiet von Xinjiang. [6] Mao-Anstecker zum Verkauf in Hongkongs Hollywood Road. [7] Mao schmückt die 100-Yuan-Banknoten. [8] Wang Antings Mao Museum, die größte private Ansammlung von Mao-Souvenirs der Welt, ist in ein kleines Haus in den Seitenstraßen von Chengdu gepfercht.

1

2

3

4

热烈祝贺 "2005.5中国新疆喀什——南亚中亚商品交易会" 圆满成功!
让喀什走向世界 让世界了解喀什

5

6

100
JC21297545

7

8

Die Provinz **JIANGXI**

KOORDINATEN
24° 29' – 30° 04' nördlicher Breite
113° 34' – 118° 28' östlicher Länge

FLÄCHE 170 940 km^2

GEOGRAFIE Jiangxi ist fast ganz von Bergen umgeben. 80 % der Provinz sind bergig oder hügelig, der Rest besteht aus Ebenen und Seen. Der Gan-Fluss durchschneidet die Provinz und mündet im Norden in Chinas größten See, den Poyang. Der Poyang-See fließt ab in den Yangtse, der entlang der nördlichen Provinzgrenze verläuft. Im Westen erheben sich die Gebirgszüge Mufu, Jiuling und Luoxiao, im Osten die Huaiyu- und Wuyi-Berge und im Süden die Jiulian- und Dayu-Berge. Der höchste Punkt Jiangxis ist der 2157 m hohe Berg Huanggang im Wuyi-Gebirge.

KLIMA Jiangxis Klima ist subtropisch. Die Durchschnittstemperaturen liegen im Januar zwischen 3 °C und 9 °C, im Juli bei 27 °C bis 31 °C. Die höchste je gemessene Temperatur ist 44,9 °C und die tiefste -18,9 °C. Die Jahresniederschläge liegen bei durchschnittlich 1200 bis 1900 mm.

BEVÖLKERUNG 42,83 Millionen (Ende 2005)

WICHTIGE STÄDTE Nanchang (Provinzhauptstadt), Jiujiang, Pingxiang, Jingdezhen, Yingtan, Ganzhou

LANDWIRTSCHAFT Anbau hauptsächlich von Reis, Baumwolle und Raps.

WICHTIGE INDUSTRIEZWEIGE
Abbau von Mineralien zur Herstellung von Eisen, Mangan, Titan, Kupfer, Gold und Silber. Asiens größte Kupfermine und Chinas größte Kupferhütte befinden sich in Jiangxi. Weitere Industrien umfassen Textilien, Petrochemie, Nahrungsmittelverarbeitung, Druck und Keramik. In der Provinz wird seit mindestens 1800 Jahren Porzellan hergestellt.

JAHRESEINKOMMEN PRO KOPF (2005)
Verfügbares Einkommen der Stadtbevölkerung: RMB 8620 (823 Euro)
Nettoeinkommen der Landbevölkerung: RMB 3266 (312 Euro)

HISTORISCHE UND LANDSCHAFTLICHE SEHENSWÜRDIGKEITEN Der Lushan-Nationalpark (UNESCO-Weltnaturerbe), die Berge Jinggang, Sanqing, der Tempel am Berg Longhu, die Stadt Jingdezhen.

ESSEN Die Küche von Jianxi ähnelt der Sichuans und Hunans, sie verwendet ebenfalls viel Chili, scharfe Gewürze und Zucker. Die Provinz ist auch bekannt für ihre in Essig eingelegten und fermentierten Nahrungsmittel. Berühmte Gerichte sind Steinfisch, *chukar* (Rebhuhn), Felskutteln (Flechten) und knusprige Naschereien.

[RECHTS] Der Vorhof des Tengwang-Pavillons in Nanchang.

1

2

DER BAYI-PLATZ

3

NANCHANG IST DIE HAUPTSTADT DER PROVINZ JIANGXI und berühmt für den Tengwang-Pavillon, eine 57 m hohe Pagode am Ufer des Gan-Flusses, die erstmalig 653 n. Chr. von Li Yuanying, dem Bruder eines Kaisers der Tang-Dynastie, errichtet wurde. Seither wurde sie 28-mal zerstört und wieder aufgebaut. Das heutige Bauwerk wurde 1989 als Rekonstruktion der Pagode aus der Song-Dynastie fertig gestellt. Auf dem zweitgrößten öffentlichen Platz Chinas, dem Bayi-Platz, steht ein Denkmal zur Gründung der Roten Armee. Am 1. August 1927 führte Tschou En-lai mit weiteren kommunistischen Parteiführern den Nanchang-Aufstand an, der die Abspaltung von und die Auseinandersetzung mit den Kuomintang-Truppen einläutete. Diese Gruppe entwickelte sich zum Kern der Militärelite, deren Unterstützung in den nachfolgenden Machtkämpfen, die das Schicksal von Generationen von Chinesen beeinflussen sollten, getäuscht, erkauft und verkauft wurde. [1] Ein Mann, der die Geburt eines neuen Staates miterlebt hat. [2] Festwagen bei einer »Roten Tour« um den Platz, mit Revolutionshelden aus Plastik. [3] Zwei alte Freunde schwelgen in Revolutionserinnerungen.

JIANGXIS WASSERDÖRFER

1

2

3

DIE DÖRFER IM BEZIRK WUYUAN in den abgeschiedenen, stark bewaldeten Hügeln von Jiangxi zählen zu den schönsten ländlichen Gemeinden in China. Einige dieser intakten Bauerndörfer, die sich an kristallklaren Bergbächen in die grünen Täler schmiegen, besitzen hervorragend erhaltene Architektur aus der Tang-Dynastie (Mitte des 7. Jh.). Im Dorf Sixi [1] waschen die Frauen am bewaldeten Flussufer ihre Wäsche, und [4] Arbeiter karren Vorräte flussaufwärts über eine Brücke von bestechender Einfachheit. [3] Ein Bauer im Dorf Xiaoqui trifft Vorbereitungen, sein Haus ganz alleine zu bauen. [2] Auf der Straße von Tuochuan nach Jingdezhen passierten wir ein Stück Straße, das grünlich fluoreszierte wie Seetang aus einem radioaktiven Ozean. Wie sich herausstellte, werden im Dorf in Heimarbeit Hanf- und Synthetikfäden für Puppenhaare, für die Mähnen von Pferdchen oder anderes Spielzeug gefärbt, das mit psychedelischer Haarpracht ausgestattet werden soll. [5] Eine alte, noch in Gebrauch stehende Mühle neben traditionellen Häusern bei Jingdezhen.

4

5

1

2

3

4

5

6

STADT DES PORZELLANS

7

DIE ERDE RINGS UM DAS BERGDORF JINGDEZHEN ist reich an Kaolin, einem leichten und widerstandsfähigen Ton. Die Hügel der Umgebung liefern ausreichend Feuerholz, sodass in der Gegend schon seit 1700 Jahren, seit der Han-Dynastie, Töpferware gebrannt wird. Im Jahre 1004 erhielten die Töpfer der Gegend eine Charta des Song-Kaisers Jingde und die Erlaubnis, auf ihren Produkten das Siegel »In der Regierungszeit von Jingde hergestellt« anzubringen. Die Stadt übernahm den Kaisernamen, und das Markenzeichen »Jingdezhen« steht heute für feinstes chinesisches Porzellan. [1] [6] Die Bemalung ungebrannten Porzellans. [2] Yu Pengfei ist der Mann hinter (und in) der »größten Porzellan-Reisschüssel der Welt«. Die Schüssel hat einen Durchmesser von 1,98 m, wiegt 400 kg und soll genügend Nudeln für 1000 Menschen enthalten können. Heute symbolisiert die Schüssel Yus Hoffnung, dass es für das chinesische Volk immer genug zu essen geben wird. [3] Kaolin-Ton wird in Yus Atelier angeliefert. [4] Yu bei der Arbeit an der Drehscheibe. [5] Ein Laden an der Hauptstraße. [7] Yus Team stellt einen riesigen Teller her.

Die Provinz **ANHUI**

KOORDINATEN
29° 41' – 34° 38' nördlicher Breite
114° 51' – 119° 37' östlicher Länge

FLÄCHE 142 450 km^2

GEOGRAFIE Der Flusslauf des Huaihe dominiert die Ebenen im Norden und in der Mitte der Provinz. Im Süden hat sich der Yangtse durch die Gebirge Jihua, Huang und Dabie gegraben, die große Teile des Südwestens von Anhui bedecken. Höchster Punkt ist der Lotusblumenberg mit 1873 m im Huangshan mit insgesamt 30 Berggipfeln über 1500 m.

KLIMA Im Norden herrscht ein gemäßigtes Klima mit klar abgegrenzten Jahreszeiten vor. Die durchschnittlichen Wintertemperaturen liegen im Januar zwischen -1 °C und 2 °C südlich des Flusses. Im Juli steigen die Temperaturen auf über 27 °C. Die tiefste je gemessene Temperatur ist -20,6 °C, die höchste 42,4 °C. Der sogenannte »Pflaumenregen« im Juni und Juli kann Überschwemmungen auslösen. Jahresniederschläge bewegen sich im Durchschnitt zwischen 800 und 1800 mm.

BEVÖLKERUNG 65,15 Millionen (Ende 2005)

WICHTIGE STÄDTE Hefei (Provinzhauptstadt), Anqing, Huangshan-Stadt, Maanshan

LANDWIRTSCHAFT Hauptsächlich werden Weizen, Sorghum, Mais, Sojabohnen und Baumwolle angebaut. Der Süden ist bei zwei Jahresernten eine der großen Reis produzierenden Gegenden Chinas. Süßkartoffeln, Baumwolle, Gerste und Tabak werden dort ebenfalls angebaut, im Südosten dagegen Tee. In der ganzen Provinz werden Schweine und Schafe gezüchtet. Die Flüsse und Seen ermöglichen eine große Süßwasser-Fischzucht.

WICHTIGE INDUSTRIEZWEIGE Anhui hat ausreichende Vorkommen an Eisen- und Kupfererzen sowie Kohle. Vier der wichtigsten Industriezentren Chinas liegen in der Provinz, die Teil der Sonderwirtschaftszone von Shanghai ist. In der Gegend um Hefei dominieren Textilfabriken, Eisen- und Stahlwerke sowie Maschinenbau-Fabriken. Huainan ist eines der großen Zentren für Kohleabbau und Chemieherstellung. In Bengbu werden landwirtschaftliche Maschinen und Nahrungsmittel hergestellt. Maanshan hat einen großen Binnenhafen und verschiedene Industrien.

JAHRESEINKOMMEN PRO KOPF (2005)
Verfügbares Einkommen der Stadtbevölkerung: RMB 8471 (809 Euro)
Nettoeinkommen der Landbevölkerung: RMB 2641 (252 Euro)

HISTORISCHE UND LANDSCHAFTLICHE SEHENSWÜRDIGKEITEN Die Dörfer Xidi Cun und Hong Cun aus der Ming- und Qing-Zeit, die Berge Huangshan, Jiuhua, Qiyun und Tianzhu.

ESSEN Die Küche von Anhui ist eine der acht großen Küchen Chinas. Die dortigen Köche sind berühmt für geschmorte und gedünstete Gerichte, die oft Schinken und Zucker enthalten, um Farbe und Geschmack zu verstärken. Eine landesübliche Delikatesse ist geschmorte Weichschildkröte mit Schinken, Bambussprossen, Würstchen und getrockneten Pilzen.

[RECHTS] Die Berge des Huangshan.

DER LOTUSGIPFEL

1

DER BERG YISHAN WURDE IM JAHR 747 IN HUANGSHAN UMBENANNT, um an Huangdi, den legendären Urahn der Chinesen, zu erinnern, der das Lebenselixir irgendwo in der Bergwildnis südlich des Yangtse zusammengebraut haben soll. Die 72 Gipfel des Huangshan-Gebirges haben seit mehr als 1000 Jahren Dichter und Maler inspiriert. Ihre Motive »Wolkenmeer mit Inseln aus Berggipfeln« und »Knorrige Pinien, die sich im Winde drehen« sind vielgeliebte Themen traditioneller chinesischer Malerei. Diese Tage stiller poetischer Meditation sind leider längst vergangen. Heute verstopft ein unablässiger Strom chinesischer Reisegruppen die schmale Steintreppe zu den Gipfeln, und die Menschen brüllen in die Schlucht hinunter, um »die Echos ihrer leeren Seelen« zu hören. [1] Touristen drängeln, um ein Foto von sich neben der Steintafel mit der Inschrift »Lotus, der höchste Gipfel des Huangshan, 1873 m« machen zu lassen. [2] Mitglied der Polizeitruppe, die die Touristen beaufsichtigen sollen. [3] Touristen lassen sich mit einer Sänfte zum Gipfel tragen.

2

3

1

2

3

4

ANHUIS HONG-DORF IST EINER DER SCHÖNSTEN ORTE CHINAS. Der Wandel von beschaulicher, intakter Dorfgemeinschaft zu einer Haupt-Touristenattraktion ist eine Tragödie, die sich überall im Land wiederholt. Ein 30-Jahres-Vertrag zur Entwicklung des Tourismus wurde einer Firma in Beijing zugesprochen, deren Manager die Tochter eines höheren Funktionärs ist. Von Beijing aus wurde dann ein Team junger »Sicherheitswachleute« entsandt, um das Eintrittsgeld zum Dorf zu kassieren. Sie benahmen sich fürchterlich daneben und schüchterten generell sowohl Touristen als auch Dorfbewohner ein. Die Einnahmen gingen zum größten Teil nach Beijing, nur ein winziger Prozentsatz blieb in den Händen der Einwohner. Seitdem verachten die Dörfler die Touristen und wahrscheinlich auch jene, die diese Nachwuchsverbrecher hergeschickt hatten. [1] Eine 96-jährige Frau verwünschte mich, als ich sie fotografierte, beruhigte sich dann aber wieder, als ich ihren Gesamtvorrat an Esskastanien zu einem total überhöhten Preis abkaufte. [2] [3] [4] Ein beliebtes Ausflugsziel für Schulklassen, Kunst- und Architekturstudenten, die aus dem ganzen Land hierherkommen, um das Dorf zu zeichnen.

Die Provinz **HENAN**

KOORDINATEN
31° 23' – 36° 22' nördlicher Breite
110° 21' – 116° 39' östlicher Länge

FLÄCHE 160 000 km^2

GEOGRAFIE Das nördliche Henan wird vom Huanghe (Gelber Fluss) durchquert, der die Haihe-Huaihe-Wasserscheide markiert. Das Taihang-Gebirge trennt Henan von der Provinz Shanxi im Nordwesten, das Dabie-Gebirge von Hubei im Süden. Die Qinling-Berge erheben sich im Westen, und die relativ platte Nordchinesische Ebene erstreckt sich über das östliche und mittlere Henan. Ca. 44 % des Gebiets sind gebirgig. Henans Höhenlage reicht von 23 m in der Ebene bis 2414 m ü. M. auf dem Gipfel des Laoyacha.

KLIMA Henans gemäßigtes Klima gibt der Provinz vier ausgeprägte Jahreszeiten. Die Sommer sind gewöhnlich heiß und feucht. Temperaturen reichen von durchschnittlich 0 °C im Januar bis 28 °C im Juli. Die höchste je aufgezeichnete Temperatur ist 44,2 °C, die tiefste -21,7 °C. Die durchschnittlichen Jahresniederschläge liegen bei 570 bis 1120 mm.

BEVÖLKERUNG 97,17 Millionen (Ende 2005)

WICHTIGE STÄDTE Zhengzhou (Provinzhauptstadt), Luoyang, Kaifeng

LANDWIRTSCHAFT Henan ist ein wichtiger Weizen- und Baumwollproduzent. Zusätzlich werden Sorghum, Reis, Hirse, Süßkartoffeln, Tabak und Obst angebaut. Für den Handel werden Eichen (Laub für Seidenraupen), Sesam und Erdnüsse kultiviert.

WICHTIGE INDUSTRIEZWEIGE Die Ölfelder in Zhongyuan und Henan produzieren große Mengen Rohöl und Erdgas als Rohmaterial für Raffinerien und die petrochemische Industrie. Große Wasserkraft-Vorkommen haben zur Entwicklung von Schwerindustrie beigetragen, einschließlich einer Aluminium-Schmelze in der Sanmen-Schlucht, einer chemischen Industrie und Fahrzeugfabrikation. Weitere Industrien umfassen Textilien, Haushaltswaren, Elektronik und Keramik.

JAHRESEINKOMMEN PRO KOPF (2005)
Verfügbares Einkommen der Stadtbevölkerung: RMB 8650 (826 Euro)
Nettoeinkommen der Landbevölkerung: RMB 2870 (274 Euro)

HISTORISCHE UND LANDSCHAFTLICHE SEHENSWÜRDIGKEITEN Drei von sieben ehemaligen Hauptstädten Chinas im Verlauf von 20 Dynastien befinden sich in Henan: Anyang, Luoyang und Kaifeng. Dieses Erbe zeigt sich an vielen Stätten wie dem Shaolin-Tempel, den Grotten von Longmen, dem Tempel des Weißen Pferdes, der Eisenpagode, dem Drachenpavillon und dem Tempel von Xangguo.

ESSEN Die Küche Henans ist bekannt für ihre Suppen. Dies zeigt sich in der Luoyang-Wassertafel, einem Bankett aus 24 Suppengerichten. Weitere Gerichte sind kurzgebratene Karpfen vom Gelben Fluss in süßsaurer Sauce mit gebackenen Nudeln, knusprig frittiertes Schweinefleisch, heißer Tofu mit Seegurke in Form einer Lotusblüte.

1

DER URSPRUNG VON CHINAS BERÜHMTESTEM KLOSTER liegt verborgen in buddhistischen Legenden und Kampfsport-Mythologie. Historische Aufzeichnungen sagen jedoch übereinstimmend, dass der erste Shaolin-Tempel 495–497 n. Chr. im Auftrag des Kaisers Xiaowen aus der Nördlichen Wei-Dynastie für den indischen Buddhameister Bodhidharma erbaut wurde, der 464 n. Chr. nach China kam und später den Zen-Buddhismus (Chan) begründete. Eine Legende erzählt, dass der Bodhidharma eine Reihe auf Yoga basierender Ausdauerübungen entwickelte, als er merkte, dass einige Schüler ihre Meditationsposition nicht lange einhalten konnten. Auf dieser Basis entwickelte sich dann Shaolin-Kung-Fu, die Urform aller nachfolgenden Schulen chinesischer Kampfsportarten. [1] Obwohl viele die Abstammung der heutigen Kampfsportmönche aufgrund ihrer Verbundenheit mit der Regierung anzweifeln, hat der internationale Erfolg von Jet Lis Film *Shaolin Monastery* und anderer Klassiker des Kampfsports die Gegend zum Touristenmagnet für Fans und Kung-Fu zu einer der größten Industrien werden lassen. [2] [3] Neben den 8000 Schülern am offiziellen Shaolin-Klosterinstitut gibt es mehr als 50 Kampfsport-Schulen in der Stadt, die weitere 50 000 Schüler aus aller Welt unterrichten.

2

3

1

2

DIE DRACHENTOR-GROTTEN

3

DIE GROSSE VAIROCHANA-BUDDHA-HÖHLE, auch bekannt als Tempel der Fengxian (Ahnenverehrung) [3], ist die größte und kunstvollste Grotte im Longmen-Komplex an den Ufern des Yihe-Flusses. Das Dach der Höhle ist im Laufe der Jahrhunderte brüchig geworden und schließlich eingestürzt, sodass die wunderschönen, aus den Felsen gehauenen Skulpturen aus den Jahren 672–675 heute den Elementen ausgesetzt sind. [1] Das Gesicht dieses prachtvollen, 17 m hohen, sitzenden Buddhas in der Mitte der Skulpturenreihe soll dem der Kaiserin Wu Zetian nachempfunden sein, der einzigen Kaiserin in der Geschichte Chinas und Auftraggeberin dieses Tempels. Der gütige Ausdruck und das rätselhafte Lächeln des Buddhas hat einige Kunsthistoriker dazu veranlasst, die Statue »Mona Lisa des Ostens« zu taufen. In einem der wenigen stillen Momente fegt ein Wärter den Schmutz der Touristen weg. [2] Am Drachentor trifft das Digitalzeitalter auf die ferne Vergangenheit, wo die Touristen Sofortbilder von ihren Digitalaufnahmen der populärsten Grotten entwickeln lassen können.

1

2

3

4

LUOYANG WAR DIE ZWEITWICHTIGSTE STADT DES ALTEN CHINA nach Xian. Diese Stadt war bis zum 10. Jh. Hauptstadt von 13 Dynastien und besitzt den ersten buddhistischen Tempel auf chinesischem Boden. Es wird erzählt, dass vom Kaiser entsandte Mönche in den Anfängen der Östlichen Han-Dynastie mit zwei indischen Meistern aus Kandahar zurückkamen. Der Kaiser ließ einen Tempel errichten, in dem die Schriften und Reliquien untergebracht werden sollten, die auf zwei weißen Pferden nach China gebracht worden waren. Der Baima Si (Tempel des Weißen Pferdes) liegt nördlich von Luoyang. Hier wurden Sanskrit-Schriften erstmalig ins Chinesische übersetzt. Kaifeng ist der Geburtsort Hsuan Tsangs, des Mönchs, der 629–645 zu Zeiten der Tang-Dynastie die legendäre Pilgerreise nach Zentralasien und Indien unternommen hatte. [1] Ein traditioneller Schildermaler innerhalb der Mauern von Luoyang. [2] Frühstück auf dem Bauernmarkt. [3] Mönche und Freiwillige schlagen Poster mit Informationen über Pilgergaben an den Tempel des Weißen Pferdes an. [4] Ein Mönch spült seinen Mopp neben einer riesigen »Zen«-Inschrift am Großen Xiangguo-Tempel in Kaifeng aus.

丝路

DIE SEIDENSTRASSE

Ich habe in meinem Leben schon manche Dummheit begangen. Etwa beim Wildwasser-Rafting auf dem Sambesi mit seinen sieben Meter hohen Stromschnellen, ohne dass ich die leiseste Ahnung vom Schwimmen hatte. Ein andermal jagte ich in Australien verwilderte afghanische Kamele von einem offenen Hubschrauber aus, der kaum größer als ein Kleiderbügel war, gesteuert von einem total durchgeknallten jungen Typen, der eigentlich in die Klapsmühle gehört hätte … Aber was ich mir jetzt gerade leiste, ist wohl die Krönung des Ganzen.

Wir befinden uns 66 Kilometer nordwestlich von Dunhuang und haben etwa zwei Drittel des Wegs zum Yumen Guan (Jadetor-Pass) zurückgelegt, als der Sandsturm losbricht. Unsere chinesische Limousine Marke »Rote Flagge«, lange Zeit von den Staatskadern bevorzugt aufgrund ihrer soliden, extraschweren Karosserie aus der DDR, wird vom Seitenwind erfasst, als wir in den Sturm hineinfahren. Huan-fan, unser Fahrer, nimmt sofort den Fuß vom Gaspedal, bringt das Auto wieder auf Kurs und wirft mir im Rückspiegel einen fragenden Blick zu, ob wir weiterfahren sollen. »Wie weit sind wir denn?« »Über die Hälfte …« Es geht mir bei dieser Reise darum, die Lücken zu schließen, die von einer früheren Reise auf der Seidenstraße noch geblieben sind: Damals war es mir nicht gelungen, die Ruinen des »Ersten Tores zwischen Himmel und Erde« zu besichtigen, wie Yumen Guan in der chinesischen Geschichte benannt wurde, letzter Vorposten des Kaiserreichs im Westen und Ausgangspunkt für die nördliche Seidenstraße, die nach Kashgar führt, durch Samarkand hindurch und weiter nach Persien und Europa. Ich beschließe also weiterzufahren, obwohl vor der Windschutzscheibe kaum etwas zu sehen ist außer ein paar Metern Straße im Lichtkegel unserer Scheinwerfer – zwei Strahlen wirbelnder gelben Sands in einem grauen Meer …

Meine erste Reise entlang der Seidenstraße machte ich mit der Bahn. Damals fotografierte ich die Jungfernfahrt des Marco-Polo-Express für das New Yorker Magazin *Travel & Leisure*. Dieser Luxuszug war Chinas Antwort auf den Orient-Express. Er bestand aus in der DDR hergestellten, mahagonigetäfelten Waggons des früheren Privatzuges des Großen Vorsitzenden Mao, der damit auf seinen Inspektionstouren durch das ganze Land gereist war. Die 3220 km lange Reise führte von Beijing nach Urumqi, der Hauptstadt von Ostturkestan (Uigurisches Autonomes Gebiet Xinjiang), und von dort nahm ich den Flieger nach Kashgar.

Unser erster Halt war damals Xian in der Provinz Shaanxi gewesen. Ursprünglich bekannt als Chang'an (Stadt des immerwährenden Friedens), war dies die erste Hauptstadt Chinas, nachdem Qin Shi Huangdi die Nation 221 v. Chr. geeint hatte. Hier sind die berühmten Terrakotta-Krieger zu Hause, ebenso wie zahlreiche weitere Schätze, die die fast ununterbrochene 1100 Jahre lange Geschichte als Hauptstadt des chinesischen Kaiserreichs bezeugen. In ihrer Blüte unter der Tang-Dynastie zwischen dem 7. und 10. Jh. – als der mächtige und selbstbewusste Hof den kulturellen und wirtschaftlichen Strömungen der damals bekannten Welt die Tore weit öffnete – war Xian das Manhattan seiner Zeit: die größte, kosmopolitischste und intellektuellste Metropole der Welt. Von überall her, aus dem byzantinischen Kaiserreich, aus Arabien, Persien, Indien und zentralasiatischen Königreichen, aus Tibet, Burma, Korea und Japan kamen Menschen hierher, um Handel oder Studien zu betreiben, Restaurants zu eröffnen und – glaubt man den Wandmalereien der Zeit – ausgiebige Partys zu feiern. Es war das »goldene Zeitalter« ost-westlicher Beziehungen, in dem unterschiedlichste Kulturen Waren, Ideen, Wissen und DNA austauschten. All dies wurde ermöglicht durch das Netzwerk von Handelsstraßen, das man zusammenfassend als die Seidenstraße bezeichnet und deren Ausgangs- und Endpunkt Chang'an war.

Im Zeitalter der Tang-Herrschaft entstanden einige der bedeutendsten Werke der Dichtkunst, der bildenden Künste und Architektur Chinas, während buddhistische Gelehrsamkeit einen großen Schritt nach vorne machte, als der »Superstar-Mönch« Hsuan Tsang (596–664 n. Chr.) von seiner legendären 15-jährigen Pilgerreise nach

[LINKS] Armee der Terrakotta-Krieger. [VORANGEHENDE SEITEN] Die Flammenden Berge bei Turfan.

Gandhara (heute Gebiete in Pakistan und Afghanistan) und Indien zurückkam. Seine Reisen entlang der nördlichen und südlichen Seidenstraße waren die Inspiration für die klassische chinesische Allegorie *Die Reise nach Westen*, während sein eigener Reisebericht *The Great Tang Chronicles of the Western World* zum unschätzbaren historischen Dokument wurde: voll genauer Beobachtungen und interessanter Details, die einen Detektiv heutzutage vor Neid erblassen ließen. Es bietet wertvolle Einblicke in die Lebensart einer vergangenen Welt. Hsuan Tsang war zudem noch ein brillanter Gelehrter und Übersetzer. Während seines langjährigen Aufenthalts an den buddhistischen Universitäten in Taxila beziehungsweise Gandhara lernte er Sanskrit, und seine Übersetzungen buddhistischer Schriften, die er von Indien zurückbrachte, bilden den Höhepunkt chinesisch-buddhistischer Gelehrsamkeit. Durch sie wurde Xian zum strahlenden Mittelpunkt, von dem aus sich der Mahayana-Buddhismus überall in Asien verbreitete.

Den nächsten Halt legte ich in Lanzhou an den Ufern des Gelben Flusses ein: ein wichtiges Zentrum für den Transportverkehr seit den Zeiten der Seidenstraße, das nicht viel bietet außer hervorragenden handgezogenen Nudeln, die in einer schmackhaften Rinderbrühe serviert werden. Ich machte mich extra auf den Weg ins dortige Museum, in dem die berühmteste chinesische Bronzestatue »Fliehendes Pferd« beheimatet sein soll, doch fand ich auf ihrem Ehrenplatz nur eine Nachbildung hinter einer verdreckten Glasvitrine, die auch nicht anders aussah als die Kopie, die ich ein paar Jahre zuvor in Beijing erstanden hatte. Wo das Original aufbewahrt wird, konnte mir im Museum niemand sagen.

Der nächste Stopp in Jiayuguan (Schutzwehr zum lieblichen Tal), der Festung am westlichen Ende der Chinesischen Mauer in der Provinz Gansu, hinterließ viel tiefer gehende Eindrücke. Ich kann mich gut daran erinnern, dass ich durch das Tor nach Westen und weit hinaus in die Wüste ging, die mit scharfkantigen Felsen übersät war. Dann blickte ich zurück auf die restaurierte Festung, die im Jahr 1372 zu Beginn der Ming-Dynastie erbaut worden war, und stellte mir vor, ich sei Soldat einer einfallenden Armee oder Händler in einer Karawane. Wie vollkommen verschieden müssen ihre Gefühle nach den wochenlangen Entbehrungen im unwirtlichen Hexi-Korridor gewesen sein beim Anblick dieses riesigen Bauwerks, das sich wie eine Fata Morgana über der leeren Wüste erhebt. Ab hier betraten die Reisenden jener Zeit chinesischen Boden, nachdem sie den Zoll passiert hatten, indem sie durch das östliche Tor der Festung gingen, dem Guanghua Men oder Tor der Erbauung.

Der Sandsturm lässt nicht nach, wie ich eigentlich gehofft hatte. Stattdessen hüllt er die Limousine wie ein aufgeplustertes Federbett ein, und das Innere des Wagens mit der Lederausstattung kommt uns plötzlich vor wie ein Kokon, umgeben vom unbekannten und doch fast einlullenden Geräusch der Millionen von Sandkörnern, die gegen Glas und Stahl prasseln. Der Blick aus dem Fenster erinnert an alte Science-Fiction-Filme mit primitiven Spezialeffekten, an eine Zeitkapsel, die durch eine Sanduhr und durch den Nebel der Zeit zum Anfang der Seidenstraße reist. Erinnerungen an meinen ersten Sandsturm überfallen mich plötzlich.

Es war 1992 am Geburtstag Mohammeds, und wir hatten gerade in einer 13-stündigen Fahrt im öffentlichen Bus die Nubische Wüste im Sudan durchquert. Wir steckten im Stau auf einer Brücke in einem Außenbezirk von Khartum und beobachteten mit Entsetzen, wie eine heranrasende schwarze Wolke, die Minuten zuvor noch weit weg am Horizont gewesen war, das Flussbett herabgedonnert kam wie ein notlandendes UFO auf einer Landebahn, durch die Lehmhäuser fegte und die großen Festzelte rechts und links des Flusses durcheinanderwirbelte, bevor sie uns ganz verschlang wie die geflügelte Ausgeburt der Hölle. Mit einer eisigen Druckwelle drang sie in den fensterlosen Bus ein und bedeckte alles mit einer roten Sandkruste.

Ich erinnere mich noch gut daran, wie verletzlich und angsterfüllt ich mich damals gefühlt hatte, als der Sand trotz all unserer Vermummungsversuche gnadenlos in sämtliche Ritzen und Öffnungen eindrang. Und hier sitze ich nun selbstgefällig in der scheinbaren Sicherheit und dem temperierten Komfort einer Luxuslimousine, trinke grünen Tee mit Honig und tue so, als bestünde nicht die geringste Gefahr für uns. Und ich erinnere mich auch daran, wie klar das Wetter beim letzten Mal in Dunhuang gewesen war.

Damals ritt ich auf einem Kamel vor Tagesanbruch zum Kamm einer der höchsten Dünen der Singenden Sandberge (Mingsha Shan) hinter dem Mondsichel-See (Yueya Quan) und erlebte den Sonnenaufgang über den endlosen Weiten der Sanddünen. Die Bedeutung der Mogao-Grotten ging mir in diesem Augenblick auf. Tausend Jahre lang, vom 4. Jahrhundert an, hatten Reisende Handwerker und Künstler damit beauftragt, in den Höhlen entlang der westlichen Felshänge der Mingsha Shan Tempel zu errichten und sie mit prachtvollen Wandmalereien und Statuen buddhistischer Legenden auszustatten. Ich verstand nun, dass es ein elementares Bedürfnis war, den Schutz einer höheren Macht zu erbeten, bevor man sich in diese Dünen wagte, oder ihr zu danken, wenn man ihnen wieder lebendig entkommen war.

Beim Anblick des hölzernen Gatters und der verwitterten Zäune im Sandsturm vor mir wenden sich meine Gedanken schnell vom Marco-Polo-Express ab und den neuen Dingen zu, die ich bald sehen werde. Zum Beispiel die Tausend-Buddha-Höhlen von Bezeklik, die versteckt liegen im Herzen der Flammenden Berge, einer 100 km langen Sandsteinformation vor der Oase Turfan. Dort schlug der Affenkönig in *Die Reise nach Westen* seine größte Schlacht, um den Sagenhelden Hsuan Tsang aus den Fängen der Prinzessin mit dem eisernen Fächer und ihrem Galan, dem bösen Büffelkönig, zu befreien. Ich denke auch an den Höhepunkt dieser Reise, den Ausflug jenseits von Kashgar zum Karakorum-Highway und weiter zum Khunjerab-Pass an der pakistanischen Grenze, auf der Route, die Hsuan Tsang einschlug, als er sich auf die Suche nach den heiligen Schriften in Indien machte.

Wir stehen eine Weile vor dem verschlossenen Tor und hupen in den Sturm hinein, in der Hoffnung, dass uns jemand in der kleinen Hütte am Ende des Zauns hört. Das Gatter wird vom Wind gebeutelt, und hin und wieder hat es den Anschein, als wolle der Sturm uns das Tor öffnen. Endlich löst sich eine Gestalt aus der Hütte, stemmt sich gegen den Wind und kämpft sich zu uns vor. Unser Fahrer öffnet das Fenster einen Spaltbreit, und wir hören wie von fern den Mann fragen: »Was wollt ihr denn hier?« »Die Leute hier möchten das Jadetor sehen …« Der junge Mann draußen schüttelt ungläubig den Kopf. »Bei dem Wetter? Seid ihr sicher?« Als Huan-fan ein paar Banknoten zückt, um den Eintritt zu zahlen, wird klar, dass wir es ernst meinen. Der junge Mann nimmt das Geld und verschwindet durch eine Lücke im Zaun. Einen Moment später öffnet sich das Gatter mühsam. Wir passieren und fahren eine Sandpiste zum Kamm eines Hügels hinauf, bis wir direkt vor einem riesigen Haufen Lehmziegel landen, dessen Form vage an eine Festung erinnert. An seiner Seite ist eine große Steintafel angebracht, die uns bekannt gibt, dass wir vor uns das »Erste Tor zwischen Himmel und Erde« sehen. Der Sturm scheint etwas nachgelassen zu haben, daher beschließe ich, mir die Sache etwas näher anzusehen. Als ich jedoch die Tür öffne, trifft mich eine Sandböe mit solcher Wucht, dass ich die Kamera lieber im Auto lasse. Ich stapfe zur Rückseite des »Ersten Klumpens zwischen hier und dem Jenseits«. So lange ich zurückdenken kann, musste ich in freier Natur schon immer und überall, insbesondere an Orten mit großer historischer Bedeutung und atemberaubender Aussicht, pinkeln. Das Folgende muss nun nicht unbedingt in allen Details ausgemalt werden. Lassen wir es dabei bewenden, dass der Sandsturm wieder seine volle Kraft aufnimmt in dem Moment, als ich mit meiner Aktion beginne. Wie ich so dastehe, haut mich ein Windstoß praktisch um, und auf Kosten der Integrität meiner wertvollsten Körperteile entsteht hier wieder mal eine Situation mit Anwartschaft auf den Titel »Das Dümmste, was ich je im Leben gemacht habe«.

Die Provinz **SHAANXI**

KOORDINATEN
31° 42' – 39° 35' nördlicher Breite
105° 29' – 110° 15' östlicher Länge

FLÄCHE 200 000 km²

GEOGRAFIE Shaanxi liegt fast mitten im Zentrum Chinas. Die Provinz zerfällt von Norden nach Süden in drei natürliche Teile. Das nördliche Plateau erhebt sich auf 1500 m, bevor es in die Ebenen von Guanzhong abfällt, die vom Weihe-Fluss mit seinen Nebenflüssen durchquert werden. Dann steigt das Land wieder an bis zur Bergregion Qinba mit den Gebirgszügen von Qinling und Daba, die bis zu 3000 m hoch werden. Die Qinling-Berge formen die Wasserscheide zwischen Gelbem Fluss und Yangtse, eine wichtige geografische Scheide zwischen Nord- und Südchina.

KLIMA Shaanxi zeichnet ein vom Monsun beeinflusstes Kontinentalklima aus, das sich nördlich und südlich der Qinling-Berge unterschiedlich auswirkt. Der Norden ist im Winter kalt und im Sommer sehr heiß. Im Süden regnet es mehr. Hier liegen die Temperaturen im Januar um -11 °C bis 3,5 °C und im Juli bei 21 °C bis 28 °C. Die niedrigste je gemessene Temperatur ist -32 °C, die höchste 42,8 °C. Im Jahresdurchschnitt fallen 340 bis 1240 mm Niederschläge.

BEVÖLKERUNG 37,2 Millionen (Ende 2005)

WICHTIGE STÄDTE Xian (Provinzhauptstadt), Xianyang, Yanan

LANDWIRTSCHAFT Für den eigenen Verzehr werden Weizen, Hirse, Mais, Reis und Obst angebaut, für den Handel u. a. Baumwolle, Sojabohnen, Tee und Tungöl. Weiterhin wird intensiv Viehhaltung betrieben, hauptsächlich Schafzucht.

WICHTIGE INDUSTRIEZWEIGE Shaanxi ist großer Kohleproduzent und hat bedeutende Erdgasvorkommen. Weitere Industrien umfassen Textilien, Maschinenbau, Elektronik und Chemie.

JAHRESEINKOMMEN PRO KOPF (2005)
Verfügbares Einkommen der Stadtbevölkerung:
RMB 8272 (784 Euro)
Nettoeinkommen der Landbevölkerung:
RMB 2052 (195 Euro)

HISTORISCHE UND LANDSCHAFTLICHE SEHENSWÜRDIGKEITEN Die Terrakotta-Armee der Qin-Dynastie (UNESCO-Weltkulturerbe), der Stelenwald, das Grab des Kaisers Huangdi, die Wildgans-Pagode, der Tempel Famen.

ESSEN Die Küche von Shaanxi ist solide und reflektiert die reichlich vorhandenen Nahrungsmittel. Dabei scheint sie sehr einfach. Traditionelle Gerichte umfassen Jungschwein am Spieß, *yangrou paomo* (gedämpfte Teigtaschen in Hammelbrühe) mit eingemachtem Knoblauch, viele Arten von Teigtaschen und Nudeln, Fleisch und Pilzeintopf.

[RECHTS] Ausgrabungsstätte Nr. 1 des Mausoleums von Qin Shi Huangdi

1

2

DIE TERRAKOTTA-ARMEE

3

DAS GRAB VON QIN SHI HUANGDI, des ersten Kaisers von China, wurde im Mai 1974 zufällig von einheimischen Bauern beim Brunnenbau in den nördlichen Ausläufern des Berges Lishan, 35 Kilometer östlich von Xian, entdeckt. Die Terrakottascherben, die sie dort vorfanden, lösten die größten archäologischen Ausgrabungen in der Geschichte Chinas aus. Archäologen gehen davon aus, dass die gesamte Grabanlage knapp 115 000 m² groß sein dürfte, von denen bis heute nur ca. 960 m² freigelegt worden sind. 246 v. Chr. bestieg ein 13-jähriger Junge namens Ying Zheng den Thron von Qin, einem der sieben Streitenden Reiche, die in dem Chaos, aus dem China hervorgehen sollte, um die Vorherrschaft rangen. Als er 210 v. Chr. starb, hatte er eine organisierte Verwaltung und ein Rechtssystem eingeführt sowie Sprache, Schrift, Gewichte, Maße und Münzen vereinheitlicht, die Chinesische Mauer errichtet und das Kaiserreich gegründet. Er ließ aber auch Bücher verbrennen und hatte seine Freude daran, unliebsame Kritiker zu foltern und zu töten. [1] [2] [3] Ausgrabungsstätte Nr. 1 in seinem Mausoleum führt den Größenwahn dieses Visionärs vor Augen und die Genialität des Volks, das unter seiner Herrschaft Schwerarbeit leistete.

1

2

3

ALS HAUPTSTADT UNTER SECHS VERSCHIEDENEN DYNASTIEN stand Xian mehr als ein Jahrtausend lang im Zentrum der stürmischen Auseinandersetzungen, die so charakteristisch für die dramatische Entstehungsgeschichte der chinesischen Zivilisation waren – vom Aufstieg der Han-Dynastie 206 v. Chr. bis zum Fall der Tang-Dynastie 906 n. Chr. In der Blütezeit der Tang-Dynastie erlebte China eines der weltoffensten Zeitalter seiner Geschichte. Damals erreichte Xian den Zenit seiner kulturellen Vorherrschaft als östlicher Endpunkt der Seidenstraße. Seine Tore waren weit geöffnet für die intellektuellen, technologischen und religiösen Ideen, die zu jener Zeit unter den Weltmächten frei kursierten. In der Stadt tummelte sich ein nie da gewesenes Völkergemisch der verschiedenartigen Kulturen, die durch die Seidenstraße miteinander verbunden waren. Selbst nach über 1000 Jahren ist ihr Einfluss im heutigen Xian immer noch spürbar. [1] Tänzerin einer Volkstanzgruppe aus Shaanxi. [2] Ein Mitarbeiter des Museums erstellt einen Steinabrieb im Stelenwald, in dem auf 2300 gravierten Steinplatten die Geschichte Chinas ab der Han-Dynastie festgehalten ist. [3] Touristen beim Erklimmen der zwölf Meter hohen Stadtmauer aus der Ming-Zeit, die sich über den Grundmauern der Verbotenen Stadt der Tang-Dynastie erhebt.

1

2

DER KREISVERKEHR UM DEN TROMMELTURM

3

DIE BERÜHMTHEIT DER TERRAKOTTA-ARMEE lässt vergessen, dass Xian noch viele andere Schätze aus seiner ruhmreichen Vergangenheit besitzt, als es noch den Namen Chang'an, Stadt des immerwährenden Friedens, trug. Was Qualität, Menge und historische Bedeutung betrifft, liegt Xians kulturelles und architektonisches Erbe weit über dem Durchschnitt anderer Städte Chinas. Ein Taxifahrer in Xian jammerte mir einmal vor, dass in seiner geliebten Stadt nie eine Untergrundbahn gebaut würde, weil »die ganze Stadt eine einzige archäologische Fundstätte ist. Man kann nicht mal im eigenen Garten ein Loch buddeln, ohne auf irgendwas zu stoßen«. Ich stand auf dem Stadttor aus der Zeit der Ming und beobachtete, wie sich der Stadtverkehr langsam durch die Straßenschlucht zwischen Bürohäusern hin zum [3] Kreisverkehr um den Trommelturm bewegte. Dabei ging mir durch den Kopf, wie gut sich das Alte mit dem Neuen verband und wie Beijing wohl heute aussehen würde, hätte Mao nicht den Befehl zum Abriss der alten Stadtmauer gegeben. Einige Stadtbewohner lassen sich nicht beeindrucken von [1] Luxusartikeln oder [2] Immobilienträumen, die sich rücksichtslos in das historische Stadtbild drängen.

1

2

3

DIE ROTE TOUR 2005

4

ALS ENDSTATION DES LANGEN MARSCHS ist Yanan für chinesische Kommunisten heute spirituelles Zentrum und wichtigstes Pilgerziel. Total zerlumpt kam die Rote Armee hier im Herbst 1935 an. Von den 90 000 Frauen und Männern, die im Jahr zuvor in Jiangxi aufgebrochen waren, hatten nur 20 000 den 8000 Kilometer langen, dramatischen Treck durch schwierigstes Terrain überlebt. Yanan ist der Höhepunkt der »Roten Tour 2005«, einer Tourismuskampagne, mit der zahlungskräftige Besucher in das verarmte chinesische Hinterland gelockt werden sollen. [1] Junge Rekruten der Volksbefreiungsarmee auf einer »Lehrreise« zur Wiege der Revolution. [2] Das Wohnzimmer in der Höhlenwohnung des Großen Vorsitzenden Mao im Revolutionshauptquartier von Yangjialing, wo er General George Marshall 1946 erstmalig empfing. Ohne es zu ahnen, retteten die USA die Kommunisten vor einer endgültigen Niederlage, indem sie versuchten, den Bürgerkrieg zu beenden. [3] Die neue Brücke über den Yanhe-Fluss. [4] Ein vor Kurzem fertiggestelltes Höhlenhotel in den Lössbergen oberhalb der Stadt wartet auf eine Flut »Roter Touristen«. [VORANGEHENDE SEITEN] Eine Hauptverkehrsstraße über die Schluchten des Lössplateaus im Bau.

NINGXIA Autonomes Gebiet der Hui-Nationalität

KOORDINATEN
35° 14' – 39° 14' nördlicher Breite
104° 17' – 107° 39' östlicher Länge

FLÄCHE 66 400 km²

GEOGRAFIE Ningxias Geografie wird bestimmt vom Huanghe, dem Gelben Fluss, mit seinen Nebenflüssen. Die fruchtbare, durch Flussablagerungen entstandene Ningxia-Ebene dominiert den Norden der Region. Der Süden wird von einem Lössplateau bestimmt, das im Westen durch das Liupan-Gebirge abgeschlossen wird. Die gesamte Region liegt mehr als 1000 m über dem Meeresspiegel mit der höchsten Erhebung bei 3556 m.

KLIMA In Ningxia herrscht gemäßigtes Kontinentalklima mit langen, kalten Wintern und kurzen, heißen Sommern. Die Durchschnittstemperaturen erreichen im Januar -10 °C bis -7 °C und klettern bis Juli auf 17 °C bis 24 °C. Die niedrigste Temperatur, die dort je gemessen wurde, liegt bei -32,6 °C, die Höchsttemperatur bei 41,4 °C. Der Jahresniederschlag beläuft sich auf 190 bis 700 mm.

BEVÖLKERUNG 5,87 Millionen (Ende 2004)

WICHTIGE STÄDTE Yinchuan (Provinzhauptstadt), Tianshuibou, Shizuishan, Xiji

LANDWIRTSCHAFT Dank des gut bewässerten Graslands der Region ist Viehzucht der wichtigste Landwirtschaftszweig. Reis, Sorghum, Bohnen und Obst gedeihen ebenfalls gut, und in den Flüssen werden Karpfen, Süßwasserkrabben und Krebse gezüchtet.

WICHTIGE INDUSTRIEZWEIGE Kohle und Gips werden hier abgebaut und stellen zusammen mit der Gewinnung von Öl und Gas die wichtigsten Schwerindustrien. Im Leichtindustrie-Sektor spielen Textil- und Papierherstellung ebenso wie Nahrungsmittelverarbeitung eine Rolle.

JAHRESEINKOMMEN PRO KOPF (2005)
Verfügbares Einkommen der Stadtbevölkerung: RMB 8093 (766 Euro)
Nettoeinkommen der Landbevölkerung: RMB 2508 (237 Euro)

HISTORISCHE UND LANDSCHAFTLICHE SEHENSWÜRDIGKEITEN Grabstätte der Xixia-Könige, das Helan-Gebirge, die 108 Dagobas, die Zwillingspagoden von Baisikou, die Chinesische Mauer.

ESSEN Ningxias Küche spiegelt die vielfältigen Kulturen der Region wider und wird stark von den islamischen Ernährungsvorschriften der Hui-Bevölkerung beeinflusst. Bekannte Gerichte sind Schaf am Spieß, Hammelfleisch mit Bocksdornbeeren, gedünsteter Fisch und Schmalznudeln.

[RECHTS] Ziegelei an der Grenze zwischen Ningxia und Gansu bei Sonnenuntergang.

1

DIE PROVINZ NINGXIA ÄHNELT IN DER FORM EINEM TORSO OHNE ARME, dessen Kopf sich wie im Todeskampf nach hinten biegt, als müsse sie sich aus der Umklammerung der Provinzen Gansu und Shaanxi befreien. Der »Kopf« der Provinz stößt in die Innere Mongolei im Norden, und der Gelbe Fluss schneidet sich von Südwesten nach Nordosten schräg durch das Gesicht und liefert so reichlich Wasser für die ansonsten wasserarme Region. Im Nordwesten erhebt sich das Helan-Gebirge schützend vor der rauen Mongolischen Wüste. Theoretisch jedenfalls. Wir gerieten nämlich in einen heftigen Sandsturm kurz vor der Landeshauptstadt Yinchuan (Silberfluss), der von Nordwesten her blies, ohne sich um das Prinzip »schützende Berge« zu kümmern. Unsere unerfahrene Führerin vor Ort verlor jede Orientierung, und so fuhren wir stundenlang in der Gegend umher, fragten uns bei jedem durch, den wir auf diesen Landstraßen, die wir nirgendwo auf der Karte finden konnten, trafen – darunter [2] [3] diese Bauern, die kunstvoll aufgeschichtetes Heu transportierten. Endlich kamen wir an den Shahu-See [1], einen malerischen Ort, der für seine Riesensalamander bekannt ist, was sich jedoch wieder mal als Touristenfalle herausstellte.

2

3

DIE KÖNIGSGRÄBER DER XIXIA

1

DAS KÖNIGREICH XIXIA (WESTLICHER SOMMER) wurde 1038 von Li Yuanhao gegründet, dem Nachfahren eines verschollenen tibetischen Stammes, der Ende des 10. Jh. aus dem Hochland vertrieben worden und nach Norden in die Mongolei geflohen war. Den Chinesen waren sie als Tanguten bekannt und wurden ursprünglich von ihnen als einer der vielen streitbaren Barbarenstämme angesehen, zu deren Abwehr die Chinesische Mauer errichtet worden war. Doch schnell sollte sich zeigen, dass man mit diesem buddhistischen Königreich zu rechnen hatte, das sich schnell und kraftvoll ausbreitete, bis es schließlich ein Territorium einnahm, das die heutigen Provinzen Shaanxi, Ningxia, Gansu und große Teile der Mongolei umfasste, womit es den Hexi-Korridor sowie den Handel auf der Seidenstraße kontrollierte. Nachdem es von den Mongolen 1237 besiegt worden war, fielen das Königreich und seine Kultur dem Vergessen anheim. Was blieb, waren 70 Grabstätten an den östlichen Hängen der Helan-Berge, 35 km westlich von Yinchuan. [1] Den Tourismus im Sinn, bezeichnen die Einheimischen die Königsgräber von Xixia auch als »Pyramiden von China«. [2] Ziegelei an der Grenze zwischen Ningxia und Gansu.

Provinz **GANSU**

KOORDINATEN
32° 11' – 42° 57' nördlicher Breite
92° 33' – 108° 46' östlicher Länge

FLÄCHE 365 284 km²

GEOGRAFIE Gansu wird vollständig beherrscht von wilden Bergen und Wüsten. Geografische Hauptmerkmale der Provinz sind das Huangto-Plateau im Osten, das Qilian-Gebirge im Westen und das Tibetische Hochland im Südwesten sowie die Wüste Gobi im Norden. Der größte Teil der Provinz liegt mehr als 1000 m über dem Meeresspiegel, mit 5547 m Höhe ist der Qilian Shan die höchste Erhebung. Der Hexi-Korridor der Seidenstraße führte durch das Gebiet Gansus, und der Huanghe, der Gelbe Fluss, durchschneidet den Süden der Provinz.

KLIMA Gansu hat ein gemäßigtes Monsunklima im Südwesten und ein kontinentales Klima im Nordosten. Die Durchschnittstemperaturen liegen bei -14 °C bis 3 °C im Januar und 22 °C bis 25 °C im Juli. Die höchste gemessene Temperatur ist 43,6 °C, die tiefste -29,1 °C. Der Jahresniederschlag beträgt je nach Gebiet 30 bis 860 mm.

BEVÖLKERUNG 25,94 Millionen (Ende 2005)

WICHTIGE STÄDTE Lanzhou (Provinzhauptstadt), Dunhuang, Jiayuguan, Wuwei, Baiyin, Yumen, Zhangye

LANDWIRTSCHAFT Für den Handel werden Baumwolle, Leinsamen, Futtermais, Melonen, Hirse und Weizen angebaut. Gansu ist auch berühmt als Herkunftsland vieler Wildkräuter für die chinesische Medizin.

WICHTIGE INDUSTRIEZWEIGE Die Industrie der Provinz basiert auf Bergbau und Öl. In den Minen werden Antimon, Chrom, Kobalt, Fluorit, Iridium, Quecksilber, Nickel, Platin, Wolfram und Zink abgebaut. Lanzhou ist ein großes Industriezentrum mit einer der größten Ölraffinerien Chinas, wobei Changqing und Yumen die wichtigsten Erdölzentren sind. Nahe Jiuquan befindet sich ein Weltraumbahnhof, und wahrscheinlich sind auch Teile von Chinas Nuklearindustrie in Gansu angesiedelt.

JAHRESEINKOMMEN PRO KOPF (2005)
Verfügbares Einkommen der Stadtbevölkerung: RMB 8080 (766 Euro)
Nettoeinkommen der Landbevölkerung: RMB 1963 (186 Euro)

HISTORISCHE UND LANDSCHAFTLICHE SEHENSWÜRDIGKEITEN Bauten an der Seidenstraße, wie z. B. die Chinesische Mauer im Bereich des Jiayuguan-Passes, die Mogao-Grotten, die Stadt Dunhuang, die Grottentempel von Bingling Si, Kloster Labrang.

ESSEN Zu Gansus bekanntesten Gerichten gehören *lanzhou lamian* (handgemachte Nudeln in klarer Rinderbrühe), gebratenes Hühnchen Jingning-Art und *saozi*-Nudeln aus Dunhuang.

[RECHTS] Das Tor der Erbauung bei Jiayuguan am westlichen Ende der Chinesischen Mauer.

FLOSS AUS ZIEGENHAUT

1

FÜR ALLE ZEITEN WERDE ICH BEIM NAMEN LANZHOU immer nur diese eine Assoziation haben: eine wahrhaft hervorragende Rindfleisch-Nudelsuppe – eine Schüssel voll frischer handgezogener Nudeln in einer köstlich dampfenden Rinderbrühe. Anderen bedeutet die Hauptstadt von Gansu wohl viel mehr. Ihre strategische Lage am Oberlauf des Gelben Flusses, wo der Hexi-Korridor endet, ließ die Stadt zur wichtigen Garnisonsstadt seit den Zeiten der Qin-Dynastie (221–207 v. Chr.) werden. Die Nähe Lanzhous zu den südlichen Handelsstraßen über das Tibetische Hochland hinweg machten es zum wichtigen Transportzentrum, als chinesische Seide im römischen Kaiserreich populär wurde. [1] [2] [3] Ein Überbleibsel aus jener vergangenen Zeit, das heute noch in Gebrauch ist, sind Flöße aus Ziegenhaut. Die Bauart dieser Flöße ist so genial einfach, und die dafür verwendeten Materialien sind so elementar und praktisch, dass über das Jahrtausend hinweg kaum etwas daran verbessert werden konnte. Auch wenn diese Flöße früher das Transportmittel schlechthin waren, werden sie heute nur noch für touristische Vergnügungsfahrten eingesetzt.

2

3

1

2

3

4

5

IM LAUFE DER JAHRHUNDERTE spielte Lanzhou eine wichtige Rolle als Kommunikationszentrum für die Seidenstraße und, nach Kublai Khans Eroberung von China, als wichtiges Bindeglied der in Nord-Süd-Richtung verlaufenden Handelsrouten, die Südasien mit Tibet und der Mongolei verbanden. Diese Stadt an einem strategischen Knotenpunkt hat Besucher aus aller Herren Länder angezogen. Menschen aller Rassen und Glaubensrichtungen, unterschiedlichster Herkunft und Begabung machten hier Zwischenstation auf ihrem Weg, sodass im Laufe der Zeit die wohl größte genetische Vielfalt von ganz China entstand. Die Gesichter der Menschen in Lanzhou zeigen noch immer Spuren dieser lang vergessenen Besucher. Ein schweres Motorrad brauste an mir vorbei auf einem gedrängt vollen Gehsteig in Lanzhou und verschwand röhrend im Gewühl der Fußgänger. Später sah ich [1] den Fahrer und überlegte mir, ob er wohl Rockstar, Gangster oder Friseur war. Währenddessen bekommen [2] die Kinder am Fluss unten ihren Kung-Fu-Unterricht, und [5] die Älteren machen akrobatische Übungen. [3] Ein Imker in einer der Vorstädte. [4] Ein alter Mann mit einer Brille aus Zeiten der Qing-Dynastie.

1

OBWOHL DER JETZIGE BAU erst 1372 während der Ming-Dynastie entstand, steht die Festung Jiayuguan (Schutzwehr zum lieblichen Tal) doch an einer historischen Stätte, an der jahrhundertelang Garnisonsfestungen das Ende der Chinesischen Mauer und die Westgrenze des Reichs der Mitte markiert haben. Jenseits davon endete Chinas Macht, und das Barbarenland begann. Ich durchquerte das Tor nach Westen und ging unter der sengenden Sonne weiter. Die Wüste, flach wie ein Pfannkuchen, erstreckte sich über ein Meer scharfkantiger Felsen ins Endlose, während sich wabernde Hitzewellen aus dem knochentrockenen Boden lösten und den Horizont verschleierten. Ein paar hundert Meter weiter stand ein Pavillon, in dem sich eine große, schwarze Steintafel befand, ähnlich dem Monolith, den die Affen im Film *2001: Odyssee im Weltraum* entdeckten. Hinter diesem Pavillon stehend, blickte ich zurück auf die Festung und wurde zutiefst ergriffen von der immensen Trostlosigkeit und Einsamkeit dieser Gegend. Man konnte sich leicht vorstellen, wie sich zu jener Zeit ein Reisender in einer Kamelkarawane gefühlt haben mochte, wenn er aus dieser lebensfeindlichen Ödnis kam, diesem Land der Leere und Trugbilder, und sich dann vor seinen Augen dieses fantastische Gebilde erhob. Ich flüchtete mich vor der sengenden Sonne in den Pavillon, um auf milderes Licht für meine Weitwinkelaufnahme zu warten. Was auf der Tafel stand, weiß ich nicht mehr, nur noch, dass es mich an *Song of the Wagons* erinnerte, Du Fus brillantes, bilderreiches Antikriegsgedicht. Die ersten Verse malen eine Szene aus, in der eine Armee unwilliger Rekruten durch das stauberfüllte Chaos an die Front im Westen marschiert, während ihre verzweifelten Familien noch versuchen, sie aufzuhalten – all dies vor dem Hintergrund einer wundervoll lautmalerisch dargestellten Geräuschkulisse rumpelnder Wagen, wiehernder Pferde und klagender Weiber, deren »Schreie bis zum Himmel stießen«. Die Geschichte beginnt mit den Worten, die ein alter Soldat an einen Vorbeigehenden richtet:

»Mit fünfzehn ging's gen Norden, den Flusslauf zu bewachen.
Mit vierundvierzig schickte man zum Ackern uns nach Westen.
Wie man am Kopf sich schützen kann, das mussten uns die Alten
erst zeigen, als zum ersten Mal die Heimat wir verließen.
In weißem Haar erst durften wir die Heimat wiedersehen,
doch schicken sie uns nun erneut zur Front im wilden Westen.
Das viele Blut, das man vergoss, könnt Ozeane füllen.
Noch dürstet nach Eroberung der kriegerische Kaiser.«

[1] Jiayuguan, das Tor nach Westen. [2] Grabstätten nahe den Mingsha-Dünen.

2

1

2

IM 1. JH. V. CHR. WAR DUNHUANG (STRAHLENDES LEUCHTFEUER) nichts weiter als ein einsamer Vorposten am äußersten Rand des Han-Imperiums. Doch bis zum 4. Jh. n. Chr. hatte es sich zum wichtigsten Versorgungsstützpunkt für die Karawanen der Seidenstraße auf ihrem Weg nach Westen in die Wüsten Gobi und Takla Makan entwickelt. Mit 1500 Mönchen war Dunhuang auch das erste große buddhistische Zentrum Chinas. Die Arbeit an den berühmten Mogao-Höhlen begann um 353 n. Chr., als reiche Händler Wandmaler und Bildhauer mit der Ausschmückung der in den Felsklippen von Mingsha Shan, 25 Kilometer vor Dunhuang nahe den großen Sanddünen der Wüste Gobi gelegenen Höhlentempel beauftragten, um so Segen zu erbitten oder Dank zu sagen. Jahrhundertelang blieben die Tempel unversehrt im trockenen Klima der Wüste, bis sie schließlich um 1900 von chinesischen und westlichen Reisenden »entdeckt« wurden. Die Manuskripte, Wandmalereien und Skulpturen der Mogao-Höhlen umfassten alle Stilarten buddhistischer Kunst und alle philosophischen Strömungen des Buddhismus vom 4. bis zum 14. Jh. Heute sind in den 500 Höhlen noch 45 000 Wandmalereien und 2000 Statuen gut erhalten. [1] [2] Die großen Sanddünen vor Dunhuang. [3] Die Felsabhänge von Mogao.

3

1

2

3

DIE SINGENDEN SANDBERGE

4

SCHON LANGE VOR TAGESANBRUCH MACHTEN WIR UNS AUF DEN KURZEN WEG zu den Singenden Sandbergen von Mingsha im Süden. Am Abend zuvor hatten uns zwei Mitreisende im Marco-Polo-Express gefragt, ob wir sie mitnehmen könnten. Beide waren Ärzte aus Hongkong und leidenschaftliche Amateurfotografen, die unbedingt den Sonnenaufgang über den Dünen fotografieren wollten. Etwas zögernd erklärte ich mich einverstanden. Im Dunkeln fanden wir Kameltreiber, die uns nach einem langen und eisigen Ritt durch den frühmorgendlichen Frost zum Kamm der Dünen brachten. Die Aussicht von der höchsten Düne war spektakulär, aber die Sonne stand schon zu hoch. [4] Ich richtete meinen Blick nach Westen und dachte über das ungeheure Ausmaß der Wüste Gobi und über die Bedeutung der Grotten nach, bevor ich mich umdrehte und diese surreale Szene erblickte. Jetzt war ich froh, die beiden Ärzte mitgenommen zu haben. [1] [2] [3] Dass es streng verboten war, mit Kamelen auf die Dünen zu reiten, erfuhren wir erst auf dem Rückweg, als die Tiere auf einem Schleichweg zur Umgehung der Wachen im Sand stecken blieben.

Uigurisches Autonomes Gebiet

XINJIANG

KOORDINATEN
34° 22' – 49° 33' nördlicher Breite
73° 41' – 96° 18' östlicher Länge

FLÄCHE 1 650 275 km²

GEOGRAFIE Die Region zeichnet sich aus durch zwei riesige Becken, voneinander getrennt durch die Berge, die sie umsäumen. Im Norden liegen das Becken der Dsungarei und das Altai-Gebirge, in der Mitte erhebt sich das Tien-Shan-Gebirge, während sich im Süden das enorme Tarim-Becken erstreckt, das zum größten Teil von der Wüste Takla Makan bedeckt wird. Das Tarim-Becken wird im Südosten durch die Gebirgszüge des Pamir und Karakorum und im Süden durch den Himalaja begrenzt. Die Takla Makan erstreckt sich bis in die Wüste Gobi im Osten. Xinjiangs (und auch Chinas) tiefster Punkt liegt 155 m unter dem Meeresspiegel, während sein höchster Gipfel an der Grenze zu Kaschmir 8611 m hoch ist. Die Region grenzt international an die Mongolei, Russland, Kasachstan, Kirgisien, Tadschikistan, Afghanistan, Pakistan und Indien.

KLIMA Xinjiangs Lage mitten im trockenen und gebirgigen Zentrum der eurasischen Landmasse sorgt für extreme Temperaturunterschiede. Im Januar liegen die Durchschnittstemperaturen bei -20 °C im Norden und -10 °C im Süden, im Juli liegen sie bei 25 °C. Die niedrigste Temperatur, die hier je gemessen wurde, ist -51,5 °C, die höchste 49,6 °C. Der Jahresniederschlag geht selten über 150 mm hinaus.

BEVÖLKERUNG 19,63 Millionen (Ende 2004)

WICHTIGE STÄDTE Urumqi (Provinzhauptstadt), Hotan, Kashgar, Korla, Ili, Turfan, Yining, Hami

LANDWIRTSCHAFT In den Flusstälern können Weizen, Reis, Hirse, Zuckerrüben und Obst angebaut werden. Für den Handel werden Baumwolle und Seidenwürmer produziert, auf dem Grasland Schafe, Ziegen, Rinder und Kamele gezüchtet.

WICHTIGE INDUSTRIEZWEIGE Die Region ist reich an Mineralien wie Kupfer, Gold, Silber und weiteren Metallerzen. Ertragreich sind die riesigen Erdölfelder von Karamay, außerdem wird Kohle gewonnen. Die lokale Industrie umfasst Erdölraffinerien, Eisen- und Stahlproduktion, die Herstellung von Medizinprodukten, Textilien, Zucker und Zement.

JAHRESEINKOMMEN PRO KOPF (2005)
Verfügbares Einkommen der Stadtbevölkerung: RMB 8100 (768 Euro)
Nettoeinkommen der Landbevölkerung: RMB 2475 (235 Euro)

HISTORISCHE UND LANDSCHAFTLICHE SEHENSWÜRDIGKEITEN Die historische Stadt Gaochang, die Tausend-Buddha-Höhle von Bezeklik, der Tianchi-See, der Basar in Kashgar, die Flammenden Berge von Huoyan Shan.

ESSEN Die Küche der Region ist herzhaft und geprägt vom islamischen Glauben der Uiguren. Die Gerichte basieren zum größten Teil auf Hammelfleisch, Lamm und Mehl. Am bekanntesten sind Lamm am Spieß, Hammelragout, mit Hammelfleisch gefüllte Klöße, Reis-Pilau mit Hammelfleisch, Nudeln und Nan (Fladenbrot).

[RECHTS] Abendstimmung in Turfan.

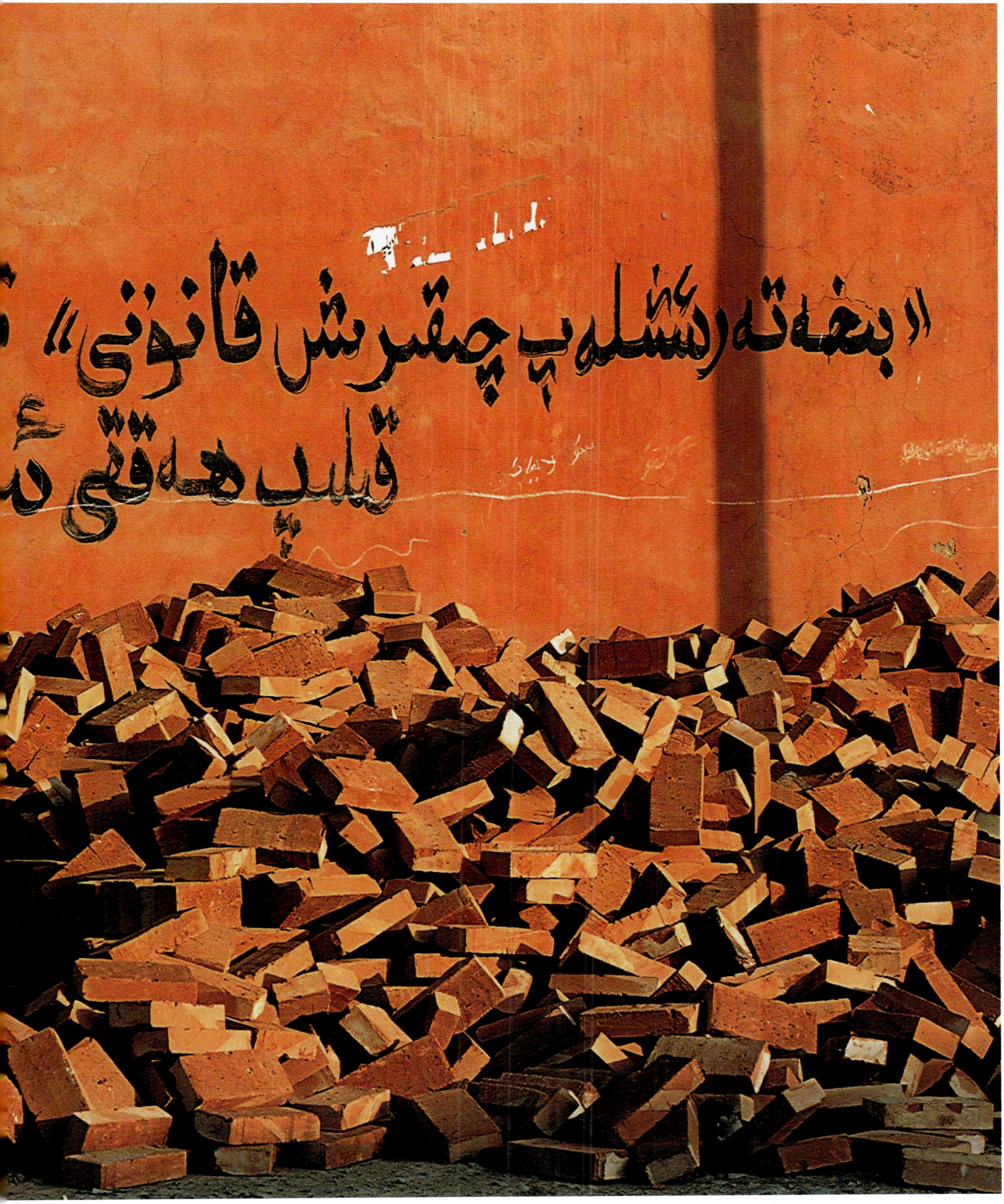

1

2

DIE FLAMMENDEN BERGE

3

DIE FLAMMENDEN BERGE verdanken ihren heutigen Namen dem Schriftsteller Wu Chengeng, der hier eine der dramatischsten Episoden von *Die Reise in den Westen* spielen lässt. Das Buch, eine klassische buddhistische Allegorie, die an *Star Wars* erinnert, folgt der legendären, 15 Jahre währenden Pilgerreise des Mönchs Hsuan Tsang (596 – 664 n. Chr.) nach Zentralasien und Indien. Durch das Buch wurde diese entfernt liegende, 100 km lange und 9 km breite Formation aus rotem Sandstein am Rande der Turfan-Senke tief im kollektiven Bewusstsein der Chinesen verankert. Uigurischen Erzählungen zufolge lebte einst ein Drache in den Tiefen der Tien-Shan-Berge, der ab und zu an die Oberfläche kroch, um kleine Kinder zu fressen. Ein Uigurenkrieger focht drei Tage und drei Nächte mit ihm, bis er das Ungetier endlich in acht Stücke hackte. Sie verwandelten sich in Berge, die das Drachenblut rot färbte. Aus den Schwertwunden entstanden die acht Täler der Flammenden Berge, samt des berühmten Tals der Trauben. [1] Uigurenkinder bieten Kamelritte an der Straße an. [2] Buddhistische Höhlen aus dem 3. Jh. hinter dem Tuyugou-Tal. [3] Der neue Parkplatz am Touristenzentrum der Flammenden Berge.

DIE TURFAN-SENKE

1

DIE OASEN-SIEDLUNGEN IN DER TURFAN-SENKE an den südlichen Ausläufern der Tien-Shan-Berge (Himmelsberge) haben seit der Han-Dynastie Reisende auf der Seidenstraße aufgenommen und verpflegt, doch ist das Becken wahrscheinlich bekannter für seine geografischen und klimatischen Eigenschaften, denn hier liegt der heißeste Ort Chinas (höchste gemessene Temperatur: 49,6 °C) und mit bis zu 155 m unter dem Meeresspiegel auch der zweittiefste Punkt der Erde nach dem Toten Meer. Im Zentrum dieser Senke, 55 km südöstlich von Turfan, liegt [1] der salzverkrustete Mondsee. Hier leisten Tausende von Arbeitern unter der erbarmungslosen Sonne Schwerstarbeit bei der Herstellung von Industriesalz für die chemische Industrie. Einige der Arbeiter sind politische Gefangene, die hierhergeschickt wurden, um »durch harte Arbeit umerzogen« zu werden – eine politische Erziehungsmaßnahme, die leider so alt ist wie die Seidenstraße. [2] Turfan ist auch berühmt für seine Trauben, die vor 2000 Jahren in der Region eingeführt wurden. Seit der Entdeckung von Ölvorkommen [4] produzieren einige Weinanbauflächen zusätzlich noch Erdöl. [3] Der Speichersee unterhalb der Ruinen von Gaochang, vormals ein Vorposten unter der Tang-Dynastie.

2

3

4

1

2

3

4

DIE STADT TURFAN

5

WIE DIE MEISTEN STÄDTE IN CHINAS AUTONOMEN REGIONEN von der Inneren Mongolei bis nach Tibet besteht auch Turfan hauptsächlich aus zweckbetonter und oft abgrundhässlicher Architektur im Stil »Sowjetischer Neo-Brutalismus« – mit einer lobenswerten Ausnahme: Die Gehsteige werden von Weinspalieren beschattet, was sowohl praktisch ist, als auch hübsch aussieht. Hie und da trifft man in der Stadt auch noch auf Überreste einer architektonisch glanzvolleren Zeit. Im Osten Turfans [5] erhebt sich das Emin-Minarett der Sugong-Moschee. 1778 fertiggestellt, ist sie ein Juwel islamischer Architektur. Der 44 m hohe Turm verjüngt sich elegant nach oben, die luftgetrockneten Lehmziegel sind in schlichten geometrischen und floralen Mustern angeordnet. Der Einfluss der Seidenstraße ist auch in der Lebensmittelsektion des Basars zu spüren. [1] Die uigurische Version des persischen Reisgerichts *polo* wird hier mit Lamm zubereitet. Und mit sogenanntem »Fingerreis« – eine Anspielung auf die bevorzugte Methode, mit den Fingern zu essen. [2] Der alte Mann ist Stammkunde im Reisladen. [3] Lammspießchen auf dem Grill. [4] Mit Lamm und Zwiebeln gefüllte Pastetchen kommen in den Tandoori-Ofen.

1

2

3

ZU URUMQI, DER HAUPTSTADT DER AUTONOMEN REGION XINJIANG, FÄLLT MIR NUR NOCH EIN, dass sie die am weitesten landeinwärts gelegene Stadt der Welt ist. [1] Obwohl Urumqi 2240 km vom nächsten Meer entfernt ist, gibt es auf dem Basar Fisch zu kaufen. Der Tianchi-See (Teich des Himmels) liegt 115 km nordöstlich von Urumqi. Man erreicht ihn nach einer spektakulären Fahrt durch das Tien-Shan-Gebirge (Himmelsberge). [3] In diesem glasklaren, tiefblauen See, umringt von schneebedeckten Bergen, wächst »Schneelotus«, eine seltene Pflanzenart, die der Kung-Fu-Legende nach ein Allheilmittel für selbst die gefährlichsten Gifte darstellt. Einige chinesische Buddhisten glauben, dass Guanyin, die Göttin der Barmherzigkeit (die chinesische Inkarnation von Avalokiteshvara Bodhisattva), hier wohnt, deshalb kommen sie busweise in Sonderfahrten, um mit der Dame vom See zu kommunizieren. In den Sommermonaten bauen nomadische Kasachen ihre Jurten auf und lassen ihre Pferde an den Ufern des Sees grasen. Einige boten mir einen Ritt auf ihren Pferden an, aber [2] ich entschied mich lieber für ein leckeres Lamm-Kebab und eine große Flasche Bier am Seeufer.

1

2

ÜBER 2000 JAHRE LANG, in Zeiten von Krieg und Frieden, Aufschwung und Niedergang, war die Oase Kashgar Dreh- und Angelpunkt für Menschen, Waren, Ideen und Technologien, die zwischen China und dem Westen ausgetauscht wurden. Strategisch gut positioniert an den Ausläufern des Pamir-Gebirges am westlichen Ende der Wüste Takla Makan, wurde Kashgar zum Zufluchtsort für erschöpfte Händler, die die 6000 m hohen Bergpässe des Karakorum überquert hatten, und entkräfteter Reisender, die den unermesslichen und gnadenlosen Sandwüsten der Gobi entkommen waren. In Kashgar konnten sie auftauen oder abkühlen, wundersame und schreckliche Geschichten erzählen, Informationen austauschen, Handel treiben und neue Vorräte einkaufen, bevor sie sich auf den nächsten schwierigen Abschnitt ihrer Reise begaben. In seiner Blüte war Kashgar das Kronjuwel der Seidenstraße und rühmte sich der besten Basars der Welt. Schießpulver, Seide, Nudeln, Papier und Drucktechnik passierten hier durch auf dem Weg nach Westen. Aus der anderen Richtung kommend, betraten buddhistische Lehrer, Bildhauer aus Gandhara, Wandmaler aus Indien, Metallhandwerker aus Persien, nestorianische Christen und islamische Krieger Chinas Boden durch die Tore von Kashgar. Nach jahrhundertelangem Niedergang erfüllt Kashgar heute wieder seine Rolle als Zwischenlager, und [1] Händler aus ganz Zentralasien [2] beleben wieder die Straßen des Sonntagsbasars.

1

2

3

DIE ALTSTADT

4

CHINAS RAPIDES WIRTSCHAFTSWACHSTUM UND DIE IMMENSE NACHFRAGE aus den Staaten, die früher den zentralasiatischen Herrschaftsbereich der Sowjetunion bildeten, lässt Händler aus der ganzen Region nach Kashgar strömen, um chinesische Produkte einzukaufen. Die chinesische Regierung, deren Energiehunger stündlich wächst, investiert Milliarden von Dollar in Xinjiangs Infrastruktur – und wirft ungeniert lüsterne Blicke auf die Öl- und Gasvorkommen der Nachbarländer. Somit scheint Kashgar erneut an einem historischen Scheitelpunkt zu stehen, und Wirtschaftswissenschaftler prophezeien ihm in der neuen »High-Tech-Seidenstraße« wieder eine wichtige Rolle. Neue Flug-, Schienen- und Straßenverbindungen reißen die Stadt aus ihrer Isolation, und doch spürt man bei einem Spaziergang durch die Altstadt, dass – trotz Internetcafés und Mobiltelefonen – Kashgar im Grunde eine mittelalterliche Stadt bleibt. [1] [2] Der Anblick täuscht: Diese »Brötchen« sind steinhart und werden normalerweise häppchenweise in Ziegensuppe gestippt. [3] Der Milchmann macht seine Runde. [4] Die Köpfchen von Kleinkindern werden beim örtlichen Friseur geschoren, um den »bösen Blick« abzuwenden.

MENSCHEN IN KASHGAR

2

3

4

INDOEUROPÄER AUS GANDHARA KAMEN IM 1. JH. AUS DEM INDUSTAL NACH KASHGAR. Sie führten den Hinayana-Buddhismus ein und gründeten das erste buddhistische Königreich im Tarim-Becken. Ihnen folgte in der Zeit der Han-Dynastie General Ban Chao mit seinen Truppen, der Kashgar eroberte, die Königreiche an der Seidenstraße unterwarf und die chinesische Oberhoheit über die Handelsstraße festigte, die dann fast ohne Unterbrechung bis zum Untergang der Tang-Dynastie 907 n. Chr. andauerte. Im 8. Jh. begannen die Vorfahren der Uiguren, nomadische Turkstämme aus dem Altai-Gebirge, das Becken zu beherrschen und hielten den Handel der Seidenstraße unter ihrer Kontrolle. Am Ende der Tang-Dynastie eroberten die Quarlug, sunnitische Turkstämme, Kashgar und führten Dschihad gegen alle buddhistischen Königreiche. Die Uiguren konvertierten während dieser Zeit zum Islam. Heute stellen die Uiguren ca. 90 % der 360 000 Einwohner von Kashgar, während die restlichen 10 % aus Tadschiken, Kirgisen, Usbeken, Mongolen und Han-Chinesen bestehen. [1] Ein Kind am Grabmal von Abakh Khoja. [2] Ein Hufschmied in der Altstadt. [3] Frühstück auf dem Sonntagsbasar. [4] Ein Junge mit seinem Schafbock auf dem Viehmarkt.

VIEHMARKT AUF DEM SONNTAGSBASAR

1

2

3

4

5

KASHGAR ENTSTAND AN DEM PUNKT, WO KARAWANEN IHRE LASTTIERE AUSTAUSCHTEN. Kamele wurden eingetauscht gegen die Maulesel und Pferde, mit denen man die eisigen Pässe in Pamir oder Karakorum überquerte. Pferde und Maulesel wurden eingetauscht gegen die Kamele, mit denen man auf dem Weg nach Xian die Wüsten durchqueren konnte. Der Viehmarkt auf dem Sonntagsbasar, heute eine große Touristenattraktion, nahm seinen Ursprung in diesen vergangenen Transaktionen. Im Gegensatz zu Stadtkindern werden die Landkinder früh an die Arbeit gewöhnt. Die Kinder von Kashgar, Erben einer 2000-jährigen Tradition, verbringen ihre Sonntage damit, sich Fertigkeiten anzueignen, die sie beim Viehmarkt einsetzen können. Der Markt, aus ganz anderer Zeit als die gigantische Mao-Statue in der sterilen Neustadt, verkörpert Wesen und Faszination der glanzvollen, langen Geschichte Kashgars. Für manche ist die Arbeit das reinste Kinderspiel, wie [4] für diesen Jungen, der lernt, das Gebiss einer Ziege zu prüfen. Andere dagegen gehen ihre Aufgaben – als [1] Viehtreiber, [2] Tellerwäscher, [3] Viehhirtin oder [5] beim Schaureiten vor potenziellen Käufern – mit größerem Ernst an.

DER KARAKORUM-HIGHWAY

1

MEINE ERSTE REISE AUF DER PAKISTANISCHEN SEITE DES KARAKORUM-HIGHWAYS machte ich im Frühjahr 2003. Wir hatten gerade das Hunza-Tal erreicht, als uns *karakorum* (Türkisch für Geröll) und Schlammlawinen den Weg nach Norden zur chinesischen Grenze versperrten. Der 1284 km lange Highway entlang der alten Karawanenroute, die Hsuan Tsang einst im 7. Jh. in das Swat-Tal führte, verbindet Rawalpindi mit Kashgar und wurde buchstäblich aus den Granithängen eines der jüngsten Gebirgszüge der Welt gesprengt. Das Karakorum-Gebirge ist »nur« 55 Millionen Jahre alt und wächst fast 5 cm pro Jahr an. Diese erstaunliche Straßenbauleistung wurde in nur 20 Jahren (1968–1988) erbracht und kostete etwa 400 Chinesen das Leben. Im Mai 2005 reiste ich von Kashgar aus in Richtung Süden zum Khunjerab-Pass. Während der Highway auf der pakistanischen Seite an senkrechten Felsenhängen entlangführt, die in Schwindel erregende Abgründe abfallen, bietet er auf der Seite von Xinjiang weite Aussichten über wogendes Grasland, umgeben von hoch aufragenden, schneebedeckten Bergen. [1] [2] Bulungkul, ein ausgedehntes Feuchtgebiet im [3] Tal des Flusses Ghez auf der Pamir-Hochebene.

2

3

1

2

WIR BRAUCHTEN GESCHLAGENE SECHS STUNDEN für die 196 km von Kashgar bis zum Karakuli-See am Fuß des Muztagata-Gletschers. Der Karakuli-See, »schwarzer See« auf Uigurisch, liegt 3600 m über dem Meeresspiegel, erstreckt sich über etwa 10 km^2 und ist an einigen Stellen bis zu 30 m tief. In einem Tourismusprospekt heißt es, dass sich »auf der silbernen Oberfläche des klaren Wassers« die Kongur- und Muztagata-Berge spiegeln, wo tadschikische und kirgisische Nomaden ihre Herden mit Kamelen, Yaks und Pferden grasen. Der Realitätstest vor Ort ergibt etwas anderes, nämlich einen eisigen Wind, der die Oberfläche des Sees aufpeitscht, während schnell dahinziehende Wolken die Sonne immer wieder kurz aufblitzen lassen wie ein Spiegeltelegraf. Ein Touristenbus parkt neben einer Reihe von Souvenirständen, in denen der gleiche Ramsch verhökert wird, der mich durch ganz China zu verfolgen scheint. Ein paar Touristen stemmen sich gegen den Wind oder stapfen zum Seeufer hinunter, an dem karakirgisische Händler Pferde- und Kamelritte anbieten. [1] Wir kamen zu spät zum Mittagessen im Sabut's Café. [2] Nach dem Mittagessen legte sich der Wind, und nun spiegelten sich die Berge im alles andere als klaren Wasser. [3] Tadschikische Schulkinder.

3

1

2

3

4

WIR VERLIESSEN TASHKURGAN VOR TAGESANBRUCH unter einem bleigrauen Himmel. Keine halbe Stunde nach Antritt dieser sechsstündigen Reise zum höchsten Punkt des 4733 m hohen Khunjerab-Passes und zum pakistanischen Grenzposten Sost klebten schon die ersten Schneeflocken auf der Windschutzscheibe. Weiter den Pass hinauf nahm der Sturm zu. Die raue Oberfläche der Ebene, überpudert mit leichtem Schnee, bot nun das surreale Bild eines weiten Ozeans mit weißen, aufgewühlten Wellen. Erst eine versprengte Herde von Yaks oder Schafen in den Ausläufern der wolkenverhangenen Berge holte das Bild zurück in die Realität. Der Khunjerab – was so viel wie »Tal des Bluts« heißt, wegen der mörderischen Hunza-Banditen, die einst Reisenden über diesem abgelegenen Pass auflauerten – präsentierte sich grau in grau, aufgelockert nur durch die roten Farbtupfer tadschikischer Frauen in traditioneller Kleidung. [1] Eine Ziege wird von der Herde abgesondert und ihrem Schicksal zugeführt. [2] Eine Karawane im 21. Jh. [3] Ein Generator wird an einem Grenzdepot abgeladen. [4] Ein tadschikischer Junge auf dem Heimweg von der Schule.

1

»Über tausend Gipfeln kein Vogel mehr.
Auf zehntausend Pfaden nicht eine Menschenseele.
Ein einsames Boot, ein Alter mit Strohhut und Umhang.
Fischt im eisigen Fluss, wintereinsam, schneeallein.«
Cold River in the Snow von Liu Zongyuan

DER HIGHWAY LEERTE SICH NACH UND NACH, je mehr wir uns der Grenze näherten. Nur hin und wieder unterbrach [2] ein Haus im Schatten der großen, schneebedeckten Berge die Monotonie des lautlosen Schnees. Zwei Männer ritten aus der Ferne auf uns zu, und wir hielten an, um sie zu fotografieren. Als sie näher kamen, konnte ich erkennen, dass der Jüngere in einem langen Armeemantel der Volksbefreiungsarmee auf einem guten Pferd saß, während der Ältere auf einem Esel daherritt und mit einem Besenstiel Luftgitarre spielte. Dieses ungleiche Paar lachte, sang und führte sich auf, als käme es gerade von einem geselligen Mahl. Dann erkannte ich das Lied. Es war die kantonesische Erkennungsmelodie einer beliebten TV-Serie aus Hongkong in den 90er-Jahren. Es hörte auf zu schneien, als wir uns unserem Ziel näherten, und der Karakorum-Highway hörte auch einfach auf. Ein Haufen schneebedeckten Gerölls versperrte die Straße wie ein stummer Polizist, offensichtlich mit der Absicht aufgeschichtet, Fahrzeuge daran zu hindern, eine Brücke zu überqueren, die nicht mehr da war. Wir streckten unsere Beine aus und knabberten an altbackenem, kaltem Fladenbrot. Ein [1] einsamer LKW-Container mit der Aufschrift »Chinesischer Zoll«, der vergessen und halb unter Schnee begraben ein paar hundert Meter von der Straße entfernt herumstand, war das einzige Zeichen, dass wir uns noch auf diesem Planeten befanden. »Was gibt es da oben am Pass eigentlich zu sehen?« Mein Führer Akbar sagte, dass dort ein Monument des Karakorum-Highways stünde und ein rotes Straßenschild mit der Aufschrift »In China rechts fahren« und »In Pakistan links fahren«. Ich starrte angestrengt in die Ferne, zu den blassen Konturen der Berge und in den Sturm, der um sie tobte. Dann schaute ich auf die Uhr und traf meine Entscheidung: Wir würden umkehren, anstatt unser Glück auf unsicheren Nebenwegen durch die Furten eisiger Flüsse zu versuchen. Als ich zum Auto zurückging, dachte ich mir: »Aller guten Dinge sind drei« und wünschte mir, dass es beim dritten Anlauf mit dem Karakorum-Highway endlich klappen würde.

2

NORDNORDOST

Heftiger Regen peitscht unerbittlich gegen das Auto, während ich hin und wieder aus dem Halbschlaf drifte. Der Fahrer kann nur mühsam etwas erkennen, obwohl die Scheibenwischer wie rasend hin und her springen. Wir sind auf dem Weg nach Norden, von Changchun nach Harbin. Oder umgekehrt? Diese endlosen Autobahnen scheinen alle ineinander zu verschmelzen …

Ich erinnere mich daran, wie ich in einem knielangen Unterhemd alleine auf dem Drachenthron saß, während meine schwere, bestickte Drachenrobe weiter unten achtlos hingeworfen auf einem Arbeitstisch herumlag. Nur die mittleren Türen waren geöffnet, sodass die riesige Halle ins Halbdunkel der Morgendämmerung getaucht war. Da saß ich nun im Schatten wie ein Geist und beobachtete die Silhouetten der geschäftigen Crewmitglieder, die am mittleren Durchgang erschienen und verschwanden. Und dann plötzlich, wie in einer Traumsequenz, war niemand mehr zu sehen, und ich befand mich ganz alleine in der Halle der Höchsten Harmonie. Der Morgen brach an über den weiten, leeren Höfen zu beiden Seiten des »Kaiserwegs« aus weißem Marmor, in denen sich an den Vortagen Zehntausende von Statisten in kaiserlichen Kostümen der Qing-Periode für die Aufnahmen der Krönung versammelt hatten. Doch in jenem Augenblick, der sich zu einer Ewigkeit dehnte, stand die Zeit still. Ich war alleine in der Verbotenen Stadt.

In diesem abgeschotteten Moment der Stille, als ich auf dem Platz saß, an dem 24 Menschen aus Fleisch und Blut einst als »Sohn des Himmels« und »Kaiser von China« inthronisiert worden waren, mit der Macht über Leben und Tod aller Lebewesen im Reich, gingen mir viele seltsame Gedanken durch den Kopf. Doch das Einzige, woran ich mich erinnern kann, ist ein Gefühl unendlicher Verlassenheit, ein Gefühl, das tiefer und eindringlicher war als alles, was ich seither erlebt habe. Weit draußen, vor dem Tor der Erhabenen Harmonie, glitt die winzige Gestalt einer Frau auf dem Fahrrad vorbei, und mein Blick folgte ihrem langen Schatten im Ausschnitt der geöffneten Tür, als sie fast wie in Zeitlupe über die weite Leere fuhr und schließlich hinter dem Türpfosten verschwand. In diesem Augenblick war der Zauber gebrochen, und hektische Betriebsamkeit brach aus, so abrupt wie sie vorher verschwunden war. Die Türen der Halle wurden eine nach der anderen geöffnet und gaben den Blick frei auf gigantische Reflektoren aus weißer Seide, die vor einer Reihe Scheinwerfer auf der Terrasse hochgezogen wurden.

Als das Licht langsam die Plattform hinaufkroch, stand ich auf und ging schnell die Seitentreppe hinunter – theatralisch, damit jeder der inzwischen zahlreichen Leute in der Halle meinen sollte, ich würde eine Szene proben. Das war ja auch der Grund, warum ich überhaupt hier war, auf dem Filmset von Bertoluccis *Der Letzte Kaiser*. Ich probte meine Szene, in der ich schnell die schmale Seitentreppe hinunter meinem zweijährigen Sohn nachlief, dem es bei der Krönung langweilig geworden und der vom Thron geklettert war, um spielen zu gehen. Also ging ich die Plattform hinauf und hinunter und übte mich darin, in seidenen Kostümstiefeln, die nicht gerade ergonomisch waren, die sieben Treppen hinunterzulaufen und meine unsichtbare Robe anzuheben, damit ich nicht stolperte und hinfiel, wenn ich vor laufender Kamera meinen Auftritt hatte. Und als mein Kostümassistent sich kurz eine Tasse Kaffee holen ging, hatte ich mich hingesetzt, um mich auszuruhen.

Die Kuratoren des Palastmuseums hatten höchst ungern der Crew die Erlaubnis erteilt, den *Letzten Kaiser* in ihrem »Heiligsten Heiligtum« zu filmen, jedoch nur unter der schwierigen Auflage, dass kein Gerät den Hartziegelboden in der Halle der Höchsten Harmonie berühren dürfe, da die Originalziegel aus Suzhou als unersetzlich galten. Deshalb musste der Produzent für diese Filmsequenz extra eine Steady-Cam-Crew von Italien einfliegen lassen, und die Halle musste von außen beleuchtet werden. Irgendwo in dieser Vereinbarung war sicher auch eine Klausel, die es der Crew verbot, ihren Hintern auf dem Drachenthron zu parken. Wie ein unartiger Schüler, der gera-

[LINKS] Ein Augenblick der Stille am Set zum Film *Der letzte Kaiser* in Beijing. [VORANGEHENDE SEITEN] Die Chinesische Mauer bei Mutianyu.

de hinter dem Fahrradschuppen eine geraucht hatte, ging ich so locker wie möglich auf den Ausgang zu, wurde aber von einem Palastaufseher erwischt, dem ich in meiner Funktion als unbedeutender dritter Regieassistent bekannt war. »Sie haben da oben gut ausgesehen, Prinz Chun«, sagte er mit einem freundlichen und wissenden Lächeln, als wolle er sagen: »Wir beide wissen zwar, dass es nur eine Nachbildung ist, ein für die Touristen nachgestelltes Set, aber erlaubt ist es trotzdem nicht.«

An diesem Tag sollte ich endlich meine einzige Dialogzeile im Film sagen, diese eine Zeile, die mich als »Schauspieler« auszeichnete anstatt als ausstaffierten Statisten, diese eine Zeile, die nicht herausgeschnitten werden konnte, weil sie die berühmteste in der Geschichte der Qing-Dynastie ist. Während der Inthronisationszeremonie, die 1908 in genau dieser Halle stattfand, wurde der zweijährige Pu Yi, der letzte Kaiser des kaiserlichen Chinas, quengelig und zappelig, während die endlosen Rituale sich hinzogen. Um ihn zu beruhigen, äußerte sein Vater, Prinz Chun, die ungewollt prophetischen Worte: »Es ist bald vorbei.«

Damals ahnte ich nicht, als ich auf Knien immer wieder die Worte vor der Linse der Steady-Cam aussprach, dass ich viele Jahre später auf einer Reise durch die Provinzen in Nordnordost – einer Region, um deren Kontrolle sich Russen, Japaner, chinesische Kriegsherren, Republikaner, Kommunisten und die Sowjets blutige Schlachten geliefert hatten – ungewollt den Spuren meines Filmsohnes folgen sollte. Denn Pu Yi Aisin-Gioros Schicksal spiegelte auf vielerlei Art Chinas eigene tragische Geschichte im 20. Jh.

Seine Ahnen, der Stamm der Jurchen, Vorfahren der Mandschus und Gründer des Königreichs Jin, waren als Erste aus der Mandschurei losgezogen und hatten Nordchina erobert. Sie nahmen 1227 die Song-Hauptstadt Kaifeng mitsamt dem Kaiser und der kaiserlichen Familie ein. Der Rest des kaiserlichen Hofstaats flüchtete nach Süden über den Yangtse hinunter nach Hangzhou, wo sie die Südliche Song-Dynastie gründeten. Doch das mächtige Königreich Jin wurde bald darauf von den unbesiegbaren Mongolenkriegern überrannt, die dabei waren, die Song-Dynastie zu stürzen. Kublai Khan, der Enkel von Dschingis, etablierte 1279 die Yuan-Dynastie (Anfang-Dynastie) und gründete eine neue Hauptstadt namens Khanbalik (Stadt des Khans) im heutigen Beijing. Von da an regierten die Mongolen über das größte Imperium der Weltgeschichte und läuteten eine Ära der Pax Mongolica ein, während der ein noch nie da gewesener Austausch von Ideen, Technologien, Künsten und Wissenschaften, Menschen und Waren zwischen Ost und West stattfand. Eine Zeit, in der einem türkischen Historiker zufolge »eine Jungfrau mit einem Tablett voll Gold auf dem Kopf von der Levante bis zum Sonnenuntergang gehen konnte, von den Ufern des Pazifiks bis zu jenen des Mittelmeers, ohne dass ihr ein Haar gekrümmt wurde«.

In den nachfolgenden Jahren, bis nach dem Fall der Yuan-Dynastie und dem Aufstieg der Ming-Dynastie, zogen sich Pu Yis Ahnen in ihr Stammland in der Mandschurei zurück und warteten auf die Gelegenheit zu einer neuen Invasion. Diese Gelegenheit ergab sich im frühen 17. Jh. Die Ming-Dynastie (Strahlende Dynastie) ging damals aus dem Leim, japanische Piraten terrorisierten die Küste, und Bauernrevolten traten in ganz China auf. An die 100 000 Eunuchen hatten die Regierung in der Verbotenen Stadt in der Hand, und als sie 1620 den Kaiser Taichang vergifteten und die Macht übernahmen, stand bereits die Armee von Nurhaci Aisin-Gioro, Anführer der Mandschus und Begründer der Qing-Dynastie (Reine Dynastie), vor der Chinesischen Mauer und pochte an die Tür. Er starb während eines Feldzugs 1626, aber sein Sohn Abahai führte seine Mission weiter. Doch erst sein Enkel, Abahais junger Sohn, ebenfalls unter fürstlicher Regentschaft, sollte den Fall Beijings herbeiführen und 1644 erster Kaiser der Qing-Dynastie werden.

Obwohl China, wie auch der Rest der Welt, schon in Aufruhr war, als Pu Yi 300 Jahre später den Thron bestieg, hat er zweifellos durch sein eigenes Versagen zum Chaos beigetragen. Zwei Jahrzehnte nach seiner Abdankung und acht Jahre nachdem er von einem »republikanischen« Kriegsherrn gewaltsam aus der Verbotenen Stadt vertrieben worden war, wurde Pu Yi Regierungschef von Mandschukuo, und zwei Jahre später, 1934, wurde er in Changchun als Kaiser eines Marionettenregimes des kaiserlichen Japans inthronisiert. Dieser Schachzug legitimierte die japanische Invasion Chinas, die 1931 begonnen hatte, und war der Beginn eines groß angelegten Angriffs, der in der Besetzung der Mandschurei, der Liaodong-Halbinsel und des größten Teils Nordchinas kulminierte. Ende 1937 waren selbst das Yangtse-Tal, Shanghai und Nanjing gefallen. Die republikanische Regierung floh vor der Invasion und gab ihre Hauptstadt Nanjing auf. Da sie jedoch einen Massenexodus fürchtete, »ermutigte« sie die Menschen, in der Stadt zu bleiben und die Tore zu verschließen. Vor ihrem Abzug hinterließ sie eine der heuchlerischsten Schandproklamationen aller Zeiten: »Ein jeder, der Blut und Odem in sich hat, muss spüren, dass er lieber wie Jade zerbrochen werden will denn als Fliese überleben.« Das Ergebnis war das berühmte Massaker von Nanjing, in dessen Verlauf über 300 000 Zivilisten von der japanischen Armee »wie Jade zerbrochen« wurden bei einer von offizieller Seite sanktionierten Orgie von Vergewaltigung und Mord, die sechs Wochen andauerte. Pu Yi mag zwar machtlos gewesen sein, dies alles zu verhindern, aber als nomineller Landesherr, in dessen Namen diese und unzählige andere Gräueltaten im Krieg begangen worden waren, hat mein »Film-Sohn« die moralische Verantwortung mit zu übernehmen.

Der Regen will einfach nicht nachlassen, aber ich weiß nun, dass wir von Heilongjiang nach Changchun zurückfahren, denn ich kann mich daran erinnern, dass ich die Zwiebeltürme der russisch-orthodoxen Kirche der heiligen Sophie in Harbin fotografiert habe, und außerdem sagt es der Fahrer. Die Japaner sind auf jeden Fall wieder zurück in Changchun. Als ich letzte Woche dort war, hielt ich mich Pu Yis altem Palast fern und besuchte stattdessen ein paar Autofabriken. Eine davon ist ein nagelneues, topmodernes, voll automatisiertes Mazda-Werk, das massenhaft billige Autos für den chinesischen Inlandsmarkt produziert. Ich habe einmal gelesen, dass 99 Prozent der 1,3 Milliarden Menschen in China kein Auto besitzen, und sollten sie jemals den Stand der USA erreichen – mit 77 Autos auf je 100 Menschen –, wird es keinen Platz mehr zum Stehen geben. Mein chinesisches Mobiltelefon summt mit einer SMS in klassischen Paarreimen: »Das Büro für Öffentliche Sicherheit in Beijing ermahnt: Glaube keinen Gerüchten, verbreite keine Gerüchte, drücke deinen Patriotismus nüchtern aus. Nimm nicht an illegalen Demonstrationen teil. Sei höflich, ohne Ärger zu machen. Sei patriotisch, ohne das Gesetz zu brechen. Ruhe ist die erste Bürgerpflicht.« Das bezieht sich auf kürzliche Demonstrationen in Beijing gegen die wiederholten Versuche der japanischen Regierung, die Kriegsverbrechen der Japaner in China zu verharmlosen. Dieser erneute Skandal wurde ausgelöst durch antijapanische Ausschreitungen im Anschluss an den Sieg der japanischen Fußballmannschaft, durch den China ausgerechnet in Beijing in der Qualifikation für die Weltmeisterschaft scheiterte.

Das Auto kommt allmählich nur im Kriechtempo vorwärts. Weiter vorne wechseln Fahrzeuge die Spur und umfahren wahrscheinlich eine Unfallstelle. Zwei Autos stehen auf der Überholspur, und als wir langsam an ihnen vorbeikriechen, sehe ich eine junge Bäuerin im Arm eines Mannes. Ihre Augen sind weit aufgerissen vor Schock, und Blut sickert aus einer Kopfwunde. Neben ihr macht der Regen aus der Lache einen Blutfluss mitten auf der Straße. Ich muss an all die Beinah-Unfälle denken, die ich auf den Schnellstraßen im ganzen Land erlebt habe, wo Menschen ihr Leben riskieren, wenn sie als Abkürzung zwischen ihren Häusern und Feldern die Autobahnen überqueren, die ihnen vor die Nase gebaut worden waren. Und es erinnert mich an all die Ströme von Blut, die in die schwarze Erde dieser schicksalsträchtigen Region geflossen sind, als der Mensch im Namen des Krieges immer wieder die Linie überschritt, die ihn vom Unmenschen trennt.

Die Provinz **SHANXI**

KOORDINATEN
34° 34' – 40° 44' nördlicher Breite
110° 15' – 114° 32' östlicher Länge

FLÄCHE 155 400 km²

GEOGRAFIE Große Teile Shanxis liegen auf einem Plateau, das der Fluss Fenhe in nord-südlicher Richtung unterteilt. Das Taihang-Gebirge erhebt sich östlich des Flusslaufs und das Luliang-Gebirge im Westen. Die Durchschnittshöhe liegt bei 1000 m, mit dem Gipfel des Berges Wutai bei 3085 m als höchster Erhebung. Die Chinesische Mauer verläuft im Norden über längere Strecken hinweg entlang der Provinzgrenze zur Inneren Mongolei, während der Huanghe, der Gelbe Fluss, die westliche Grenze bildet.

KLIMA Im Norden der Provinz herrscht ein gemäßigtes, vom Monsun beeinflusstes und zum Teil trockenes Klima, während der Süden eher subtropisch ist. Die durchschnittlichen Temperaturen im Januar bewegen sich zwischen -11 °C und 4 °C und steigen im Juli auf 21 °C bis 28 °C. Die Jahresniederschläge liegen zwischen 350 und 700 mm, wovon 60 % in den Monaten Juni bis August fallen.

BEVÖLKERUNG 37,2 Millionen (Ende 2005)

WICHTIGE STÄDTE Taiyuan (Provinzhauptstadt), Datong, Yuncheng

LANDWIRTSCHAFT Anbau hauptsächlich von Weizen, Mais, Sorghum, Hirse, Gerste und Obst für den eigenen Verzehr, dazu Sojabohnen, Baumwolle und Tabak für den Handel. In den nördlichen Gebieten mit Weideland wird auch Vieh gezüchtet.

WICHTIGE INDUSTRIEZWEIGE 35 % der Kohlevorkommen Chinas liegen in Shanxi, daher ist die Provinz führender Kohleproduzent des Landes. Aufgrund der reichlichen Energiequellen ist die Schwerindustrie durch Energieerzeugung, Erzhütten und ähnliche Metall verarbeitende Industrien vertreten. Die Provinz ist außerdem ein wichtiger Lieferant von Industriesalz.

JAHRESEINKOMMEN PRO KOPF (2005)
Verfügbares Einkommen der Stadtbevölkerung: RMB 8800 (840 Euro)
Nettoeinkommen der Landbevölkerung: RMB 2800 (267 Euro)

HISTORISCHE UND LANDSCHAFTLICHE SEHENSWÜRDIGKEITEN Die mittelalterliche Stadt Pingyao, die Chinesische Mauer, die Grotten von Yungang, die Berge Wutai und Hengshan.

ESSEN Das Essen in Shanxi basiert auf den lokal produzierten Fleisch- und Getreideprodukten. Die Gegend ist bekannt für Nudeln, scharfen Essig und Lammfleisch. Zu den Spezialitäten gehören *tounao*, auch Suppe der acht Köstlichkeiten genannt, zubereitet mit Hammelfleisch, Kräutern und Gemüsen, außerdem Haferflocken, Dampfnudeln und *shaomai*, das an Haggis erinnert.

[RECHTS] Das Lössplateau.

1

2

DIE HUKOU-WASSERFÄLLE

3

DAS LÖSSPLATEAU ERSTRECKT SICH ÜBER SECHS PROVINZEN NORDCHINAS, von der Spitze Gansus bis zu den Vorstädten Beijings – ein Gebiet von der Größe Frankreichs. Der Gelbe Fluss fließt aus der Inneren Mongolei zunächst geradewegs nach Süden. In seinem weiteren Verlauf bildet er eine riesige hufeisenförmigen Kurve, die seine Wasser – schwer vom ockerfarbenen Schlamm, der ihm den Namen gibt – durch die Berge entlang der Grenze zwischen Shanxi und Shaanxi leitet. In einem entlegenen Tal 50 km östlich von Yichuan in Shanxi wird der 250 m breite Fluss plötzlich durch ein nur 30 m breites Becken gedrängt. Der Fluss wird immer enger, bis das Wasser mit unglaublicher Kraft durch eine zehn Meter breite Spalte in eine schmale Schlucht gepresst wird. Die Spalte wird passenderweise Hukou (Schnauze des Teekessels) genannt und ist Chinas zweitgrößter Wasserfall. [1] [3] Dieser 19-Jährige im traditionellen Ansai-Trommlerkostüm verdient sein Geld damit, für Touristen zu posieren. Ich lehnte sein Angebot ab, mir seine »besten Sprünge« zu zeigen, aber er tat es trotzdem. [2] Wasser rauscht wie »zehntausend wilde Pferde« die Hukou-Wasserfälle hinunter.

DIE ALTE STADT PINGYAO

1

DIE URSPRÜNGE PINGYAOS REICHEN 2700 JAHRE ZURÜCK in die Regierungszeit von König Xuan (827–782 v. Chr.) aus der Westlichen Zhou-Dynastie. Während der Ming-Zeit wurde die Stadt zum wichtigen Handelszentrum, und die heute noch stehenden Stadtmauern wurden errichtet. Während der Qing-Periode wurde die Stadt zum Finanz- und Bankzentrum des Kaiserreichs, was man ihr heute kaum mehr ansieht. Pingyaos Anlage folgt der klassischen chinesischen Geomantie. Die Stadttore blicken in die vier Himmelsrichtungen und können auf Zugbrücken über drei Meter breite Gräben betreten werden. Im Innern verzweigen sich vier Hauptstraßen auf acht Nebenstraßen, die wiederum mit 72 Gassen verbunden sind, in denen Tempel und 3797 Häuser aus schwarzen Ziegelsteinen mit grauen Dachziegeln stehen. Pingyao ist vielleicht die am besten erhaltene befestigte Stadt Chinas, doch meiner Meinung nach drehen die Stadtbewohner dieser goldenen Gans durch ihr schamloses Ausplündern der Touristen den Hals ab. [1] Morgendliches Verkehrschaos am Stadttor. [2] Eine Reiseleiterin erwartet ihre Gruppe auf der sechs Kilometer langen Stadtmauer. [3] Ein Touristencafé. [4] Der junge Mao im Hinterhof eines Privathotels.

2

SAKURA
CAFEBAR
樱花屋
西餐厅
酒吧
American Breakfast
Continental
England
Chinese Food
Shakes
Inn
tea
pizza
spaghetti

3

4

1

2

VON DATONG ZU DEN YUNGANG-HÖHLEN ((Wolkengrat-Höhlen) gab es bei meinem letzten Besuch Mitte der 70er-Jahre noch keine direkte Straßenverbindung. Nach einer schwierigen Fahrt auf unbefestigten Straßen, auf denen uralte, schwarze Auspuffwolken ausstoßende Lastwagen verkehrten, wurden wir am Rande eines Kohlenbergwerks auf die Brücke [5] über den Wuzhou-Fluss geleitet und gingen den Rest des Weges zu Fuß. Heute wird der Kohlentransport umgeleitet, und eine nagelneue Autobahn führt direkt auf einen gigantischen Parkplatz mit angeschlossenen Souvenirläden zu. Die früher matschigen Wege zwischen den 20 Höhlen mit ihren 50000 aus dem Sandsteinfels herausgehauenen buddhistischen Statuen wurden asphaltiert, und Brüstungen schützen die Statuen vor den Touristenhorden. Nur die Statuen, hervorragende buddhistische Skulpturen aus dem 5. Jh., sind gleich geblieben – heiter und Ehrfurcht gebietend. [1] Die riesige, 17 m hohe, sitzende Buddhastatue, Wahrzeichen der Wolkengrat-Höhlen. [2] Dieser 14 m hohe, sitzende Buddha ist eine Darstellung des Kaisers Wenchen, der den Buddhismus in der Nördlichen Wei-Dynastie wieder eingeführt hat. [3] Grubenarbeiter machen Zigarettenpause, bevor sie zur Abendschicht unter Tage gehen. [4] Ein Arbeiter der Tagesschicht auf dem Weg zur Dusche.

3

4

5

Die Provinz **HEBEI**

KOORDINATEN
36° 01' – 42° 37' nördlicher Breite
113° 04' – 119° 53' östlicher Länge

FLÄCHE 204 404 km²

GEOGRAFIE Hebei wird im Norden von den Yan-Bergen, im Osten vom Golf von Bohai und im Westen von den Taihang-Bergen eingefasst, während der Südwesten Teil der Nordchinesischen Ebene ist. Das Flachland, das über 40 % der Provinz einnimmt, liegt unterhalb 50 m ü. M. Der höchste Berg ist der 2882 m hohe Xiaowutai im Norden. Das Fluss-System des Haihe bedeckt einen großen Teil der mittleren und südlichen Region der Provinz, das des Luanhe dominiert im Nordosten.

KLIMA Hebei hat ein durchgängig vom Monsun beeinflusstes Klima mit strengen Wintern und heißen Sommern. Im Januar reichen die Temperaturen von -16 °C bis -3 °C, sie klettern im Juli auf 27 °C.
Die höchste je gemessene Temperatur ist 42,7 °C, die tiefste -30 °C. Im Frühjahr kommen in der Provinz schwere Sandstürme auf, die Sommer zeichnen große Regenmengen aus. Der Jahresniederschlag bewegt sich durchschnittlich bei 400 bis 800 mm.

BEVÖLKERUNG 60,31 Millionen (Ende 2005)

WICHTIGE STÄDTE Shijiazhuang (Provinzhauptstadt), Baoding, Tangshan, Qinhuangdao, Handan, Zhangjiakou

LANDWIRTSCHAFT Die Provinz ist Chinas Hauptanbaugebiet für Baumwolle. Zusätzlich werden u. a. Weizen, Futtermais, Hirse, Sorghum, Erdnüsse, Sojabohnen und Sesam angebaut.

WICHTIGE INDUSTRIEZWEIGE Hebei ist eine wichtige Industrieregion mit Kohle- und Ölvorkommen. Die Fertigungsindustrie umfasst Petroleum und Petrochemie, Eisen und Stahl, Textilien, Maschinenbau, Keramik und Nahrungsmittel.

JAHRESEINKOMMEN PRO KOPF (2005)
Verfügbares Einkommen der Stadtbevölkerung: RMB 9107 (869 Euro)
Nettoeinkommen der Landbevölkerung: RMB 3481 (332 Euro)

HISTORISCHE UND LANDSCHAFTLICHE SEHENSWÜRDIGKEITEN Die Chinesische Mauer, der kaiserliche Bergkurort Chengde mit seinen Tempeln, die Östlichen und Westlichen Gräber der Qing-Kaiser, die Zhaozhou-Anji-Brücke, das Kurbad Beidahe.

ESSEN Die Küche Hebeis spiegelt das oft harte Klima durch ihren Mangel an Fleisch und frischem Gemüse. Die Grundnahrungsmittel werden eher aus Weizen, Nudeln, Brot und Kartoffeln als aus Reis hergestellt. Hebeis Spezialitäten sind u. a. *shijiazhuang* (geschmortes Huhn), gemischte Nudeln à la Xiaoyang und eingelegte Enteneier Songhua-Art.

[RECHTS] Das östliche Ende der Chinesischen Mauer.

DER KOPF DES ALTEN DRACHEN

1

NÖRDLICH VON BEIJING MÄANDERT DIE CHINESISCHE MAUER ÜBER DIE HÜGEL der Provinz Hebei und endet schließlich unten am Ufer des Golfs von Bohai bei Shanhaiguan (Berg-Ozean-Pass). Eine massive Festung mit 12 m hohen Mauern, gemeinhin als »Erster Pass unter dem Himmel« bekannt, wurde 1381 in der frühen Ming-Periode (1368–1644) gebaut, um dieses strategische Tor nach Nordosten zu verteidigen. Im Jahr 1644 stürmten die Mandschus die Festung auf ihrem Eroberungszug nach China. Der »alte Drachenkopf« war eine Wachturm-Garnison einige Kilometer südlich von Shanhaiguan. Die Festungsmauer erstreckt sich 23 m lang ins Meer, wie ein »Drache, der aus dem Meer trinkt«. Dies war das östliche Ende der Chinesischen Mauer. [2] [3] Die heutige Festung ist eine Rekonstruktion aus dem Jahr 1980, doch die Namen gebende Steinskulptur des Drachenkopfes existiert nicht mehr. [1] Dichter Nebel auf der Autobahn zwischen Beijing und Tianjin löste eine zweistündige Wartezeit in einem endlos scheinenden Stau aus. [4] Ein gelangweilter Händler am Ufertempel.

2

3

4

1

2

3

URSPRÜNGLICH EINE ART BAUERNVERGNÜGEN, ist Akrobatik wahrscheinlich Chinas älteste Volkskunst. Gewandtheit, Stärke und Präzision vorzuführen unter Verwendung von bäuerlichen Werkzeugen wie Hacke, Rechen und Seil oder Haushaltsgegenständen wie Tische und Stühle, reicht zurück bis in die Zeit der Streitenden Reiche (475–221 v. Chr.). Im Lauf der Jahrhunderte hat sich die Akrobatik erweitert und verfeinert. Die »100 Stücke« der Han-Dynastie umfassen Musik und Bühnentechnik, und in der Tang-Periode wechselten die Akrobaten von den Straßenecken an den kaiserlichen Hof. Der Sieg der »Bauernrevolution« brachte die Akrobatik schließlich auf die Bühne großer Theater und Opernhäuser und erhob sie zur »Kunst«. Der Bezirk Wuqiao ist bekannt als »Heimat der chinesischen Akrobatik«. Menschen aller Altersklassen üben dort ihre Kunststücke auf den Gehsteigen. Ich besuchte die Schule in der »Großen Akrobatischen Welt von Wuqiao«, in der [1] Kinder trainiert werden. [3] Sie haben mir einiges vorgeführt, und obwohl ich von ihrer Geschicklichkeit sehr beeindruckt war, ging ich doch mit dem unbestimmten Gefühl weg, dass die akrobatische Kunst sich in 2500 Jahren nicht sehr viel weiterentwickelt hat. [2] Schüler finden Arbeit als »akrobatische Servierer« bei Spezialbanketten im Hotelrestaurant.

Regierungsunmittelbare Stadt
BEIJING

KOORDINATEN
39° 26' – 41° 05' nördlicher Breite
115° 25' – 117° 13' östlicher Länge

FLÄCHE 17 000 km^2

GEOGRAFIE Beijing liegt an der nördlichen Spitze der Nordchinesischen Ebene auf einer Höhe von 20 bis 60 m ü. M. Größere Flüsse, die durch das Stadtgebiet fließen, sind u. a. der Yongding und der Chaobai. Beijing wird vor den Wüsten Nordchinas weitgehend durch die Junda-Berge im Nordwesten und die Xishan-Berge im Westen geschützt, die bis zu 1500 m Höhe erreichen.

KLIMA Beijings Klima ist rau und wird charakterisiert durch heiße, feuchte Monsunsommer und kalte, trockene Winter, die von der sibirischen Wetterlage beeinflusst werden. Durchschnittliche Temperaturen sind im Januar -7 °C bis -4 °C, im Juli 25 °C bis 26 °C. Die tiefste je gemessene Temperatur ist -18,3 °C, die höchste 39 °C. Die Jahresniederschläge liegen bei 600 mm, wovon 75 % im Sommer fallen. Schwere Luftverschmutzung durch Industrie und Verkehr sowie gelegentliche Sandstürme aus dem Norden und Westen dominieren das Klima der Hauptstadt.

BEVÖLKERUNG Über 15,3 Millionen (Ende 2005)

LANDWIRTSCHAFT Hauptsächlich werden Weizen und Futtermais angebaut. Gemüsegärten am Stadtrand versorgen die Stadtbevölkerung.

WICHTIGE INDUSTRIEZWEIGE Die wichtigsten Industrien umfassen Textilien, Eisen und Stahl, Plastik, Petrochemie, Eisenbahn-Ausrüstungen, Maschinenbau und Elektronik. Wegen der Umweltverschmutzung wird die industrielle Entwicklung nicht weiter vorangetrieben. Die Stadt konzentriert sich jetzt auf Arbeitsplätze im Service- und Verwaltungsbereich.

JAHRESEINKOMMEN PRO KOPF (2005)
Verfügbares Einkommen der Stadtbevölkerung: RMB 17 653 (1684 Euro)
Nettoeinkommen der Landbevölkerung: RMB 7860 (750 Euro)

HISTORISCHE UND LANDSCHAFTLICHE SEHENSWÜRDIGKEITEN Die Chinesische Mauer, Palastmuseum, Sommerpalast, Yuanmingyuan-Gärten, Tian-An-Men-Platz, Himmelstempel, Ming-Gräber.

ESSEN Beijing-Spezialitäten sind Pekingente, mit Heilkräutern zubereitete Gerichte, Hammeleintopf, Teigtaschen, Würste, kurz gebratene Kutteln, Sojamilch, gelierter Tofu und frittierte Pasteten.

[RECHTS] Die goldenen Dächer der Verbotenen Stadt vom Aussichtshügel aus.

1

2

3

MIT IHRER FERTIGSTELLUNG 1420 N. CHR. IN DER REGIERUNGSZEIT VON YONGLE wurde die Verbotene Stadt Sitz der politischen Macht in China. Seit Ende der Qing-Dynastie 1912 ist sie zwar nicht mehr kaiserliche Residenz, doch die Aura von Macht ist geblieben. Heutzutage residieren die Politführer samt Familien nebenan im befestigten Gebäudekomplex Zhongnanhai, dem früheren kaiserlichen Garten. 15 Jahre lang arbeiteten fast eine Million Menschen an diesem 720 000 Quadratmeter großen Komplex mit 800 Palästen und 8888 Räumen, doch sobald er fertiggestellt war, durften sie ihn nicht mehr betreten. Insgesamt 24 Kaiser der Ming- (14) und der Qing-Dynastie (10) »regierten« von diesem Palast aus, isoliert von allen Widrigkeiten der Realität – ohne je dieses Wolkenkuckucksheim zu verlassen. Es sei denn, Feuer zerstörte die Gebäude oder der aufgebrachte Pöbel oder fremde Armeen walzten die Tore nieder. [1] Der Wassergraben um den nordöstlichen Wachturm. [2] Der Kaiserweg zum Tor der Höchsten Harmonie. [3] Frühsport im Jingshan-Park (Aussichtshügel-Park).

1

3

4

2

5

6

7

IM AUGUST 1986 KAM DER GENIALE BERNARDO BERTOLUCCI mit einer internationalen Schauspielertruppe und Crew, darunter Schauspieler aus fünf Ländern, 120 Techniker aus Italien und Großbritannien sowie zwei italienische Köche, in die Verbotene Stadt und begann mit den Dreharbeiten zum *Letzten Kaiser*. Die Köche hatten zwei Tonnen Pasta und mehrere hundert Kilo Parmesankäse im Gepäck – genug für vier Monate Filmzeit in Beijing, Dalian und Changchun. Unterstützt von der Regierung, standen dem Filmteam uneingeschränkt alle gewünschten Drehorte und Arbeitskräfte zur Verfügung. Eine Crew von 150 Chinesen aus den Filmstudios vor Ort half mit und übernahm die Organisation von 19 000 Statisten (einschließlich 2000 VBA-Soldaten) für die epischen Massenszenen. 1988 heimste der Film viele Preise ein, darunter neun Oscars. [1] Eine »Brautjungfer« in der Hochzeitsszene. [2] »Hofdamen« am Sommerpalast. [3] Bertolucci beim Dreh vor dem Wumen (Meridiantor), dem traditionellen Zugang zum kaiserlichen Palast. [4] »Eunuchen« warten auf den nächsten Einsatz. [5] »Lebendige Statuen« unter der Last meterlanger, kunstvoll bestickter Kostüme und schweren Kopfputzes tun ihr Bestes, in der brennenden Sommerhitze kühl zu bleiben. [6] Dreharbeiten vor dem Tor der Höchsten Harmonie. [7] Junge Statisten entspannen sich vor den Filmstudios in Beijing.

1

UMLEITUNGEN UM DIE BAUARBEITEN AM NEUEN TERMINAL des internationalen Flughafens Beijing Capital führten dazu, dass die Straße nach Mutianyu einen exzentrischen Schlenker machte. Um zur Autobahn nach Nordosten in Richtung Bezirk Huairou zu gelangen, musste man zunächst in den Ankunftsbereich des Inlandsflughafens fahren und eine Anliegerstraße rund um die riesige Baustelle nehmen. Jenseits dieses kontrollierten Chaos änderte sich jedoch das Landschaftsbild ganz plötzlich vom frenetischen Rennen nach der Zukunft zum stillen Komfort einer gemütlicheren Vergangenheit. Eine Allee, die mehr an die alte Flughafenstraße meiner Jugend erinnert, windet sich langsam die nach Kiefern duftenden Berge hinauf vorbei an Touristenchic und [2] bezaubernder Landschaft. [1] Es war Spätnachmittag, und auf der Mauer bei Mutianyu war kein Mensch, um den spektakulären Ausblick zu genießen. Die serpentinenartigen Befestigungsanlagen, die sich über die steilen Yanshan-Berge schlängeln, wurden erstmalig während der Nördlichen Qi-Dynastie (550–577 n. Chr.) erbaut. Der große Ming-General Xu Da, der damit beauftragt wurde, die nördlichen Abwehrstellungen während der Regierung Hong Wus (1368–1398) zu verstärken, ließ die heutigen Wälle und Wachtürme über den Originalbefestigungen errichten. Er erweiterte die Mauer bis zu den Pässen von Shanhaiguan im Osten und Juyongguan im Westen, sodass sich um die Hauptstadt und die Kaisergräber eine durchgängige Verteidigungslinie zog.

2

DAS STUDIO »PUDER, TUSCHE UND SCHWERES MAKE-UP«

IM LAUF EINER STADTERNEUERUNGSBEWEGUNG, ähnlich der des Soho/Noho-Distrikts im Manhattan der heißen 70er-Jahre, wurde die »Fabrik 798« – ein ehemaliger Industriekomplex aus der Sowjet-Ära, in dem einst wichtige Elektronikbauteile für Chinas erste Atombombe hergestellt worden waren – in den 90er-Jahren in eine florierende Gemeinschaft von Künstlerstudios und Galerien umgebaut. Mittellose Träumer trafen hier auf neureiche Ausländer in trendigen Bars und Restaurants, und der Erfolg des Komplexes führte dazu, dass zahlreiche heruntergekommene Fabrikgebäude um Beijing herum renoviert wurden und sich von jungen Kapitalisten geführte Unternehmen dort niederließen. Ein Gebäudekomplex in einer unscheinbaren Gasse in der nordöstlichen Vorstadt beherbergt ein Fotostudio, das sich »Puder, Tusche und schweres Make-up« nennt. Es ist spezialisiert auf Porträtaufnahmen, bei denen ein Team von Make-up-Künstlern und Stylisten Kunden in [OBEN] berühmte Figuren der chinesischen Oper verwandelt. Ich bat sie, einige der am wenigsten bekannten Masken der Peking-Oper, die Tiere aus der *Reise nach Westen*, zu schminken. [LINKS, IM UHRZEIGERSINN VON OBEN LINKS] Kranich, Skorpion, Ziege, Fisch, Tiger, Schildkröte, Shrimp, Elefant, Krebs, Frosch, Schwein, Schlange, Affenkönig.

Regierungsunmittelbare Stadt
TIANJIN

KOORDINATEN
38° 34' – 40° 15' nördlicher Breite
116° 43' – 118° 03' östlicher Länge

FLÄCHE 11 399 km^2

GEOGRAFIE Tianjin erstreckt sich an beiden Ufern des Unterlaufs des Haihe-Flusses, etwa 50 km bevor dieser bei Tanggu ins Gelbe Meer mündet. Dem etwa 120 km nordwestlich gelegenen Beijing dient Tianjin als wichtigster Seehafen. Die Region ist allgemein flach und tief liegend, außer im äußersten Norden, wo sich die Yanshan-Berge erheben.

KLIMA Das Klima der Provinz spiegelt seine Lage zwischen den Einflüssen der kontinentalen und maritimen Wettersysteme. Die durchschnittliche Januartemperatur ist -1,7 °C, im Juli steigen die Temperaturen auf 26 °C. Die tiefste je gemessene Temperatur der Region ist -20,3 °C, die höchste 41,7 °C. Der durchschnittliche Jahresniederschlag liegt bei 560 mm.

BEVÖLKERUNG 10,23 Millionen (Ende 2004)

LANDWIRTSCHAFT Ca. 40 % des Gebiets werden landwirtschaftlich für den Anbau von Weizen, Reis und Futtermais genutzt. Entlang der Küste und in den dortigen Flüssen und Seen spielt Fischerei eine wichtige Rolle.

WICHTIGE INDUSTRIEZWEIGE Tianjin ist ein wichtiges Produktionszentrum mit Schwerindustrien, wie z. B. Eisen und Stahl, Chemie und Maschinenbau, ferner Textilien, Nahrungsmittel, Papier, Fahrzeuge, Kautschuk, Elektronik, High-Tech-Geräte und Teppiche. Außerdem ist die Stadt ein wichtiges Handels- und Bankenzentrum.

JAHRESEINKOMMEN PRO KOPF (2005)
Verfügbares Einkommen der Stadtbevölkerung: RMB 12 639 (1206 Euro)
Nettoeinkommen der Landbevölkerung: RMB 7202 (687 Euro)

HISTORISCHE UND LANDSCHAFTLICHE SEHENSWÜRDIGKEITEN Tempel des Großen Mitleids, die Kirche von Wanghailou, die Festung Dagukou, Geschützstellungen aus der Qing-Zeit, die Chinesische Mauer bei Huangyaguan.

ESSEN Die Küche von Tianjin verwendet, wie im Norden üblich, viel Weizen zur Herstellung einiger herausragender Beiträge zur Landesküche. Die Stadt ist bekannt für ihre frittierten Snacks wie z. B. Teigstriezel, *erduoyan* (gebratener Kuchen), *goubull* (gedämpfte, gefüllte süße Dampfnudeln), Pfannkuchen und geröstete Esskastanien in Sand mit braunem Zucker.

[RECHTS] Chinesisches Schachspiel im Park.

STRASSENSZENEN IN TIANJIN

1

ZHUGU (VERTIKALER HAFEN) WURDE WÄHREND DER SUI-DYNASTIE (581–618 n. Chr.) als Handelszentrum an dem Ort erbaut, wo der nördliche Teil des großen Kanals in den Golf von Bohai mündet. 1404 n. Chr. änderte der Ming-Kaiser Yongle den Namen der Stadt zu Tianjin (Himmelfurt), nachdem er den Fluss dort durchwatet hatte. Weltweit trat die Stadt erst im Laufe des zweiten Opiumkriegs 1858 mit den Verträgen von Tianjin in Erscheinung. Ab diesem Datum bis zum Sieg der Kommunisten 1949 wurde die Stadt beherrscht von allem, was unter den Kolonialmächten Rang und Namen hatte. Zunächst Großbritannien, dann Frankreich, dann Japan, Russland und Deutschland – alle kontrollierten ihre Konzessionen, die außerhalb der chinesischen Gerichtsbarkeit lagen. Die Boxer nahmen Tianjin ein und belagerten im Jahr 1900 einige Wochen lang die ausländischen Konzessionen, was den geplagten Städtern noch mehr Unheil brachte. Zwischen 1937 und 1945 war die Stadt in den Händen der Japaner, und nach dem Zweiten Weltkrieg diente sie den Amerikanern bis 1947 als Militärbasis. Das im Bau befindliche Binhai-Neuland-Entwicklungsprojekt lässt die Regierung hoffen, dass die Himmelfurt einmal das neue Shanghai oder Shenzen des Nordens wird. [1–5] Die Straßen von Tianjin.

2

3

4

5

Die Provinz **LIAONING**

KOORDINATEN
38° 43' – 43° 26' nördlicher Breite
118° 53' – 125° 46' östlicher Länge

FLÄCHE 151 400 km^2

GEOGRAFIE Zwei große Fluss-Systeme und das Hochland zu beiden Seiten prägen die Provinz: Liaonings Mitte wird durch die Flüsse Liaohe und Daliao mit ihren zahlreichen Nebenflüssen gestaltet, die eine flache, fruchtbare Ebene schufen. Im Westen dominiert das Nuluerhu-Gebirge, im Osten die Gebirgszüge der Chanbai Shan und Qian Shan, die bis zum Golf von Bohai reichen und die Halbinsel Liaodong formen. Auf der Halbinsel erhebt sich der Berg Huabozi, mit 1336 m ü. M. höchster Punkt der Provinz. Liaoning hat fast 2200 km Küste am Gelben Meer und am Golf von Bohai. Das entspricht 12 % der gesamten Küstenlinie Chinas. Die Provinz grenzt an Nordkorea, wobei der Yalu-Fluss die Grenze markiert.

KLIMA Liaoning zeichnet ein kontinentales Monsunklima mit langen Wintern und warmen Sommern aus. Die Temperaturen erreichen im Januar -15 °C bis -5 °C, im Juli 22 °C bis 26 °C. Die höchste je gemessene Temperatur ist 43 °C, die tiefste -39,2 °C. Die Jahresniederschläge liegen zwischen 440 und 1130 mm.

BEVÖLKERUNG 42,17 Millionen (Ende 2004)

WICHTIGE STÄDTE Shenyang (Provinzhauptstadt), Dalian, Anshan, Liaoyang, Fushun, Dandong, Yingkou

LANDWIRTSCHAFT Hauptsächlich werden Futtermais, Sorghum und Sojabohnen angebaut. Die Region um Dalian produziert 75 % von Chinas Äpfeln und Pfirsichen. Für den Handel werden u. a. Baumwolle und Holz angebaut, in der Provinz liegen auch größere Fischzuchtanlagen.

WICHTIGE INDUSTRIEZWEIGE Liaoning ist eines der wichtigsten Industriezentren Chinas. Die Ölfelder der Provinz sind die drittgrößte Inlandsquelle von Öl und Erdgas. Der Abbau von Kohle und Eisenerz sichert die Energiezufuhr für eine Vielzahl von Industrien, einschließlich Stahlproduktion, Schiffbau, chemische und elektronische Industrien.
Die Provinz ist eine wichtiger Lieferant von Elektrizität für Nordostchina.

JAHRESEINKOMMEN PRO KOPF (2005)
Verfügbares Einkommen der Stadtbevölkerung:
RMB 9108 (869 Euro)
Nettoeinkommen der Landbevölkerung:
RMB 3690 (352 Euro)

HISTORISCHE UND LANDSCHAFTLICHE SEHENSWÜRDIGKEITEN Der Kaiserpalast von Shenyang, die Nördlichen und Östlichen Mausoleen, Schlachtfelder des Russisch-Japanischen Kriegs in Lushun, Jadebuddha von Anshan, Weiße Pagode bei Liaoyang.

ESSEN Die Küche von Liaoning kombiniert die nordchinesische Küche mit Einflüssen und Techniken der Mandschus, Russen, Japaner und Koreaner. Berühmte Gerichte sind u. a. *shenyang laobian* (gefüllte Teigtaschen), mongolische Pasteten und Eintöpfe sowie geräuchertes Huhn.

[RECHTS] Das Mao-Monument in Shenyang.

宪法

1

DALIAN WIRD AUFGRUND SEINES JETZIGEN STATUS als wichtiger Antriebsmotor der boomenden chinesischen Wirtschaft auch »Hongkong des Nordens« genannt. Die beiden Städte haben jedoch noch viel mehr gemeinsam. Beide entstanden durch die Opium-Kriege im 19. Jh. und sind frei von historischen Altlasten. Beide wurden lange Zeit von Kolonialmächten regiert – Dalian durch das zaristische Russland, das kaiserliche Japan und schließlich die Sowjetunion bis 1955, Hongkong durch Großbritannien bis 1997. Diese Erfahrung und das Fehlen einer langen Geschichte haben dazu beigetragen, dass beide Städte anpassungsfähig und kosmopolitisch sind. Aber während Hongkong vor nervöser Energie vibriert, scheinen die Bürger Dalians aufgrund des Fehlens einer kulturellen Identität von der Leichtigkeit des Seins durchdrungen. Während Hongkong seine ständig wechselnde, spektakuläre Skyline feiert, lässt Dalian seine russische, von Paris inspirierte Architektur bestehen. Prächtige baumbestandene Avenuen reichen von eleganten Plätzen aus bis hinab zum offenen Meer. [1] Eine Schüleraufführung im Laodong-Park. [2] Das Monument zur Hundertjahrfeier am Xinghai-Platz. [3] Eine der schönen Polizistinnen der Stadt.

2

DIE KÜSTE ZWISCHEN LUSHUN UND DALIAN

1

VON BESCHEIDENEN ANFÄNGEN ALS SCHMUGGLERNEST in Niwaku (Schlammige Bucht) hat sich Dalian aus der Asche von sechs Kriegen erhoben und wurde [1] eine der reichsten Städte und größter Handelshafen Chinas. Die schmale Meerenge am Ende der Halbinsel Liaodong, die den Golf von Bohai vom Gelben Meer trennt, wurde schon immer als Tor zu den Reichtümern der Mandschurei angesehen. 1858 besetzten die Briten als Erste die Siedlung, die Qing-Dynastie eroberte sie 1880 zurück, Japan besetzte sie 1895, dann »pachteten« die Russen die Halbinsel und bauten darauf die Städte Dalny (Dalian) und Port Arthur (Lushun). Während des Russisch-Japanischen Kriegs (1904/05) wurde Port Arthur nach einer Belagerung von elf Monaten an Japan übergeben. Die Japaner übernahmen den »Pachtvertrag« und erweiterten die beiden Städte, die sie Dairen und Ryojun nannten und die 1932 Teil von Mandschukuo wurden. Ende des Zweiten Weltkriegs 1945 kamen die Russen als Sowjets zurück – und weigerten sich bis 1955, wieder zu gehen. [2] Eine chinesische Touristengruppe blickt hinaus auf Lushunkou (Port Arthur). [3] [4] Seetang-Ernte an der Küste des Golfs von Bohai.

2

3

4

1

2

3

DIE BRÜCKEN VON DANDONG COUNTY

4

ES REGNETE BEIM SONNENUNTERGANG. Wir fuhren nach Einbruch der Dunkelheit in Dandong ein, und der schimmernde Asphalt zischte unter unseren Rädern. Auf der Straße spiegelten sich die bunten Neonreklamen von Glutamat-Palästen wie *Pearl Bay Seafood* und *Arirang Korean Barbecue*. Der knallbunte Straßenabschnitt entlang dem Yalung-Fluss erinnerte an den Film *Blade Runner*. Touristengruppen und Einheimische promenierten den Uferdamm entlang, einen kilometerlangen, hell beleuchteten Straßenabschnitt. Am Flussufer gegenüber lag Korea in stockdunkler Nacht. [1] [3] Außer verbogenem Stahl gab es nicht viel zu sehen am Ende der zerstörten Brücke, über die einst chinesische Truppen und Nachschub für einen sinnlosen Krieg nach Nordkorea geströmt waren. Einige behaupten, die amerikanische Luftwaffe habe 1950 »zufällig« die lange Brücke in einem Tieffliegerangriff zerstört, aber für mich sieht das eher nach einem genau gezielten Treffer aus. [2] Weiter nördlich am Yalujiang finden sich im Dorf Kundian die Überreste einer anderen zerstörten Brücke, die für die japanische Invasion 1942 gebaut und von Amerikanern 1951 zerbombt worden war. [4] Die Fahrkartenkontrolleurin an der zerstörten Brücke von Hekou.

1

DER SCHLÜSSEL ZUM KAISERREICH

2

ARCHÄOLOGISCHEN FUNDEN NACH WURDE SHENYANG ERSTMALIG VOR 7200 JAHREN BESIEDELT, doch gewann die Stadt erst an Bedeutung, als der mandschurische Anführer Nurhachi 1625 seine Hauptstadt dorthin verlegte. Er begann mit dem Bau einer kleinen Verbotenen Stadt, wobei er das Original in Beijing fest im Auge hatte. Sein Sohn vollendete den Baukomplex 1636 und benannte die Stadt um in Mukden (sich erheben). Mit der Eroberung Chinas erfüllte er den Traum seines Vaters und wurde in diesem Mini-Kaiserpalast zum Kaiser Shunzhi der Qing-Dynastie gekrönt, bevor er auf dem Weg zu seiner neuen Hauptstadt Beijing die Chinesische Mauer überquerte. Als die Qing-Dynastie Ende des 19. Jh. immer unbedeutender wurde, entwickelte sich Shenyang zum wichtigsten Schlachtfeld für jene, die über die Mandschurei herrschen wollten. Dazu gehörten das zaristische Russland, Japan, chinesische Kriegsherren, das Marionettenregime von Mandschukuo, die Sowjetunion, von den USA unterstützte Nationalisten und die chinesischen Kommunisten, die die Stadt am 30. Oktober 1948 einnahmen. Wie damals für Nurhachi war Shenyang auch für sie der Schlüssel zur Eroberung Chinas. [1] Das bombastische Mao-Monument am Zhongshan-Platz. [2] Ein Ingenieur vor einer befestigten Baugrube in der Innenstadt von Shenyang.

Die Provinz **JILIN**

KOORDINATEN
40° 52' – 46° 18' nördlicher Breite
121° 38' – 131° 17' östlicher Länge

FLÄCHE 186 528 km²

GEOGRAFIE Über die Hälfte Jilins ist bergig, das restliche Land besteht aus dicht bewaldeten Vorgebirgen und dem Weideland der Songliao-Ebene. Die Chanbai-Berge erheben sich im Südosten mit dem 2691 m hohen Bayun als höchstem Berg der Provinz. Im äußersten Südosten bilden die Flüsse Yalu und Tumen die Grenze zu Nordkorea.
Die Provinz teilt auch einen kurzen Grenzabschnitt mit Russland.

KLIMA Jilin hat ein gemäßigtes Kontinental-Monsunklima mit langen, kalten Wintern und kurzen, heißen Sommern. Die Temperaturen liegen im Januar bei -20 °C bis -11 °C und klettern im Juli auf 8 °C bis 23 °C. Die höchste je gemessene Temperatur ist 40,6 °C, die tiefste -45 °C. Jahresniederschläge bewegen sich von 350 bis 1000 mm.

BEVÖLKERUNG 27,16 Millionen (Ende 2005)

WICHTIGE STÄDTE Changchun (Provinzhauptstadt), Jilin, Siping, Liaoyuan

LANDWIRTSCHAFT Die Provinz ist eines der größten Weizen- und Mais-Anbaugebiete. Des Weiteren werden Reis, Obst und Bohnen für den Eigenbedarf angebaut, für den Handel u. a. Zuckerrüben, Ölsamen, Tabak, Jute, Ginseng und Heilkräuter. In den Changbai-Bergen wird Holzwirtschaft betrieben, während das Weideland im Westen für Schaf- und Rinderherden genutzt wird.

WICHTIGE INDUSTRIEZWEIGE Hauptsächlich Kohlenbergbau, Ölraffinerien, Metallurgie, Fahrzeug- und Rollmaterial-Herstellung, Chemie, Papier und Düngemittel.

JAHRESEINKOMMEN PRO KOPF (2005)
Verfügbares Einkommen der Stadtbevölkerung: RMB 8690 (829 Euro)
Nettoeinkommen der Landbevölkerung: RMB 3264 (311 Euro)

HISTORISCHE UND LANDSCHAFTLICHE SEHENSWÜRDIGKEITEN Der Changbai-Shan-Nationalpark, das Grabmal General Yang Jingyus, die Bergfestung Wandu, die Liao-Pagode

ESSEN Die Küche Jilins vereint kulinarische Traditionen aus der Mandschurei, Korea und der Mongolei. Das große Angebot an Wildbret, Kräutern und Ginseng schlägt sich in den bekannteren Gerichten der Provinz nieder, etwa bei im Römertopf gegartem Wild, Lachs, Hühnchen und Ginseng und dem mandschurischen Bankett mit Schüsseln im Dreiersatz.

[RECHTS] Drei Parkwächterinnen schwatzen vor dem Kristallpalast im Vergnügungspark »Changchun Film Century City«.

1

BEI EINER FAHRT ÜBER LAND NACH CHANGCHUN (EWIGER FRÜHLING), der Hauptstadt der Provinz Jilin, konnte ich endlich mit eigenen Augen sehen, warum Chinas Nordosten den Möchtegern-Eroberern so begehrenswert schien. [1] [2] Die welligen Ebenen mit ihrem besonders fruchtbaren schwarzen Boden ergeben nicht nur mehrere Ernten im Jahr von allem, was man nur anzubauen wagt, sondern zeigen auch an, dass es im anliegenden Hügelland Mineralvorkommen gibt. Die Japaner setzten 1931 Pu Yi, den letzten Kaiser der Qing-Dynastie, als Oberhaupt des Marionettenstaats Madschukuo mit der Hauptstadt Changchun ein. Die Sowjetunion besetzte Changchun zwischen 1945 und 1956 und führte Industrien ein, die ihrer Meinung nach die Stadt in das »Detroit Chinas« verwandeln würden. Heute produziert die Automobilindustrie der Stadt etwa 20 % aller Autos und Lastkraftwagen auf Chinas Straßen. [3] Ein nagelneues Mazda-Werk, eines der vielen Joint-Ventures mit internationalen Automobilherstellern. [4] Im Automobilwerk Nr. 1, bekannt für die Herstellung der chinesischen Staatskarossen »Rote Flagge«, läuft eine neue Limousine vom Band – mit einem Audi-Motor. [5] Auf dem Parkgelände des Werks warten Tausende Fahrzeuge der anderen berühmten Marke, des »Freiheits-LKWs«, auf ihre Auslieferung.

2

3

4

5

1

2

3

4

IN DEN FRÜHEN TAGEN KOMMUNISTISCHER HERRSCHAFT produzierten die Changchun-Filmstudios einige der besten Filme dieser Ära. Meist waren dies »revolutionäre Dramen mit patriotischen Themen« (also Propagandafilme), Geschichten von hart arbeitenden Bauern, Guerilla-Helden oder Wiedergaben chinesischer Klassiker, die ideologisch als unbedenklich galten. Sie wurden üppig schwarzweiß im Stil des kommunistischen Neo-Realismus gedreht und sind heute Klassiker des chinesischen Films. Die Studios kamen während der Kulturrevolution ins Trudeln, als Madame Mao, selbst einmal Starlet in Shanghai, persönlich die Kontrolle über die darstellenden Künste übernahm. Heute ist die Filmindustrie hier erlahmt, während flexiblere Produktionsstätten überall in China ihren Platz einnehmen. Unfähig, sich den neuen Herausforderungen der modernen Filmproduktion zu stellen, versuchte das Studio, seine Vergangenheit zu vermarkten, was aber gründlich danebenging. [1–4] Die »Changchun Film Century City« ist ein Monument der Dummheit und halb durchdachter Vorstellungen, eine Art »Universal Studios« ohne Vergnügungsfahrten und Produktionsstätten. Hier wird viel Geld verschleudert.

Die Provinz **HEILONGJIANG**

KOORDINATEN
43° 22' – 53° 24' nördlicher Breite
121° 13' – 135° 05' östlicher Länge

FLÄCHE 463 730 km²

GEOGRAFIE In Heilongjiang liegen Chinas nördlichster und östlichster Punkt. Im Osten bildet der Fluss Amur die Grenze zu Russland. Zum großen Teil ist die Provinz bedeckt von den Bergzügen der Khingan-, Zhangguangcai-, Laoye- und Wanda-Gebirge, die bis zu 1780 m hoch werden und ca. 70 % der Landmasse einnehmen. Das Innere der Provinz ist relativ eben und wird von den Flüssen Songhua, Nen und Mudan bewässert, die alle in den Amur fließen.

KLIMA Das Klima ist subarktisch mit langen (September–April), harten Wintern mit sibirischen Stürmen. Die Sommer sind kurz und kühl. Im Januar liegen die Temperaturen bei -31 °C bis -15 °C und klettern im Juli auf 18 °C bis 23 °C. Die tiefste je gemessene Temperatur ist -52,3° C, die höchste über 40 °C. Die Regenmenge beläuft sich jährlich auf 500 bis 600 mm.

BEVÖLKERUNG 38,2 Millionen (Ende 2005)

WICHTIGE STÄDTE Harbin (Provinzhauptstadt), Qiqihaer, Mudanjiang, Jiamusi, Daqing, Heihe

LANDWIRTSCHAFT Die Provinz ist wichtiger Weizenproduzent. Für den Eigenbedarf werden Futtermais, Hirse, Sorghum und Sojabohnen angebaut, für den Handel u. a. Zuckerrohr, Flachs und Sonnenblumen. Die Provinz ist zudem Chinas wichtigster Milchproduzent.

WICHTIGE INDUSTRIEZWEIGE Fast 50 % von Chinas Erdöl entstammt den Vorkommen bei Daqing. Die Kohlebergwerke in Jixi und Hegang gehören zu den größten im Land, während reichliche Wasservorkommen und hohe Berge Heilongjiang zum wichtigsten Wasserkraftproduzenten für Chinas Nordosten machen. Außerdem ist die Provinz spezialisiert auf Schwermaschinenbau und hat die größte Holzindustrie im Land.

JAHRESEINKOMMEN PRO KOPF (2005)
Verfügbares Einkommen der Stadtbevölkerung: RMB 8273 (788 Euro)
Nettoeinkommen der Landbevölkerung: RMB 3221 (307 Euro)

HISTORISCHE UND LANDSCHAFTLICHE SEHENSWÜRDIGKEITEN Harbins von Russland beeinflusste Architektur und Kirchen, das jährliche Eisfestival, Wintersport und Ökotourismus

ESSEN Die Küche Heilongjiangs hat sich rund um Produkte aus Bergen, Wäldern und Seen entwickelt. Lange, harte Winter haben die Entwicklung eine kohlehydratreichen Ernährung gefördert, etwa in Form von Teigtaschen, Eintöpfen, Würsten und Kartoffeln. Raffiniertere Gerichte wie Kristallzucker-Schneemuscheln, grüne Zwiebeln mit Seegurken aus Liaoning und Goldenes Fleisch à la Nurhachi werden eher bei offiziellen Banketten serviert.

[RECHTS] Der Sibirische-Tiger-Park im Nordosten.

1

2

DAS WORT HARBIN BEDEUTET »TROCKENPLATZ FÜR FISCHNETZE« auf Mandschurisch. Die Gegend ist schon seit der Jungsteinzeit (2200 v. Chr.) besiedelt, doch entstand die Stadt erst 1898, als die Transsibirische Eisenbahn dort bei dem ursprünglichen Dorf auf die Ostchinesische Eisenbahn stieß. Die Ankunft russischer Arbeiter und anderer Fremder aus 33 Ländern sowie der Zustrom weißrussischer Emigranten und russischer Juden nach dem Zusammenbruch des zaristischen Reichs 1918 legte den Grundstein für das größte politische, wirtschaftliche und internationale Handelszentrum Nordchinas, das Harbin werden sollte. Auch bekannt als »orientalisches St. Petersburg«, bleibt die Hauptstadt von Heilongjiang (Fluss des schwarzen Drachens) eine russische Stadt mit chinesischen Eigenschaften. [1] Überflutete Reisfelder vor einem riesigen Kraftwerk bei Harbin. [2] Auf der Eisenbahnbrücke über den Songhua verläuft die Strecke von Dalian nach Moskau und nach Wladiwostok. [3] Achtung! Hier kommt die Braut. [4] Auf der Hauptstraße locken Porträts von Pop-Idolen und Filmstars mehr Interessenten an die Stände der Künstler als Selbstporträts. [5] Die Kathedrale der heiligen Sophie, eine der zehn russisch-orthodoxen Kirchen, die die kulturelle Revolution überstanden haben.

3

4

5

1

2

3

DER SIBIRISCHE TIGER IST EINE DER AM STÄRKSTEN BEDROHTEN TIERARTEN DER WELT. Weniger als 600 sollen noch in freier Wildbahn leben, wo sie dem Hungertod und den immer präsenten Wilderern ausgesetzt sind. Die Regierung Chinas hat ein paar Zuchtstationen in der Provinz Heilongjiang eingerichtet, um die Tigerpopulation in Gefangenschaft zu vergrößern und die Tiere eventuell später wieder in ihrem natürlichen Lebensraum auszuwildern. Auf dem Papier ist dieses Zuchtprogramm äußerst erfolgreich. Die Station, die mit acht Tieren anfing, versorgt mittlerweile über 300 Tiger. [2] Die Tiere sind offensichtlich gut genährt und versorgt. Sie sehen zwar etwas gelangweilt aus, sind aber trotzdem prachtvoll. [1] [3] Es gibt genügend Beweismaterial für die Behauptung, dass Tiger, die größeren Touristenmengen ausgesetzt waren, kaum mehr ausgewildert werden können. Aber für Normalsterbliche wie mich bleibt der Park die einzige Möglichkeit, diese prächtigen Großkatzen in Aktion zu sehen, auch wenn sie nur eine Ente jagen.

Die Autonome Region
INNERE MONGOLEI

KOORDINATEN
37° 24' – 53° 23' nördlicher Breite
97° 12' – 126° 04' östlicher Länge

FLÄCHE 1 178 755 km²

GEOGRAFIE Der größte Teil der Region besteht aus Hochebenen und Wüsten mit einem Gebirgszug im Osten. Die Wüste Gobi reicht über die Grenze bis in die Mongolei hinein, die Wüste Ordus liegt südlich des großen Huanghe-Bogens, und die Wüste Badain Jaran erstreckt sich im Westen. Der Gebirgszug des Hinggan nimmt fast den ganzen Osten der Region ein, während sich die Gebirge Yin Shan und Lang Shan im Landesinneren erheben. Mit 3556 m ist der Berg Helan höchster Punkt der Inneren Mongolei. Die Fluss-Systeme von Amur und Liao formen die östliche Region, sie bilden das Grenzgebiet zu Russland.

KLIMA Die Region hat ein gemäßigtes, vom Monsun beeinflusstes Kontinentalklima mit langen, kalten Wintern und kurzen, warmen Sommern. Je weiter westlich man vordringt, desto mehr ändert sich die Landschaft von Prärie zur Halbwüste und schließlich zur Wüste. Im Januar sinken die Temperaturen auf -30 °C bis -10 °C und steigen im Juli auf 15 °C bis 25 °C. Die Jahresniederschläge liegen bei 50 bis 450 mm.

BEVÖLKERUNG 23,86 Millionen (Ende 2005)

WICHTIGE STÄDTE Hohot (Provinzhauptstadt), Baotou, Wuhai, Chifeng

LANDWIRTSCHAFT Für den Eigenbedarf wird Weizen, Reis, Sorghum, Hirse, Hafer und Mais angebaut, für den Handel u. a. Ölsamen, Sojabohnen und Zuckerrüben. Durch Viehzucht wird auch das Weideland produktiv genutzt, wobei die zunehmende Wüstenbildung Anlass zur Sorge gibt.

WICHTIGE INDUSTRIEZWEIGE Die Industrie konzentriert sich auf Kohlenabbau, Eisen und Stahl, Energiewirtschaft, Textilien und Forstwirtschaft.

JAHRESEINKOMMEN PRO KOPF (2005)
Verfügbares Einkommen der Stadtbevölkerung: RMB 9137 (870 Euro)
Nettoeinkommen der Landbevölkerung: RMB 2989 (285 Euro)

HISTORISCHE UND LANDSCHAFTLICHE SEHENSWÜRDIGKEITEN Mausoleum Dschingis Khans, die Chinesische Mauer, das Kloster Wudang, Wandmalereien auf den Gräbern der Östlichen Han-Dynastie, Bergwälder des Hinggan-Gebirges, die singende Sanddüne Xiansha, das Grasland.

ESSEN Zur regionalen Küche gehören sowohl mongolische als auch chinesische Gerichte, in denen fast ausschließlich Fleisch und Milchprodukte Verwendung finden. Zu den Spezialitäten gehören Lamm am Spieß, Hammeleintopf, saure Milch und Käse.

[RECHTS] Grasland am Morigele-Fluss.

DAS GRASLAND VON HULUN-BUIR

1

2

3

4

5

WESTLICH VON BEIJING beginnt die Südgrenze der Autonomen Region Innere Mongolei und folgt dem Verlauf der Chinesischen Mauer aus der Ming-Periode. Historisch gesehen war das Gebiet von 1,18 Mio. km² eine Art locker regierter Pufferzone zwischen dem Bauernvolk der Han-Chinesen und den vielen Nomadenstämmen der Grassteppe. Es ist ein Land ohne festen Grenzverlauf, das oft die Besitzer gewechselt hat. Das Grasland von Hulun-Buir, Chinas größte Steppenlandschaft, erstreckt sich über den nordöstlichen Zipfel der Region und wird traditionell der Mandschurei zugerechnet. Staubwolken driften über das verdorrende Gras, wo die Überlandstraße zwischen Hailaer und Manzhouli erweitert wird – ein frischer Schnitt entlang einer alten Wunde im endlosen Grasland. [1] Provisorische Unterkunft für Straßenarbeiter. [2] Arbeiter markieren die Umleitungen. [3] Neben der Straße treibt eine mongolische Reiterin die Nachzügler ihrer Herde zusammen. [4] Zementpfeiler werden am See gegossen. [5] Dschingis Khans Geheimwaffe: Die Mongolen eroberten das größte Reich in der Geschichte der Menschheit mit ihrer Kavallerie, die bis vor die Tore Wiens ritt.

1

2

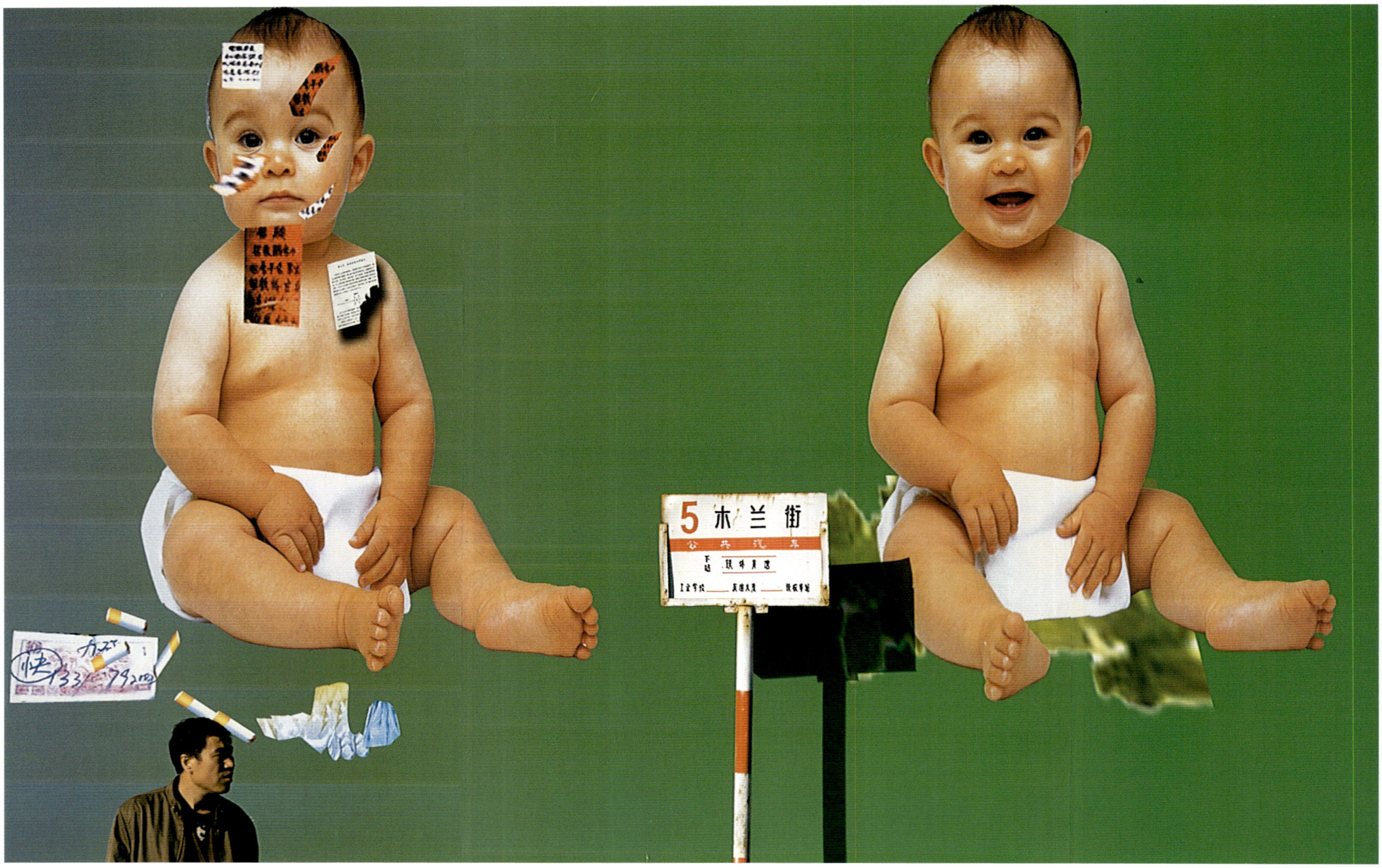

3

DIE GRENZE ZU SIBIRIEN

4

AUF DER SIEBENTÄGIGEN REISE – 9288 KM ZWISCHEN MOSKAU UND WLADIWOSTOK – überquert die Transsibirische Eisenbahn die chinesische Grenze in der kleineren innermongolischen Stadt Manzhouli. Eine Siedlung entstand um die Station Manchzhuriya (russisch für Mandschurei) während des Eisenbahnbaus in den Jahren 1891–1916. Die Stadt hat gut profitiert vom Auseinanderbrechen der Sowjetunion, als viele Russen über die Grenze kamen, um chinesische Haushalts- und Elektronikwaren zu kaufen. Der Zoll in Manzhouli ist heute verantwortlich für die Überwachung von mehr als der Hälfte aller Transaktionen zwischen Russland, Osteuropa und China. [1] Der sinorussische Handelsmarkt neben dem Grenzübergang ist das bevorzugte Ziel vieler russischer Besucher. [2] Zwei Schwestern vor den beiden Jurten einer halbnomadischen Mongolenfamilie: Das Wohnzimmer ist links, die Küche rechts. [3] Ein etwas seltsames Poster zur Förderung bürgerlicher Verantwortlichkeit für die Sauberkeit des Landes. [4] Abwasser- und Zulieferrohre werden verlegt für eine neue Siedlung am Rande einer rasch wachsenden Stadt.

1

2

GRASLAND AM MORIGELE-FLUSS

3

DAS ZUSAMMENSPIEL GLOBALER ERWÄRMUNG UND KOMMERZIELLER AUSBEUTUNG während der letzten 30 Jahre hat das Grasland von Hulun-Buir an den Rand des Ruins geführt. Ca. 40 % der 8,36 Mio. Hektar Grassteppe wurden durch Sandstürme, Dürre und die Umwandlung weiträumiger Weideflächen in Ackerland für Chinas unersättlichen Hunger zerstört. Hunderttausende Hektar neues Wüstenland bedecken jetzt die Region und verringern die Fläche der 3000 Flüsse und 500 Seen, die über das ganze Land verstreut sind. Man kann nur hoffen, dass die Gegenmaßnahmen, die die Regierung mit etwa 1,5 Milliarden Euro finanzieren will, nicht zu wenig sind und zu spät kommen. Hinter Manzhouli liegt die Zukunft der Grassteppe auf beiden Seiten der Überlandstraße. [1] Das Weideland entlang dem mäandernden Morigele-Fluss wird als das schönste Grasland in ganz Hulun-Buir angesehen. [2] [3] Tagebau. Die reichen Kohlevorkommen waren der ursprüngliche Grund, warum Manzhouli zur wichtigsten Station der Transsibirischen Eisenbahn wurde. Bis 2010 will die Innere Mongolei ihre jährliche Kohleförderung auf 500 Millionen Tonnen ausweiten.

ENTLANG DER KÜSTE

Als ich die Plattform der Transrapid-Schwebebahn in Shanghais internationalem Flughafen Pudong betrete und die Messingständer mit roten Samtseilen entlang der offenen Trasse sehe, weiß ich, dass hier etwas faul ist. Immerhin stehe ich hier auf der Plattform des schnellsten Fahrgastzugs der Welt, nicht am Kartenschalter irgendeines altmodischen Theaters oder am Eingang eines Nachtclubs mit Türsteher. Hier möchte man eine eindrucksvollere Abgrenzung sehen, etwa eine Glaswand mit automatischen Türen, die verhindern soll, dass Passagiere in den offenen Graben mit den Hochspannungstrassen fallen oder springen. Während ich auf dem schmuddeligen roten VIP-Teppich auf die Bahn warte, wandern meine Gedanken zurück an den fernen Ort, an dem alles begann.

»Reich werden ist herrlich …« – diese unsterblichen Worte hatte der oberste Führer Deng Xiaoping 1984 bei den Feierlichkeiten zum chinesischen Neujahrsfest im Jahr der Ratte von sich gegeben. Vier kleine Wörter, mit denen der »kleine Kaiser« den Lauf der Geschichte geändert und angestaute Energie, Einfallsreichtum und Können, aber auch Habgier und Wünsche von 1,3 Milliarden Menschen entfesselt hat. Er befand sich gerade auf einer inoffiziellen Inspektionstour in Shenzen, einer der ersten Sonderwirtschaftszonen seines Experiments zum »Sozialismus unter chinesischen Vorzeichen« und knapp auf der anderen Seite des Stacheldrahts, der das kapitalistische Paradies Hongkong von seinem dahinsiechenden kommunistischen Nachbarn trennte. 23 Jahre später hat sich das damals verschlafene Nest Shenzen in eine seelenlose, schäbige Metropole verwandelt, die eine eigene Börse hat und zwei Millionen Wanderarbeiter aus ganz China beschäftigt. Zusammen mit Shanghai und Beijing ist die SWZ Shenzen eines der drei wichtigsten Fabrikationszentren Chinas geworden. Die Stadt avancierte außerdem zum Symbol von Dengs Revolution, Wahrzeichen des wirtschaftlichen Erfolgs mit all seinen Kollateralschäden, die seitdem den Weg des »totalitären Kapitalismus« pflastern, wie einige die Entwicklung nennen.

Man kann nun darüber spekulieren, ob Deng damals wohl voraussah, dass China durch seine Reformen zwangsläufig zu einer Großmacht und zur größten Volkswirtschaft der Welt werden würde. Konnte er ahnen, dass China nur zehn Jahre nach seinem Tod über gut eine Billion US-Dollar Devisenreserven verfügen oder als Global Player auf der neuen Weltwirtschaftsbühne auftreten würde? Hatte er mit dieser beispiellosen Umwälzung des Landes und ihren Auswirkungen auf Gesellschaft und Umwelt gerechnet? Hatte er erwartet, dass mit dieser neuen Politik der Sozialismus fast ganz verschwinden und er durch eine Oligarchie aus Parteieliten ersetzt würde? Und dass dies wiederum zu wuchernder Korruption führen und einen fast unüberwindlichen Einkommensunterschied zwischen Arm und Reich schaffen würde, mit mindestens acht Milliardären und 300000 Millionären auf der einen und den Bauern im Hinterland mit weniger als 2000 RMB (fast 200 Euro) Jahreseinkommen auf der anderen Seite? Was ihm auf jeden Fall von Anfang an klar gewesen sein musste, war die Tatsache, dass die Antriebskraft für diese »Politik der offenen Tür« in erster Linie von den östlichen Küstenregionen ausgehen würde, wo seit dem 19. Jh. fast alle Kontakte Chinas mit der westlichen Welt zustande kamen.

Schon immer war diese Region entlang Chinas 12000 km langer Küstenlinie – von der Spitze der Shandong-Halbinsel im Gelben Meer bis hinunter zum Delta des Perlflusses am Südchinesischen Meer – Bühne der epischen Dramen und herzzerreißenden Tragödien des Reichs der Mitte gewesen. Die »großen Männer« der chinesischen Geschichte kamen zu diesen Gestaden, um mit Blick auf den Horizont ihre großen Träume zu träumen, und die kleinen Leute kamen hierher, um dem Chaos zu entkommen, das die Träume der großen Männer angerichtet hatten.

Einer der frühen »großen Männer« war der erste Kaiser, Qin Shi Huangdi, der es nach der Eroberung und Vereinigung Chinas sogar mit dem Tod aufnehmen wollte. Der taoistische Heilige Xu Fu wurde entsandt, um die »Inseln

[LINKS] Ein Sampan auf dem Sanya-Fluss auf der Insel Hainan. [VORANGEHENDE SEITEN] Sonnenaufgang über dem Chunshan-Fluss in der Provinz Guangdong.

der Unsterblichen in der östlichen See« zu finden, wo – wie man glaubte – das Kraut der Unsterblichkeit wuchs. Ab 219 v. Chr. gingen drei Expeditionen von den Küsten des Gelben Meeres aus, eine mit 6000 jungfräulichen jungen Menschen – 3000 Männer und 3000 Frauen – sowie Künstlern vieler Disziplinen und Mustern verschiedener Getreidearten. Eine andere transportierte eine ganze Armee. Der Kaiser starb 210 v. Chr., und der Heilige kam von seiner letzten Reise niemals zurück. Einige halten Xu Fu für Jimmu Tenno, den Gründer des japanischen Kaiserreichs, während andere wiederum meinen, die chinesische Flotte habe den Pazifik überquert und sei in Mittelamerika gelandet, wo sie eine wichtige Rolle für die Kultur der Mayas spielte.

Kublai Khan, in der Yuan-Periode Herrscher über das größte Imperium der chinesischen Geschichte, träumte davon, Japan von diesen Ufern aus zu besiegen. Nach der Katastrophe der ersten Invasion, 1274, als er den größten Teil seiner 900 Schiffe, 40 000 Mann und 15 000 Pferde in einem ungewöhnlichen Wintertaifun verloren hatte, versammelte Kublai eine Armada von 4500 Schiffen, bemannt mit 60 000 Seeleuten, um für eine zweite Invasion 100 000 Soldaten nach Japan zu transportieren. Nach anfänglichen Siegen über die Samurai-Krieger zogen sich die mongolischen Soldaten abermals auf ihre Schiffe zurück, und diesmal geriet die Flotte bei Kyushu in einen Sommertaifun. 100 000 Mann ertranken in der wütenden See, und nur wenige Seeleute entgingen vor dieser Felsenküste knapp dem Tod und konnten davon berichten. Die militärischen Katastrophen der mächtigen Mongolen ließen in Japan einen neuen Begriff entstehen: Kamikaze – der göttliche Wind.

Dann kam die Zeit, ein ganz kurzer Moment von 28 Jahren in Chinas 4000 Jahre alter Geschichte, als chinesische Dschunken über alle sieben Weltmeere herrschten. Unter der Herrschaft König Yongles in der Ming-Dynastie unternahm ein der muslimischen Minderheit von Yunnan entstammender Eunuchen-Admiral namens Zheng He (1371–1433) in den Jahren zwischen 1405 und 1433 sieben legendäre Reisen. Mit mehr als 300 Schiffen und 28 000 Mann setzte er Segel im Hafen von Liuhe im Bezirk Taitsang an der Küste der Provinz Jiangsu. Diese chinesischen Riesendschunken waren aufgrund ihrer kostbaren Ladung aus schweren Seidenstoffen und feinstem Porzellan unter der Bezeichnung *bao chuan* (Schatzschiffe) bekannt. Jedes der 60 Großschiffe war 122 m lang, und der höchste ihrer neun Masten ragte über 91 m hoch in den Himmel. Zur Unterstützung wurden sie von 255 kleineren Schiffen begleitet, unter denen sich Kriegsschiffe und Wassertanker befanden. Diese Flotte segelte über das gesamte Südchinesische Meer und den Indischen Ozean und erreichte 1413 auf der vierten Reise Aden an der Mündung zum Roten Meer. Dort ging eine Hilfsflotte nach Jiddah, von wo aus man eine Pilgerreise nach Mekka unternahm. Auf ihrer fünften Reise 1417 segelte die Flotte die Ostküste Afrikas hinunter, vom Horn von Afrika in Somalia bis zur Straße von Mosambik, und landete im kenianischen Malindi, 80 Jahre bevor Vasco da Gamas Flotte von drei 26 m langen Karavellen dort auf dem Weg nach Indien haltmachte.

Mit dem Tod des Kaisers verlor Zheng He seinen Geldgeber. Die zinnoberroten Tore zu Yongles Verbotener Stadt verschlossen sich fortan überseeischen Abenteuern, und die mächtige Flotte verschwand im Nebel der Geschichte. Gerade der Erfolg der Schatzflotte – schließlich trafen ihretwegen Gesandtschaften und Geschenke vom anderen Ende der Welt ein – sollte ironischerweise zu der Überzeugung am Hof des Reichs der Mitte führen, dass China der Nabel der Welt sei. Diese Illusion führte zu der Überheblichkeit und dem irrigen Glauben an die eigene Unbesiegbarkeit, die seither das Denken der Verbotenen Stadt beherrschten – eine fatale Politik, von den herrschenden Eunuchen der Ming-Dynastie formuliert, die dem chinesischen Volk in den nachfolgenden Jahrhunderten unendlich viel Kummer und Leid bereitete. Seit der Zeit, als China seinen technologischen Vorsprung und den Anspruch auf die Vorherrschaft über die Seehandelsrouten aufgab, schwang das Pendel der Geschichte in die entgegengesetzte Richtung. Die Portugiesen landeten 1514 an der Küste Guangdongs, und 1557 war es ihnen schon

濱海

gelungen, eine Niederlassung in Macao zu gründen. Die Spanier richteten sich eine Basis auf Taiwan ein, von der sie dann 1642 durch die Holländer vertrieben wurden. Die Briten kamen 1637 an, in der Zeit, als die Ming-Dynastie an Macht verlor und der mandschurischen Qing-Dynastie weichen musste. Die Mandschus, selbst Ausländer, waren Handel und Wandel mit Fremden zunächst aufgeschlossen, da sie mit ihren Angriffsfeldzügen in die Mongolei, Korea, Xinjiang und Tibet beschäftigt waren. Aber auch ihre Macht verblasste im 19. Jh. aufgrund der dynamischen Veränderung der industriellen Revolution in der neuen Welt. Xenophobie setzte ein, und die chinesische Regierung zog sich in ihre Verbotene Stadt und in die Bequemlichkeit einer Selbsttäuschung zurück, die sogar zu dem abstrusen Vorschlag führte, Englands König George III. möge am chinesischen Hof vorstellig werden. Die Ära des Eindringens »fremder Teufel« auf chinesischem Gebiet entlang der überwiegend ungesicherten und unübersichtlichen Küste konnte unvermindert andauern. Behinderungen des internationalen Handels führten schließlich zum Opiumkrieg und damit zu den »ungleichen Vereinbarungen«, wodurch den streitenden Kolonialmächten Chinas Küste als fette Beute auf dem Silbertablett serviert wurde.

Gerade diese dem Qing-Hof mit Gewalt aufgezwungenen ausländischen Niederlassungen sollten ironischerweise zur Wiege der Revolution werden. Der Kontakt mit Fremden und mit neuen politischen Ideen lösten bei vielen jungen chinesischen Revolutionären den sehnlichen Wunsch nach Veränderungen aus. So zettelte Dr. Sun Yat-sen zum Beispiel seinen ersten Aufruhr in Guangzhou an, und die ausländischen Niederlassungen in Shanghai boten der kommunistischen Partei bei ihrer Gründung 1921 ein sicheres Rückzugsgebiet. Gerade die Städte der Invasoren sollten sich im neuen China am dynamischsten und erfolgreichsten entwickeln. Von der deutschen Konzession in Qingdao über Nanjing und Shanghai bis hin zur britischen Kronkolonie in Hongkong – überall wurden die Flotten der Kolonialmächte vertrieben. Heute wird ihr Platz von Containerschiffen und Frachtflugzeugen eingenommen, die vom Plastikeimer bis zum komplizierten elektronischen Gerät alles in die weite Welt hinaustransportieren. China ist zum größten Hersteller von Konsumgütern im »Global Village« geworden.

Schon vier Minuten nach dem Start hat der Transrapid, der auf einem ein Zentimeter dicken Luftkissen über dem Magnetfeld dahingleitet, seine Spitzengeschwindigkeit von 431 Stundenkilometer erreicht. Als die große rote Digitalanzeige zwischen 430 und 431 km/h flackert, springen japanische Touristen begeistert aus ihren wackligen Plastiksitzen und rennen nach vorne, um Fotos zu schießen. Doch haben sie kaum Zeit, sich bei der Anzeigetafel mit dem V-Zeichen zu positionieren, denn schon nach 30 Sekunden lässt die Geschwindigkeit nach, und am Ende einer sieben Minuten und 20 Sekunden langen Reise kommt der Zug an der Plattform der Longyang-Haltestelle zum Stehen. Ich bin der festen Überzeugung, dass ein Großteil der über 880 Millionen Euro, die für diese nur 30 km lange Strecke ausgegeben worden sind, auf irgendeinem Nummernkonto in Übersee gelandet ist: Die billigen Plastiksitze im Erste-Klasse-Waggon haben jeden Zweifel ausgeräumt. Als ich den Bahnhof verlasse, verstehe ich, warum der Zug den Beinamen »Schnellster Zug nach Nirgendwo« bekommen hat: Bis heute hat mir noch niemand erklären können, warum ein Flughafenexpress in einer bedeutungslosen Vorstadt Pudongs enden sollte statt im Zentrum des neuen Finanzdistrikts bei Huangpujiang. Während mein Taxi sich durch den Verkehr quält und mich vielleicht erst in anderthalb Stunden in meinem Hotel nahe am »Bund« abliefern kann, frage ich mich, wozu die Magnetbahn eigentlich gut sein soll. Nur um sagen zu können: »Wir haben den schnellsten Fahrgastzug auf der Welt – er fährt zwar in die Pampa, aber das rasend schnell!«

Am 24. September 2006 wurde Cheng Liangyu, Vorsitzender der kommunistischen Partei Shanghais und Mitglied des Politbüros, aller Ämter enthoben und der Korruption großen Stils angeklagt.

Die Provinz **SHANDONG**

KOORDINATEN
34° 25' – 38° 23' nördlicher Breite
114° 36' – 122° 43' östlicher Länge

FLÄCHE 156 000 km^2

GEOGRAFIE Die Provinz wird beherrscht von den fruchtbaren Ebenen des Huanghe (Gelben Flusses) und seiner Nebenarme, die zwei unterschiedliche Gebirgssysteme einfassen. Der Norden und Westen sind Teil des Nordchinesischen Hochlands, während sich im Zentrum die Berge des Taishan, Lushan und Mengshan erheben. Mit 1545 m ist der Taishan höchster Berg der Provinz. Die Halbinsel Shandong erstreckt sich nach Osten und trennt den Golf von Bohai vom Gelben Meer.

KLIMA Shandong hat ein gemäßigtes Klima mit trockenen, kalten Wintern und warmen, feuchten Sommern. Die Temperaturen liegen im Januar bei -5 °C bis 1 °C, im Juli bei 24 °C bis 28 °C. Die tiefste je gemessene Temperatur ist -20 °C und die höchste 43 °C. Der durchschnittliche Jahresniederschlag liegt bei 550 bis 950 mm.

BEVÖLKERUNG 91,8 Millionen (Ende 2004)

WICHTIGE STÄDTE Jinan (Provinzhauptstadt), Yantai, Qingdao, Qufu

LANDWIRTSCHAFT Die Provinz ist eines der Hauptanbaugebiete für landwirtschaftliche Produkte wie Weizen, Sorghum, Mais und Obst. Für den Handel werden u. a. Baumwolle, Ölsamen, Tabak, Hanf und Heilkräuter kultiviert und Seidenraupen gezüchtet. Die lokale Fischzucht ist Chinas größte Produktionsstätte von Garnelen, Meeresfrüchten, Seeohren und Seeschnecken.

WICHTIGE INDUSTRIEZWEIGE Shandong ist das drittgrößte Fertigungszentrum Chinas. Zu Bergbau und Ölförderung aus den Ölfeldern von Shenli und Zhongyuan kommen u. a. Petrochemie, Bekleidungs- und Textilherstellung, Stahl, Nahrungsmittel und Brauereien.

JAHRESEINKOMMEN PRO KOPF (2005)
Verfügbares Einkommen der Stadtbevölkerung:
RMB 10 744 (1022 Euro)
Nettoeinkommen der Landbevölkerung:
RMB 3930 (374 Euro)

HISTORISCHE UND LANDSCHAFTLICHE SEHENSWÜRDIGKEITEN Der Berg Taishan, Friedhof des Konfuzius in Qufu (beide UNESCO-Welterbe), der Berg Laoshan, die Gemeinden Lingzi, Penglai und Rongcheng

ESSEN Die Shandong-Küche ist eine der ältesten Chinas, deren Wurzeln bis in die »Zeit der Frühlings- und Herbstannalen« vor etwa 2500 Jahren zurückreichen. Die Nähe zum Meer und zu großen Flüssen zeigt sich in einigen der berühmten Gerichten der Provinz, zu denen süßsaurer Karpfen, eingemachte Seegurken mit Schalotten, geschmorte Haifischflosse mit Hühnerfrikassee und Dampfnudeln gehören.

[RECHTS] Eine Allee bei Qufu auf dem Land in Shandong.

DER HEITERE BERG UND DIE GRÜNE INSEL

1

2

3

VON DEN FÜNF TAOISTISCHEN HEILIGEN BERGEN IN CHINA wird der Taishan (Heiterer Berg) am meisten verehrt, denn nach einem uralten Glauben ist er die Heimat der Sonne. Der 1545 m hohe Gipfel ist von alters her Ort kaiserlicher Opfergaben. Dort beteten die Herrscher (einschließlich Mao) um den Segen des Himmels und der Erde. [1] Obwohl der 7,5 km lange Anstieg zum Gipfel nichts für Weicheier oder Raucher ist, [3] erklimmen Arbeiter täglich mehrere Male die »Stairway to Heaven« und transportieren Material zur Tempelanlage am Berg. Qingdao (Grüne Insel) ist eine der schönsten und angenehmsten Städte Chinas, obwohl ihr Charme eigentlich einer bitteren Kolonialvergangenheit entspringt. [4] [5] Das Fischerdorf auf der Halbinsel Shandong am Ufer des Gelben Meers wurde 1898 für 99 Jahre an das kaiserliche Deutschland verpachtet. Schon 1914 nahm Japan die Hafenstadt ein, aber 15 Jahre hatten gereicht, deutsche Architektur und das legendäre Qingdao-Bier zu hinterlassen. Dieses alkoholische Vermächtnis bekommt heute ernsthafte Konkurrenz durch [2] neue Weinberge und eine wachsende Weinindustrie.

4

5

1

2

3

EINER LEGENDE NACH soll Konfuzius in einer Höhle in den Ausläufern der Nishan-Berge 30 km südöstlich von Qufu geboren worden sein. [1] Vor vielen Jahren hatte ich einmal diesen angeblichen Geburtsort besucht. Als ich nun wiederkam, war zwar die Landschaft kaum verändert, doch hatte man das Tal geflutet, und Meister Kongs »Geburtsort« lag nun in einem Stausee unter Wasser. [3] [4] Konfuzius' Ahnentempel in Qufu sieht grandios aus und wird gut in Schuss gehalten, wie sich das für den Begründer der wohl wichtigsten philosophischen und politischen Schule in der Geschichte Chinas gehört. Bei der Kulturrevolution zugefügte Schäden, die vor 20 Jahren noch unübersehbar waren, hat man inzwischen der boomenden Tourismusindustrie wegen ausgebessert. Die in den *Analekten* des *Konfuzius* gesammelten, zum großen Teil humanistischen Lehren bilden seit über 2000 Jahren die ideologische Basis der chinesischen Herrschaft. Auch die heutige Regierung ist davon beeinflusst, wobei Singapur oft als Musterbeispiel eines konfuzianischen Staates angeführt wird. Im Westen gilt Konfuzius als Symbol chinesischer Weisheit. Seine weniger esoterischen Ideen werden oft mit chinesischen Glückskeksen verbreitet und konsumiert. [2] In der Vorstadt wandern köstlich frische Teigtaschen in die Pfanne.

4

Die Provinz **JIANGSU**

KOORDINATEN
30° 45' – 35° 20' nördlicher Breite
116° 18' – 121° 57' östlicher Länge

FLÄCHE 106 190 km^2

GEOGRAFIE Das Yangtse-Delta macht Jiangsu zu einer großteils äußerst flachen Region, dazu erhebt sich das Land nicht höher als 10–60 m ü. M. Den höchsten Punkt bildet der Berg Yuntai mit 625 m. Der Yangtse durchquert die Provinz von West nach Ost, zusätzlich bietet der Kaiserkanal einen direkten Wasserweg von Nanjing bis Suzhou. Der Taihu-See prägt den südlichen Teil der Provinz, der Hongze-See den nördlichen. Jiangsus Küstenlinie am Gelben Meer hat eine Länge von 1000 km.

KLIMA Jiangsu unterliegt dem Monsun sowohl in subtropischen als auch gut temperierten Klimazonen. Im Januar liegen die Durchschnittstemperaturen zwischen -4 °C und -2 °C, im Juli bei 26 °C bis 30 °C. Die höchste je gemessene Temperatur ist 41,1 °C, die tiefste -23,1 °C. In Frühjahr und Sommer fallen die sogenannten Pflaumenregen (chines. *meiyu*), im Spätsommer und Frühherbst treten Taifune auf. Die Jahresniederschläge liegen bei 800 bis 1200 mm.

BEVÖLKERUNG 74,75 Millionen (Ende 2005)

WICHTIGE STÄDTE Nanjing (Provinzhauptstadt), Suzhou, Wuxi, Yangzhou, Zhenjiang, Xuzhou, Lianyungang

LANDWIRTSCHAFT Hauptsächlich werden Reis, Weizen, Mais und Sorghum für den Eigenbedarf angebaut, für den Handel u. a. Baumwolle, Sojabohnen, Ölsamen, Kenaf (Ostindischer Hanf) und Tee. In der Region um den See Taihu wird viel Seide produziert, und die Gewässer der Provinz ermöglichen die Zucht von Süßwasserfischen im großen Stil.

WICHTIGE INDUSTRIEZWEIGE Schwerindustrien wie Ölraffinerie, Chemieproduktion und Baumaterial. Weitere Industrien umfassen Textilien, Nahrungsmittelverarbeitung und Herstellung von Hochtechnologieprodukten und -geräten.

JAHRESEINKOMMEN PRO KOPF (2005)
Verfügbares Einkommen der Stadtbevölkerung: RMB 12 319 (1170 Euro)
Nettoeinkommen der Landbevölkerung: RMB 5276 (501 Euro)

HISTORISCHE UND LANDSCHAFTLICHE SEHENSWÜRDIGKEITEN Der Purple Mountain (violette Berg), das Mausoleum Sun Yat-sens, Stadtmauern aus der Ming-Zeit, der See Xuanwu, der Konfuzius-Tempel in Nanjing, die klassischen Gärten von Suzhou, der Tempel in Hanshan, der Berg Huqiu, der Schmale Westsee, der Schwalbenfels in Yanziji.

ESSEN Die Küche Jiangsus teilt sich in zwei Regionalküchen auf: Huaiyang und Suzhou. Beide verwenden viel Meeres- und Süßwasserfische sowie Krustentiere, wobei Suzhous Küche eher zu süßeren Gerichten neigt. Berühmte Gerichte sind u. a. Butterfisch in sämiger Sauce, gedünstete Krabben in klarer Brühe, Soldatenfisch (*Myripristis kuntee*) und knuspriger Aal Liangxi-Art.

[RECHTS] Das Yangtse-Ufer in Nanjing.

1

2

3

GEDENKSTÄTTEN FÜR MUT UND SCHANDE

4

AM 10. OKTOBER 1911 WURDE NANJING von einer Interimsregierung aus zusammengewürfelten Qing-Gegnern unter der Präsidentschaft von Dr. Sun Yat-sen (alias Sun Zhongshan) zur Hauptstadt der Republik China ausgerufen. Sowohl Kommunisten als auch Republikaner verehren Sun als Vater des modernen Chinas. Seine Doktrin vom Dreifachen Volksprinzip – Nationalismus, Demokratie und Gleichheit – wurde ideologisches Prinzip und Schlachtruf der Revolution. Er starb 1925, ohne der Verwirklichung auch nur eines seiner drei Prinzipien für die junge Nation nähergekommen zu sein. Millionen Touristen und Pilger reisen jährlich [4] die Platanenallee entlang zum Mausoleum von Sun Yat-sen. Dort führt eine [3] monumentale Treppe zum Zhongshan Ling (Mittleren-Berg-Mausoleum). Von allen Gräueltaten der japanischen Armee in China bleibt das »Massaker von Nanjing« eines der dunkelsten Kapitel der Invasion. [1] [2] Die Gedenkhalle des Massakers von Nanjing erinnert an die 300 000 wehrlosen Opfer, die 1937 von ihrer Regierung im Stich gelassen und in einem sechswöchigen Blutbad niedergemetzelt wurden.

1

2

3

4

DIE SÜDLICHE HAUPTSTADT

5

SEINE BLÜTEZEIT ERLEBTE NANJING 1356–1420 als erste Hauptstadt der Ming-Dynastie, doch eigentlich ist Nanjings Geschichte seit der Zeit der Streitenden Reiche (453–221 v. Chr.) eine einzige Abfolge tragischer Begegnungen mit Eroberern und Naturkatastrophen. Der Vertrag von Nanjing 1842, der Hongkong an die Briten abtrat, öffnete den Fremden ein Jahrhundert lang Tür und Tor und schuf Chaos im Innern. Nach 1949 beschloss die kommunistische Regierung aufgrund von Nanjings strategischer Lage am Unterlauf des Yangtse, die Stadt zu einem der wichtigsten Zentren für Industrie und Transport auszubauen. Die sowjetischen Ingenieure, die [2] [3] die Brücke über den Yangtse ursprünglich entworfen hatten, verschwanden mit den Bauplänen, als sich die Beziehungen zwischen den beiden kommunistischen Giganten in den 60er-Jahren abkühlten. Die Fertigstellung der Brücke durch chinesische Ingenieure wurde zum wichtigen Propagandawerkzeug und Beweis für die Selbstständigkeit des neuen Rotchinas. Bis heute spielt Propaganda eine wichtige Rolle in der Stadt, beim Verkauf [1] von Immobilien ebenso wie [4] für Präsident Hu Jintaos Kampagne der »Harmonischen Gesellschaft«. [5] Stadtbewohner lassen ihre Drachen auf dem Zhonghua-Tor steigen.

1

UND NOCH EIN VENEDIG DES OSTENS

2

3

4

5

DAS GEBIET UM SUZHOU entlang der Zuflüsse des Kaiserkanals ist berühmt für seine malerischen »Wasserstädte«. Diese an schmalen Wasserwegen gebauten Ortschaften mit ihren alten Brücken dienten einst als Mittler zwischen den großen Handelsstraßen und dem Landesinneren. Mit Aufkommen des Inlandstourismus beeilen sich die Behörden, diese lange Zeit vernachlässigten Dörfer herauszuputzen, von denen sich jedes um den Titel »Venedig des Ostens« reißt. Beim Rennen um Touristendevisen ist es vielleicht unumgänglich, dass die meisten dieser früher verschlafenen Städtchen zu Tode renoviert wurden und heute eher kitschigen Freizeitparks ähneln. Eine Ausnahme bildet die 1000-jährige Gemeinde Tongli, die immer noch die einstige Romantik ausstrahlt, obwohl sie nur 18 km von Suzhou entfernt und an der großen Touristenroute liegt. [1] Der frühe Vogel fängt den Fisch? Ein Vogelhalter reinigt den Käfig im Kaiserkanal. [2] [3] [5] Bei Sonnenaufgang, bevor die Touristenbusse eintreffen, erhält man noch am ehesten einen Eindruck vom »ursprünglichen« Tongli. [4] Einer der beiden Männer, die den Kanal sauber halten sollen.

1

2

»DAS PARADIES IST IM HIMMEL. AUF ERDEN HABEN WIR SU-HANG« – so ein chinesisches Sprichwort, das die Schönheit Suzhous und Hangzhous preist. Beide Städte erlebten ihren Aufstieg als wichtige Handelszentren am Kaiserkanal im 7. Jh. Sie legten noch an Reichtum und Größe zu, als in den nachfolgenden Dynastien die Hauptstadt immer weiter weg von Xian nach Norden verlegt und so das Kanalsystem zur täglichen Grundversorgung immer wichtiger wurde. Beide Städte sind große Fertigungszentren für luxuriöse Seidenstoffe und Porzellan, doch ist Suzhou vielleicht noch bekannter für seine schönen Frauen und Gärten. Zusammen mit den kaiserlichen Gärten des Sommerpalastes und mit Chengde gehören die beiden nahe beieinanderliegenden Gärten in Suzhou zu den vier schönsten klassischen Gärten Chinas. Im »Garten zum Verweilen« sah ich [1] eine hübsche Musikerin, die während einer Pause in ihr Mobiltelefon zwitscherte, und ein [2] schönes Mannequin, das zu Werbezwecken in einem traditionellen Hochzeitskleid posierte. [4] [5] Der »Garten des demütigen Beamten« ist eine erstklassig durchdachte, fünf Hektar große Anlage, die um 1513 von einem kaiserlichen Beamten der Ming-Dynastie als Altersruhesitz angelegt wurde. [3] [6] Luftiger Blick von der Nordtempel-Pagode, einst höchster Turm südlich des Yangtse.

3

5

4

6

1

2

DER KAISERKANAL

3

4

5

ENTWICKLUNG UND KONSTRUKTION DES 1800 KM LANGEN KAISERKANALS, der längsten von Menschen geschaffenen Wasserstraße der Welt, erfolgten in drei Bauabschnitten über 17 Jahrhunderte hinweg. Am Anfang stand ein 85 km langes Kanalsystem, das für militärische Zwecke zwischen 495 und 486 v. Chr. während der turbulenten Frühjahr-bis-Herbst-Periode der Östlichen Zhou-Dynastie gebaut wurde. Der größte Teil wurde zwischen 605 und 609 n. Chr. in der Sui-Periode ausgehoben, als Kaiser Yangguang fünf Millionen starke Männer für die Aufgabe zwangsverpflichtet haben soll, die Flüsse Yangtse, Qiantangjiang und Huaihe durch Kanäle über Nebenflüsse und Seen mit dem Gelben Fluss zu verbinden. Auf diese Weise sollte eine einzige schiffbare Wasserstraße von Süden nach Norden geschaffen werden. In der letzten Phase, zur Zeit der Yuan-Dynastie (1271–1368), wurde der Kanal im Norden bis nach Beijing erweitert, um die Menschen in Kublai Khans neuer Metropole mit Hangzhou und den Reis anbauenden Regionen des Yangtse zu verbinden. Der südliche Abschnitt des Kanals ist so tief und breit, dass er heute noch viel befahren wird. [1] [5] Mitten durch Suzhous neue Viertel bahnt sich der Verkehr auf dem Kanal einen Weg in den Süden [2] [3] [4] nach Hangzhou.

Regierungsunmittelbare Stadt

SHANGHAI

KOORDINATEN
31° 14' nördlicher Breite
121° 29' östlicher Länge

FLÄCHE 6341 km²

GEOGRAFIE Shanghais ursprünglicher Distrikt Puxi liegt am Westufer des Huangpu-Flusses, ca. 15 km landeinwärts von der Mündung des Yangtse in das Ostchinesische Meer. Ein neues Finanz- und Verwaltungszentrum wurde in den letzten 20 Jahren bei Pudong am östlichen Ufer gebaut. Die Stadt liegt auf einer durchschnittlichen Höhe von 4 m ü. M.

KLIMA Shanghai hat vier verschiedene Jahreszeiten mit langen, kühlen Wintern und langen, heißen Sommern. Im Januar liegen die Durchschnittstemperaturen bei 2 °C bis 7 °C, im Juli bei 24 °C bis 32 °C. Die tiefste je gemessene Temperatur ist -10 °C, die höchste 41 °C. Die Niederschläge liegen im Jahresdurchschnitt bei 1300 mm, wovon 50 % in der Taifunsaison im Sommer fallen.

BEVÖLKERUNG 13,52 Millionen (Ende 2004)

LANDWIRTSCHAFT Der Anbau im Hinterland Shanghais konzentriert sich auf frisches Gemüse und Feldfrüchte für die Stadt. Für den Verzehr werden auch Reis und Weizen angebaut, für den Handel Baumwolle und Ölsamen. Zudem werden große Zuchtanlagen für Meeres- und Süßwasserfische betrieben.

WICHTIGE INDUSTRIEZWEIGE Shanghai ist Chinas wichtigste Industriestadt. Die Schwerindustrie umfasst Stahlwerke, Schiffsbau, Öl und Gas, Petrochemie, Plastik und Maschinenbau. Zu den Fertigungsindustrien zählen Textilien, Elektronik, Elektrotechnik, technische Geräte, Flugzeugbau, Fahrzeugbau, Pharmazeutik und Verlage. Seit den 80er-Jahren geht der Trend weg von Produktionsbetrieben und hin zu umweltverträglicheren Industrien und Dienstleistungen.

JAHRESEINKOMMEN PRO KOPF (2005)
Verfügbares Einkommen der Stadtbevölkerung: RMB 18645 (1771 Euro)
Nettoeinkommen der Landbevölkerung: RMB 8342 (792 Euro)

HISTORISCHE UND LANDSCHAFTLICHE SEHENSWÜRDIGKEITEN Der Bund, der Longhua-Tempel, die Yuyuan-Gärten, der Jade-Buddha-Tempel, der Jing-An-Tempel, die Gedenkstätte Lu Xun, die Wohnstätten von Sun Yat-sen, Chiang Kai-shek und des Vizekönig-Generals der Qing-Dynastie, Li Hongzhang, die Fluss-Städte Zhujiajiao und Zhoushi.

ESSEN Shanghais Rolle als Seehafen und Handelszentrum hat eine Küche hervorgebracht, die verschiedene Stile aus ganz China und dem Ausland verbindet. Das Besondere am Shanghai-Stil ist die Verwendung von Alkohol und Zucker beim Kochen, insbesondere in »betrunkenen« Meeresfrüchten, und die großzügige Verwendung von gesüßter Sojasauce. Zu den berühmten Gerichten gehören »Bettlerhuhn«, Suppenknödel, zehn verschiedene heiße Töpfe, besäuselte Krabben, Tausendjährige Eier und Dampfnudeln.

[RECHTS] Das Museum der Wissenschaften in Shanghai.

1

2

3

DER HUANGPUJIANG

4

DER NAME SHANGHAI ZHEN bedeutet »Marktstadt am Meer« und wird erstmalig in der Song-Periode (960–1279 n. Chr.) erwähnt. Daraus lässt sich schließen, dass Shanghai ursprünglich am Meer lag und durch jahrhundertelange Schlammablagerungen des Yangtse immer weiter von der Küste weg ins Landesinnere wanderte. Obwohl schon seit dem 16. Jh. geschäftige Hafenstadt und Umschlagplatz für den Handel mit Japan, entstand das heutige Shanghai erst im frühen 20. Jh., als rast- und rücksichtslose Europäer große Vermögen damit verdienten, Opium gegen Tee und Seide einzuhandeln. Die Stadt wuchs am westlichen Ufer [2] [4] des Huangpujiang, einem der Mündungsarme des Yangtse, der bei Wusong ins Ostchinesische Meer mündet. Seit in den 90er-Jahren am gegenüberliegenden Ufer Pudong (Huangpu Ost) im großen Stil als Sonderwirtschaftszone angelegt wurde, ist die 114 km lange Wasserstraße eine der Hauptverkehrsadern für Chinas Außenhandel. So ist Shanghai dabei, Singapur und Rotterdam den Rang als weltgrößter Hafen abzulaufen. [1] [3] Die Skyline entlang dem Huangpujiang im Oktober 2005.

1

2

3

4

SHANGHAIS MODERNE GESCHICHTE begann mit den Opiumkriegen. Die Briten richteten ihre erste konzessionierte Handelsniederlassung 1842 ein, nachdem der Vertrag von Nanjing die Städte Kanton, Xiamen, Fuzhou, Ningbo und Shanghai für Handelsposten von Ausländern auf chinesischem Boden geöffnet hatte. Franzosen, Amerikaner und Japaner sollten bald darauf folgen und Shanghai nach ihren Vorstellungen neu gestalten. Um 1930 lebten an die 60 000 Ausländer in den internationalen Niederlassungen. Der Bund, die koloniale Uferpromenade, ist wahrscheinlich das Beste, was sie hinterließen, und wohl die berühmteste Immobilienmeile Chinas. Die stattliche Gebäudezeile im Kolonialstil ist ein Monument des persönlichen Ehrgeizes, des individuellen Erfolgs und eines Handelsgeschicks, das sich durch die militärische Schlagkraft in Übersee entfalten konnte. Dies alles bildet den Hintergrund für die Promenade am Huangpujiang, auf der [1] [2] Stadtbewohner im Morgengrauen ihre Übungen machen und Besucher sich bis spät in die Nacht einen Drink gönnen. Auf der anderen Seite des Flusses [3] wurde das protzige Handelsviertel Luijiazui vielleicht mit derselben rastlosen Energie und demselben unverfrorenen Selbstbewusstsein aufgebaut, doch fehlt ihm die historische Patina des Bunds. [4] Die SWZ Pudong vom 457 m hohen Oriental-Pearl-Fernsehturm.

1

SHANGHAIS STRASSEN

2

3

4

DIE GÜNSTIGE LAGE AM YANGTSE-DELTA ließ Shanghai zum Tor zu den Schätzen Chinas entlang diesem Fluss und seinen Nebenarmen werden – ein Geschenk der Natur, das überseeische Händler von jeher anzog und auf das die Stadt schon immer gebaut hat. Die Niederlassungen »fremder Teufel« aus aller Welt ließen Shanghai zum Umschlagplatz für neue Ideen und Technologien werden, die Chinas fremdenfeindliche und verkrustete Gesellschaft erreichten. Not schafft oft seltsame Allianzen, aber gemeinsam gelang es Fremden und Einheimischen, Shanghai in der ersten Hälfte des 20. Jh. in eine dynamische Industriestadt und ein internationales Finanzzentrum zu verwandeln, obwohl die Welt kopfstand und in China totales Chaos herrschte. Inzwischen hat ein neues Jahrhundert begonnen, und fremde Mitbürger – chinesische wie überseeische – strömen in Scharen herbei, um im neu erwachten Shanghai ihr Glück zu machen. [1] [2] Überall wird gebaut dank des stadtweitem Baubooms. [3] Ein alter Laden am Yu-Gardens-Basar. [4] Ein Haustier wie die »fremden Teufel« zu besitzen ist großes Statussymbol im modernen Shanghai.

1

2

3

4

VIELE ASIATISCHE STÄDTE HABEN DEN TITEL FÜR SICH BEANSPRUCHT, aber die echte »Perle des Orients« und »Hure Asiens« ist wieder da und größer denn je. Hinter einer Fassade von Schick und Seriosität macht sich ein Hauch von Dekadenz und Korruption im parfümierten Atem der heute wieder glitzernden Metropole bemerkbar. In den 20er- und 30er-Jahren war Du Yueshen mit seiner Grünen Bande Herrscher über Opiumhandel, Glücksspiel und Prostitution. Der Kuomintang-Regierung Chiang Kai-sheks bot er seine »Dienstleistung« an bei der Zerschlagung von Gewerkschaften, und für politischen Schutz veranstaltete er auch Massaker unter den Kommunisten. Heutzutage überfluten internationale kriminelle Vereinigungen Nachtclubs und »Relaxation-Centers« mit Designerdrogen und importierten russischen Blondinen unter dem Schutz korrupter Parteifunktionäre. Die früheren Bemühungen, nach 1949 alle Opiumsüchtigen zu resozialisieren und die Prostitution auszumerzen, haben sich in nichts aufgelöst, jetzt, da Shanghai mit blitzartiger Geschwindigkeit einer glänzenden Zukunft entgegenfährt, wenn auch im Schatten seiner berüchtigten Vergangenheit. [1] [2] Nanjing Road, *die* Einkaufsmeile Shanghais in den 90er-Jahren. [3] Das neue Einkaufs- und Unterhaltungszentrum Xintiandi (neue Welt). [4] Der Bund bei Nacht.

Die Provinz **ZHEJIANG**

KOORDINATEN
27° 01' – 31° 10' nördlicher Breite
118° 01' – 123° 08' östlicher Länge

FLÄCHE 103 600 km^2

GEOGRAFIE Zhejiang ist zu etwa 70 % bergig, vor allem der Südwesten, wo das Wuyi-Gebirge Höhen über 1500 m erreicht. Der Berg Huangyajian stellt mit 1921 m ü. M. den höchsten Gipfel der Provinz dar. Der Nordosten dagegen ist eine einzige fruchtbare Tiefebene aus Flussablagerungen, die von Wasserwegen durchzogen wird. Zahlreiche Flüsse fließen durch die Provinz wie z. B. Fuchun, Wu, Ling und Qiantang. Den Osten prägt eine raue Küste des Ostchinesischen Meers mit Hunderten vorgelagerter Inseln.

KLIMA Das subtropische Klima bringt kurze, kühle Winter und lange, heiße Sommer. Die Januartemperaturen bewegen sich bei 2 °C bis 8 °C, im Juli steigen die Temperaturen auf 27 °C bis 30 °C. Die tiefste je gemessene Temperatur ist -16 °C, die höchste 42 °C. Der Jahresniederschlag beträgt 1000 bis 1900 mm. Im Sommer wird die Provinz von Taifunen heimgesucht.

BEVÖLKERUNG 46,77 Millionen (Ende 2005)

WICHTIGE STÄDTE Hangzhou (Provinzhauptstadt), Wenzhou, Jiaxing, Zhuji, Quzhou, Ningbo, Huzhou

LANDWIRTSCHAFT An Feldfrüchten werden hauptsächlich Reis und Weizen angebaut, für den Handel Jute, Baumwolle, Tee und Maulbeerblätter für Seidenraupen. Die nördliche Tiefebene beheimatet ausgiebige Aquakulturen, wobei die Fischzucht auf Zhoushan die größte Chinas ist.

WICHTIGE INDUSTRIEZWEIGE Fertigung von mechanischen und elektrischen Geräten, Textilien, Chemie und Nahrungsmittelindustrie. Der wirtschaftliche Erfolg der Provinz basiert auf kleineren Firmen, die diese Provinz zu einer der reichsten Chinas gemacht haben.

JAHRESEINKOMMEN PRO KOPF (2005)
Verfügbares Einkommen der Stadtbevölkerung: RMB 16 294 (1548 Euro)
Nettoeinkommen der Landbevölkerung: RMB 6660 (633 Euro)

HISTORISCHE UND LANDSCHAFTLICHE SEHENSWÜRDIGKEITEN Die Tempel Baoguo, Lingyin und Qita, die Berge Putuo Shan und Tiantai, die Stadt Shaoxing, der Westliche See, der Kaiserkanal.

ESSEN Die Küche von Zhejiang ist eine der acht großen Regionalküchen Chinas. Gerichte aus Hangzhou, viele auf Basis von Fisch und Meeresfrüchten, stehen im Mittelpunkt. Zu den Spezialitäten gehören Fisch aus dem Westlichen See in süßsaurer Sauce, frittierte Shrimps mit Longjing-Teeblättern und Felchen mit fermentiertem Klebereis.

[RECHTS] Ein barfüßiger Bootsmann in Shaoxing.

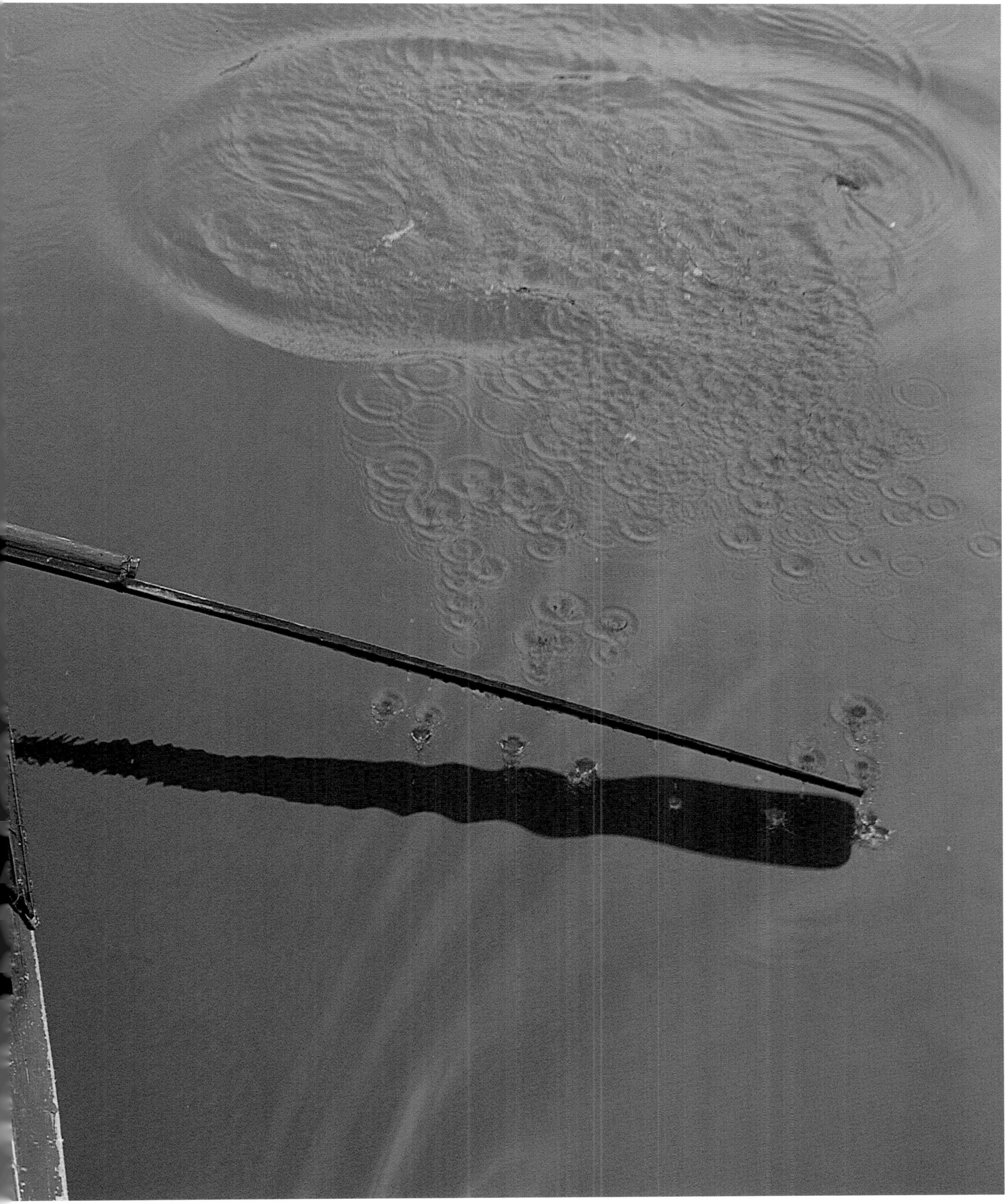

1

2

HANGZHOUS SCHICKSALSSTUNDE SCHLUG 1136, als die Jurchen aus der Mandschurei die Song-Dynastie zerschlugen, Kaifeng eroberten und den Kaiser gefangennahmen. Der Rest des Hofstaats floh nach Süden über den Yangtse und etablierte in Hangzhou die Hauptstadt der Südlichen Song-Dynastie. Der Franziskanermönch Odorich von Portenau, der Hangzhou 1320 besuchte, beschrieb sie als »großartige Stadt« und »voll Häusern mit zehn bis zwölf Stockwerken, eines über dem andern«. Marco Polo war ebenfalls bezaubert und nannte sie »eine himmlische Stadt, die prachtvollste der ganzen Welt«. Und das von einem, der aus Venedig stammt! Leider haben 1861 die Aufrührer des Taiping-Aufstands nach einer Belagerung die alte Stadt in Schutt und Asche gelegt. Xihu (der Westliche See) ist das Symbol Hangzhous und war auch Maos bevorzugter Urlaubsort. Eine seiner Betonklotzvillen wurde hier inmitten größerer Ländereien gebaut, Seeblick und Atomschutzbunker hinter dem Haus inklusive. Im Dunstschleier soll der See am bezauberndsten aussehen, [3] [4] doch leider beschränkt sich meine Erfahrung auf Ausblicke im strömenden Regen. [1] [2] Der berühmte Drachenquellen-Tee (Longjing) wird im Tal hinter den Hügeln westlich des Sees angebaut.

3

4

1

2

DIE STRASSEN VON SHAOXING

3

SHAOXING IST BERÜHMT FÜR SEINEN REISWEIN, aber die kleine, zentrale »Wasserstadt« am nördlichen Kanalsystem von Zhejiang ist noch besser bekannt als Geburtsort von Lu Xun (1881–1936), dem Begründer der modernen chinesischen Literatur. Lus erste Kurzgeschichte *Tagebuch eines Verrückten* wurde 1918 als scharfe Kritik am konfuzianischen Feudalismus veröffentlicht, der seiner Meinung nach »die Menschen in China auffraß wie ein Kannibale«. Sein berühmtestes Werk *Die wahre Geschichte des Ah Q* ging noch weiter. Das Buch war heftig umstritten, denn sein Protagonist Ah Q verkörperte all die psychologischen Einschränkungen, das philosophische Durcheinander und die Charakterschwäche der Chinesen. Mao Zedong begrüßte Lu als »Anführer der chinesischen Kulturrevolution«, während Chiang Kai-shek versuchte, ihn ins Gefängnis werfen zu lassen. Seine Bücher waren in Taiwan noch bis in die späteren 80er-Jahre verboten. In seiner Heimatstadt habe ich ein paar wunderbare Leute kennengelernt, wie zum Beispiel [1] eine Frau, die ein Entengericht nahe der Bazi-Brücke zubereitet. [2] Ein Verkäufer von Rattanmöbeln. [3] Ein Spielmannszug der VBA, der bei der Eröffnung eines Kaufhauses aufspielt.

Die Provinz **FUJIAN**

KOORDINATEN
23° 31' – 28° 19' nördlicher Breite
115° 50' – 120° 44' östlicher Länge

FLÄCHE 124 342 km²

GEOGRAFIE Fujian ist zum größten Teil bergig. Die höheren Gipfel der Wuyi-Berge bilden die Grenze zur Provinz Jiangxi im Nordwesten. Höchster Punkt ist der 2157 m hohe Huanggang in den Wuyi-Bergen. Das Küstengebiet, berühmt für Zigtausende Buchten und kleine Inseln, erstreckt sich vom Ostchinesischen Meer und der Formosa-Straße bis zum Südchinesischen Meer. Der Fluss Min Jiang mit seinen Nebenarmen durchschneidet die nördlichen und mittleren Regionen der Provinz. Weitere Flüsse sind u.a. der Jinjiang und der Jiulong.

KLIMA Fujian hat ein subtropisches Klima mit heißen Sommern und milden Wintern. Die Temperaturen bewegen sich im Januar bei 7 °C bis 10 °C an den Küstenregionen, bei 6 °C bis 8 °C in den Bergen. Im Juli liegen die Temperaturen bei 26 °C bis 29 °C. Die höchste je aufgezeichnete Temperatur ist 42,3 °C, die tiefste -4,6 °C. In den Sommermonaten kommen Taifune auf. Der Jahresniederschlag liegt bei 1400 bis 2000 mm.

BEVÖLKERUNG 33,35 Millionen (Ende 2005)

WICHTIGE STÄDTE Fuzhou (Provinzhauptstadt), Xiamen, Quanzhou, Zhangzhou

LANDWIRTSCHAFT Hauptsächlich wird Reis angebaut, daneben Süßkartoffeln und Weizen. Für den Handel werden Zuckerrohr und Raps kultiviert. Fujian ist der größte Produzent von Longan-Früchten in China und produziert auch Litschipflaumen und Tee. Meeresfrüchte, insbesondere Krustentiere, stellen einen wichtigen Exportartikel dar.

WICHTIGE INDUSTRIEZWEIGE Fujians Industrie umfasst Textilien, Eisen und Stahl, Zement, Keramik, Holz und Holzbearbeitung, Tee, Zuckerraffinerie, Meersalzgewinnung und Obstkonserven.

JAHRESEINKOMMEN PRO KOPF (2005)
Verfügbares Einkommen der Stadtbevölkerung: RMB 12 069 (1147 Euro)
Nettoeinkommen der Landbevölkerung: RMB 4318 (410 Euro)

HISTORISCHE UND LANDSCHAFTLICHE SEHENSWÜRDIGKEITEN Die Tempel Nanputo, Kaiyuan, Nanshan und Yongquan, der Wuyi-Gipfel, das Pilgerzentrum Matsu, die Städte Chongwu und Zhangzhou, die ethnische Minderheit der Huian.

ESSEN Die Küche in Fujian dreht sich vor allem um Meeresfrüchte und Süßwasserfische. Sie ist eine der acht großen Regionalküchen Chinas. Die berühmteste Spezialität ist *fotiaoqiang* (»Buddha springt über die Mauer«), ein komplizierter Meeresfrüchte-Eintopf mit Haifischflossen, Seegurken, Seeohr und Shaoxing-Wein. Viele berühmte Teesorten stammen aus Fujian, so z.B. Oolong und Jasmintee. Das Wort »Tee« geht auf ein Wort des Xiamen-Dialekts zurück.

[RECHTS] Eine Gruppe Tulou-Rundbauten in Yongding.

1

2

3

4

ZWISCHEN DEM FALL DER TANG-DYNASTIE 907 n. Chr. und dem Aufstieg der Song-Dynastie 960 n. Chr. war das Reich der Mitte ein einziges Schlachtfeld, auf dem fünf Dynastien und zehn Königshäuser um die Vorherrschaft stritten. Damals begann die Diaspora der nördlichen Han-Bevölkerung, als scharenweise Flüchtlinge aus den Hochebenen im Landesinneren in den »barbarischen« Süden zogen. Diese Vertreibung sollte 1000 Jahre lang andauern, und die Migranten wurden *hakka* (Gästefamilien) genannt. Eine Volksgruppe aus der Provinz Henan ließ sich in den entlegenen Bergen Fujians nieder und errichtete diese [1] [2] [3] einzigartigen runden Lehmbaufestungen, in denen Clans von mehreren Hundert Menschen leben konnten. Die *tulou* (Lehmbauten) wurden 1980 einer breiteren Öffentlichkeit bekannt, nachdem sie von CIA-Analysten in Satellitenaufnahmen »entdeckt« worden waren und Präsident Ronald Reagan sich erkundigte, warum China diese »neuen« Raketensilos so nahe bei Taiwan gebaut hatte. General Zheng Chenggong vertrieb 1661 zur Zeit der Ming-Dynastie die Holländer aus Taiwan und wird heute im Zusammenhang mit der »Wiedervereinigungs«-Propaganda als Held gefeiert. Überlebensgroße Statuen von ihm sind überall in der Küstenregion Fujians zu sehen. [4] [5] Bei einem Steinmetz in Quanzhou wird gerade eine neue Statue fertiggestellt.

5

1

ANDERE LINIEN DER HAKKA ließen sich an der Küste Fujians nieder und wurden Seefahrer. Sie fuhren über das ganze Südchinesische Meer und gründeten im Lauf der Jahrhunderte Niederlassungen in südostasiatischen Häfen entlang der Malaiischen Halbinsel und in ganz Indonesien. Einige von ihnen kamen aus dem Bezirk Huian [4] nahe der Stadt Quanzhou, einem wichtigen Seehafen auf der maritimen Seidenstraße in der Zeit der Song- und Yuan-Dynastien. Die typische Bekleidung der Huian-Frauen hat das Interesse von Anthropologen und Modezeichnern gleichermaßen geweckt. Übereinstimmend sehen sie darin ein Beispiel dafür, wie eine Tracht aus dem 12. Jh. – die von den Städtern in Fujian auf den Punkt gebracht wird als »feudaler Kopf, demokratischer Bauch, wirtschaftliches Hemd und großzügige Hosen« – an neue Gegebenheiten körperlicher Arbeit in Wind und Wetter angepasst wurde, ohne sich wesentlich zu verändern. Leider war ich im Winter da, und alle Frauen hatten sich gegen die Kälte eingemummt [1] [2] [3]. So gelang es mir nicht, die kurzen, bauchfreien Hemdchen zu bewundern. Auch die kunstvolle Haartracht aus der Song-Zeit konnte man unter den Kopftüchern nur erahnen.

2

3

4

Die Provinz **GUANGDONG**

KOORDINATEN
20° 13' – 25° 31' nördlicher Breite
109° 9' – 117° 19' östlicher Länge

FLÄCHE 196 891 km^2

GEOGRAFIE Guangdong ist eine maritime Provinz am Südchinesischen Meer. Die 3370 km lange Küste bietet Hunderten kleiner Fischerdörfer und Handelsniederlassungen Schutz. Im Südwesten endet Guangdong mit der Halbinsel Leizhou. Drei größere Flüsse münden im Delta des Perlflusses (Zhu) zusammen: Ostfluss, Nordfluss und Westfluss verbinden das Hinterland der Provinz mit der See. Die Provinz wird geteilt durch die Südlichen Berge, die Höhen bis zu 1902 m erreichen.

KLIMA Das Klima in Guangdong ist subtropisch mit den typischen feuchten Sommern und milden Wintern. Im Winter sinken die Temperaturen nur auf 12 °C bis 20 °C, während sie im Sommer auf über 32 °C steigen. Die tiefste je gemessene Temperatur ist -3 °C, die höchste 40 °C. Der Jahresniederschlag liegt bei 1500 bis 2000 mm.

BEVÖLKERUNG 91,94 Millionen (Ende 2005)

WICHTIGE STÄDTE Guangzhou (Provinzhauptstadt), Zhuhai, Shenzen, Dongguan, Foshan, Chaozhou, Huizhou

LANDWIRTSCHAFT Guangdong ist Chinas Hauptproduzent von Zuckerrohr sowie wichtiger Lieferant von Reis und Seide. Für den Handel werden u. a. Hanf, Tabak, Tee, tropische und subtropische Früchte und Erdnüsse angebaut. Guangdongs Fischereiindustrie verarbeitet ca. 20 % aller Fische Chinas.

WICHTIGE INDUSTRIEZWEIGE Guangdong ist ein wichtiges Zentrum für die Textil-, Bekleidungs- und Elektronikindustrie. Es gibt eine Reihe großer Ölraffinerien, Holz- und Papierfabriken, Nahrungsmittelverarbeitung, Druckereien, Zement- und Düngemittelfabriken in der Provinz.

JAHRESEINKOMMEN PRO KOPF (2005)
Verfügbares Einkommen der Stadtbevölkerung: RMB 14 770 (1402 Euro)
Nettoeinkommen der Landbevölkerung: RMB 4690 (445 Euro)

HISTORISCHE UND LANDSCHAFTLICHE SEHENSWÜRDIGKEITEN Die Gedenkhalle Sun Yat-sens, der Tempel der Sechs Banyan-Bäume, das Grab des Nanyue-Königs, die Huaisheng-Moschee, der Berg Baiyun, der Guangxiao-Tempel.

ESSEN Die kantonesische Küche ist eine der acht großen Regionalküchen Chinas. Die für sie typischen Gerichte sind klar, leicht, knackig und frisch, die bevorzugte Zubereitung ist das Dämpfen oder das Anbraten im Wok. Zu den Spezialitäten gehören *dim sum*, Shrimp-Wonton-Suppe und *char siu* (mariniertes Schweinefleisch vom Grill).

[RECHTS] Spielplatz in der 600 Jahre alten befestigten Stadt Pinghai.

1

2

3

4

WENN DER HEXI-KORRIDOR DIE AUFFAHRT ZUM GROSSEN TOR NACH CHINA darstellte, dann ist das Delta des Perlflusses der Lieferanteneingang. Römische Händler tauchten hier im 2. Jh. auf, und ab dem 7. Jh. waren indische und arabische Händler regelmäßig zu Gast. Die Portugiesen waren die ersten Europäer, die 1557 auf chinesischem Boden in Macao Fuß fassen konnten, doch sollten die Briten, die 1625 die chinesische Küste erreichten und schließlich 1842 Hongkong »erstanden«, die Geschichte des Flussdeltas am nachhaltigsten prägen. Dieses goldene Dreieck im Süden Chinas gehört zusammen mit Guangzhou zu den am schnellsten wachsenden Wirtschaftsregionen, doch muss man nicht weit ins Landesinnere gehen, um zu sehen, dass nicht alle an diesem Boom teilhaben. [1] Trotz des phänomenalen Wachstums von Guangdong müssen die Bewohner Pinghais – einem befestigten Städtchen, das 1385 zum Schutz gegen Banditen und Piraten erbaut wurde – immer noch ihr Wasser vom Stadtbrunnen holen. [2] Bauern vor Houmen pflanzen Kartoffeln für eine Nobelrestaurantkette in Hongkong an. [3] Die Fischereiflotte von Houmen kehrt vom Südchinesischen Meer in den Hafen zurück. [4] Eine Fischzucht vor Zhongshan. [5] Eine alte Frau wohnt allein im Dorf Sanmenli.

5

DER NEUE ALTE SOMMERPALAST

1

2

3

4

DIE PLÜNDERUNG UND ZERSTÖRUNG DES YUANMING YUAN (Alter Sommerpalast) in Beijing durch marodierende britische und französische Truppen während des Zweiten Opiumkriegs 1860 ist für die meisten Chinesen die Erinnerung an ein unrühmliches Kapitel in der Geschichte ihres Landes. Mit Ausnahme der »genialen« Initiatoren des »Neuen Yuanming-Palastes« in Zhuhai. Ihre abstruse Idee für einen Themenpark zu ausgerechnet dieser nationalen Tragödie eröffnet ganz neue Dimensionen in Sachen Kitsch. Hat man es erst einmal an der »Konkubine« bei der Eintrittskartenkontrolle vorbei geschafft, die verführerisch über das [2] Drehkreuz wacht, kann man sein Schicksal im [3] Amphitheater herausfordern. Dort riskiert man nämlich, als Qing-Kaiser auf die Bühne gelotst zu werden, um sich eine endlose halbe Stunde lang live vor anderen Touristen bis auf die Knochen zu blamieren in [1] »Der Kaiser erwählt eine neue Gemahlin«, ein richtiger Härtetest für die eigene Leidensfähigkeit. Danach kann man [5] zu den Miniatur-Rekonstruktionen der »Europäischen Paläste« hinüberschlendern und sich eine herzzerreißende Seifenopern-Inszenierung der Hochzeit von Kaiser Qianlong mit seiner Lieblingskonkubine, der Uigurenprinzessin Xianfei, zu Gemüte führen. [4] Nach all dem fiel mir ein Stein vom Herzen, als ich die Empfangsdamen im Hotel wiedersah.

5

Sonderverwaltungszone (SVZ)

HONGKONG

KOORDINATEN
22° 15' nördlicher Breite
114° 10' östlicher Länge

FLÄCHE 1092 km²

GEOGRAFIE Hongkong besteht aus 263 Inseln vor dem Delta des Perlflusses im Südchinesischen Meer, der Halbinsel Kowloon und den New Territories. Der Fluss Shenzen trennt Hongkong vom chinesischen Festland. Das Gebiet ist hügelig bis bergig. Der Taimo Shan ist mit 958 m der höchste Gipfel der SVZ.

KLIMA Subtropisch und vom Monsun beeinflusst, bietet das Wetter kühle, trockene Winter und heiße, feuchte Frühjahrs- und Sommerperioden. In Sommer und Herbst treten Taifune auf. Die Durchschnittstemperatur im Januar liegt bei 16 °C und im Juli bei 28 °C. Die höchste je gemessene Temperatur ist 40 °C, die tiefste 0 °C. Jahresniederschläge liegen zwischen 2225 und 3000 mm.

BEVÖLKERUNG 6,9 Millionen (Schätzung 2006)

LANDWIRTSCHAFT Kleinere Mengen Reis und verschiedene Gemüse werden in der SVZ angebaut, doch die meisten Nahrungsmittel werden aus China und anderen Ländern importiert. Die Fischerei Hongkongs kann den regionalen Bedarf nicht decken.

WICHTIGE INDUSTRIEZWEIGE Hongkong ist eines der großen Zentren Asiens für Warenumschlag, Dienstleistungen und Handel. Transport, Bankwesen, Versicherungen, Tourismus, Medien und Unterhaltung sind die dominierenden Wirtschaftsbereiche. Die Fertigungsindustrie umfasst Textilien und Bekleidung, Plastik, elektrische und elektronische Geräte, Haushaltsgeräte, Metall- und Kautschukprodukte, Chemikalien, Uhren, Schmuck und Spielzeug.

JAHRESEINKOMMEN PRO KOPF (2005)
BIP pro Kopf: 17 675 Euro
BIP-PPP pro Kopf: 23 702 Euro

HISTORISCHE UND LANDSCHAFTLICHE SEHENSWÜRDIGKEITEN Hongkong ist vor allem berühmt für seine Einkaufsmöglichkeiten und seine Restaurants, weniger für kulturelle oder historische Sehenswürdigkeiten. Der Berggipfel der Insel Victoria und das Kloster Po Lin auf Lantau sind lohnende Ausflugsziele.

ESSEN In Hongkong wird kantonesisch gekocht. Spezialitäten sind u. a. Wonton-Nudeln, *congee*-Reissuppe, *dim sum*, auf dem Holzkohleofen gegrillte Gans, Ente, Taube oder Schweinelende und Haifischflossensuppe.

[RECHTS] Die Spitze des internationalen Finanzzentrums, des höchsten Gebäudes Hongkongs, liegt auf gleicher Höhe wie die Bergstation der Zahnradbahn zum Victoria Peak.

DER DSCHUNGEL AUS GLAS UND STAHL

1

AM 1. JULI 1997 wurde bei sintflutartigem Regen ein reichlich nervöses Hongkong an China zurückgegeben, da der für 99 Jahre geschlossene Pachtvertrag für die New Territories abgelaufen war. Als Sonderverwaltungszone unter der Maxime »Ein Land, zwei Systeme« soll die ehemalige britische Kronkolonie mindestens 50 Jahre lang unverändert weiterbestehen können und »ein hohes Maß an Autonomie« genießen. Doch war von Anfang an klar, dass die neue »Marionettenregierung« ohne Beijings Erlaubnis noch nicht einmal pinkeln gehen durfte. Auch war die Wahl des Verwaltungschefs durch den »Shanghai-Klüngel« recht unglücklich, da sie offensichtlich mehr auf dem richtigen Stallgeruch als auf Kompetenz beruhte. So kam es, dass Hongkong in den 90er-Jahren in der Finanzkrise Asiens unnötig schwere Zeiten erlebte. Trotz dieser Rückschläge ist wegen der Unzuverlässigkeit von Chinas Banken und Gerichtsbarkeit Hongkongs Rolle als Handels- und Bankenzentrum für den China-Handel vorläufig sicher, und [1] [3] [4] die weltberühmte Skyline wird weiterhin Höhen erreichen, [2] von denen man vor der Rückgabe nur hätte träumen können.

2

3

4

DIE DYNAMIK DER HONGKIES

1

2

3

AUS DEM GELASSENEREN SINGAPUR stammt der etwas geringschätzige Ausdruck »Hongkie« für die aggressiven Hongkonger Migranten, die man vor der Rückgabe 1997 dazu ermutigt hatte, sich im konfuzianischen Staat niederzulassen. Die Neuankömmlinge wirkten rastlos bis zur Erschöpfung, und ihr Ehrgeiz grenzte an Irrsinn. Aber ich als Hongkie muss zu unserer Ehrenrettung beitragen und unseren wahren Nationalcharakter hinter der Fassade erklären. Unsere positiven Eigenschaften sind Fleiß, Zähigkeit und Kreativität. Auf der Negativseite kann man uns Gerissenheit, Egoismus und Gewinnsucht vorwerfen. Unsere Gesellschaft besteht aus den Nachfahren von Flüchtlingen, die uns den Kampfgeist vererbt haben, mit dem sie an den äußersten Zipfel des Kaiserreichs geflohen sind mit nur der Wahl zwischen emporkommen oder im Meer ertrinken. [1] Am Man-Mo-Tempel auf der Hollywood Road wird um Glück gebetet. [2] Jackie Chan ist wahrscheinlich Hongkongs berühmtester Exportartikel und Inbegriff der Dynamik Hongkongs. Hier wird er nach einer Verletzung »behandelt«, die er bei einem seiner berühmten Stunts abbekommen hat. [3] Telefoniert die Hakka-Arbeiterin mit ihrem Makler? [4] Eine Elevin an der Akademie der darstellenden Künste.

Sonderverwaltungszone (SVZ)
MACAO

KOORDINATEN
22° 06' – 22° 03' nördlicher Breite
113° 31' – 113° 35' östlicher Länge

FLÄCHE 27,5 km²

GEOGRAFIE Macao besteht aus einer Halbinsel und den beiden Inseln Taipa und Coloane, die miteinander durch Brücken und einen Damm verbunden sind. Die Halbinsel liegt zwischen der Mündung des Zhujiang-Flusses im Osten und des Xijiang-Flusses im Westen. Die SVZ grenzt an Chinas Sonderwirtschaftszone Zhuhai und liegt 70 km südwestlich von Hongkong. Über 60 % der Landmasse Macaos wurde durch Landaufschüttung gewonnen, sodass das dicht besiedelte Gebiet meist flach ist und tief liegt. Höchster Punkt ist der Songshan mit 91 m.

KLIMA Macaos Klima ist subtropisch bei milden Wintern und heißen, feuchten Sommern. Im Januar liegen die Temperaturen bei 10 °C bis 15 °C, im Juli bei 28 °C bis 33 °C. Die höchste je gemessene Temperatur ist 38,9 °C, die tiefste -1,8 °C. Die jährlichen Niederschläge liegen bei 1900 mm. Zwischen Juli und November können Taifune auftreten.

BEVÖLKERUNG 509 000 (Schätzung 2006)

LANDWIRTSCHAFT Nur 2 % des Gebiets von Macao werden kultiviert, meist mit Gemüseanbau. Die Fischerei konzentriert sich auf Krebse und Krabben für den Eigenbedarf. Ansonsten bezieht das Land Nahrungsmittel durch Importe, hauptsächlich aus China.

WICHTIGE INDUSTRIEZWEIGE Macaos Wirtschaft lebt hauptsächlich vom Tourismus, vor allem vom Glücksspieltourismus in den Casinos. Weitere Industrien umfassen Textilien und Bekleidung, Spielzeug und Elektronikartikel.

JAHRESEINKOMMEN PRO KOPF (2005)
BIP pro Kopf: 16 600 Euro
Durchschnittliches Einkommen:
MOP$ 66 000 (6200 Euro)

HISTORISCHE UND LANDSCHAFTLICHE SEHENSWÜRDIGKEITEN Die Ruine der Kathedrale St. Paul, Festung und Leuchtturm von Barra, der A-Ma-Tempel, die Insel Coloane.

ESSEN Das Essen in Macao wird beeinflusst von Küche und Gewürzen der Kantonesen, Portugiesen, Malaien, Inder, Brasilianer und Afrikaner. Zu den Spezialitäten gehören brasilianischer *feijoada*, ein Bohn-und-Wursteintopf, gegrillte Sardinen aus Portugal, Huhn à la Moçambique und Chilikrabben von der Malaiischen Halbinsel.

[RECHTS] Ein früherer Gurkha-Soldat, der als römischer Zenturio verkleidet vor dem neuen Casino in Macaos »Fisherman's Wharf« Wache steht.

1

2

3

4

LAS VEGAS DES OSTENS

5

NACH 442 JAHREN UNTER PORTUGIESISCHER HERRSCHAFT ging Europas älteste Kolonie in Asien 1999 an China zurück. Mit der Hoheitsgewalt endete auch das Monopol der Familie Ho über die Glücksspielkonzession, da Beijing kurzerhand die SVZ internationalen Glücksspielkonsortien öffnete. Schon bald schossen riesige Casinos im Las-Vegas-Format wie Pilze aus dem Boden und Privatjets drängelten sich auf dem internationalen Flughafen. Millionenfach strömten Spieler vom chinesischen Festland in die Enklave, darunter nicht wenige Regierungsbeamte, die ihr Glück mit öffentlichen Geldern versuchten. Das Wachstum der Stadt sollte die wildesten Spekulationen übertreffen, und Ende 2006 überholte Macao Las Vegas als größtes Glücksspielzentrum der Welt. [1] Dekorationen zum chinesischen Neujahrsfest vor dem Wahrzeichen von Macao, der Fassade der Kathedrale St. Paul. [2] Angeregte Unterhaltung in der Hauptverkehrszeit. [3] Ein kleiner chinesischer Tempel hinter der Ruine von St. Paul. [4] Renovierte traditionelle Macao-Häuser entlang der alten Uferpromenade auf der Insel Taipa. [5] »Dr. Ho schlägt zurück« mit dem Bau des neuen Vorzeigecasinos *Lisboa Hotel*.

Die Provinz **HAINAN**

KOORDINATEN
20° 20' – 35° 08' nördlicher Breite
108° 37' – 117° 50' östlicher Länge

FLÄCHE 33 940 km²

GEOGRAFIE Hainan ist Chinas größte Insel. Guangdongs Leizhou-Halbinsel liegt nördlich gegenüber an der Meerenge von Qiongzhou, der Golf von Tonkin liegt im Westen und das Südchinesische Meer im Süden und Osten. Die höchste Erhebung ist der Wuzhi (1876 m). Die wichtigsten Flüsse sind der Nandu mit seinem Nebenfluss Xinwu im Norden, der Changua im Westen und der Wanquan im Osten.

KLIMA Hainan liegt im tropischen Monsungürtel, wobei an der Ostküste Taifune auftreten können. Es gibt praktisch keinen Winter. Die Temperaturen liegen im Januar bei 16 °C bis 23 °C und in den heißen Sommern bei 25 °C bis 29 °C im Juli. Die höchste gemessene Temperatur ist 41,1 °C, die tiefste -1,4 °C. Die Jahresniederschläge liegen bei 1500 bis 2500 mm.

BEVÖLKERUNG 8,28 Millionen (Ende 2005)

WICHTIGE STÄDTE Haikou (Provinzhauptstadt), Sanya

LANDWIRTSCHAFT Hauptsächlich werden Reis, Kokosnüsse, Ölpalmen, Sisal, tropische Früchte, Kaffee, Tee und Zuckerrohr angebaut. Hainan ist die einzige Provinz Chinas, in der Kautschuk gewonnen wird, außerdem wird tropisches Hartholz geschlagen. Die Fischereiflotte der Insel befischt große Gebiete und trägt beträchtlich zum Einkommen der Insel bei.

WICHTIGE INDUSTRIEZWEIGE Hainan ist reich an Mineralien. Außerdem lagern große Öl- und Erdgasfelder im Golf von Tonkin, und 70 % von Chinas Reserven an hochwertigem Eisenerz und Titan stammen von der Insel. Der Tourismus hat sich in den letzten Jahren schwerpunktmäßig entwickelt.

JAHRESEINKOMMEN PRO KOPF (2005)
Verfügbares Einkommen der Stadtbevölkerung: RMB 8124 (771 Euro)
Nettoeinkommen der Landbevölkerung: RMB 3004 (285 Euro)

HISTORISCHE UND LANDSCHAFTLICHE SEHENSWÜRDIGKEITEN Die Tempel Wugong (Tempel der Fünf Beamten) und Lord Su, die Akademie für klassische Studien, das Grab von Qiu Jun, die Stadt Yazhou, die Festung Barbette in Xiuying, die Strände.

ESSEN Die Küche Hainans ist stark von der kantonesischen Küche beeinflusst, doch lassen sich auch Einflüsse der vietnamesischen und Hakka-Küche entdecken. Die vier berühmtesten Spezialitäten sind Wenchen-Hühnchen, Jiaji-Ente, Dongshan-Ziege und Hele-Krebs.

[RECHTS] Zum Trocknen ausgelegter Fisch am Strand von Meilian an der Westküste.

1

DIE TATSACHE, DASS WENCHEN-HÜHNCHEN – aus dem sich Singapurs Nationalgericht Hainan-Hühnerreis entwickelt hat – Hainans einziger wichtiger kultureller Beitrag weltweit ist, sagt eigentlich schon alles über diese größte Insel und kleinste Provinz Chinas. 1988 unternahm die Zentralregierung den Versuch, dies zu ändern, und pumpte Unmengen Geld in die Entwicklung der Insel. Hier gilt jedoch das Sprichwort »Die Berge sind hoch, und der Kaiser ist weit weg«. Die Millionen an Investitionen aus Beijing haben keine nennenswerte Industrie aufgebaut oder die Infrastruktur verbessert. Stattdessen ist Hainan übersät mit halbfertigen Bauruinen von Fabriken und berüchtigt für den größten Schmuggelskandal in der Geschichte der kommunistischen Volksrepublik – in den Zoll, Polizei, das Militär und einige Regierungsabteilungen verwickelt waren. Diese eklatante Korruption hat in Beijing eine landesweite Dauerkampagne gegen Bestechung ausgelöst. [1] Die Windanlage Dongfang an der Westküste. [2] Eine alte Fischerfrau im Dorf Meilian. [3] Netze werden mit Händen und Füßen geflickt. [4] Mittagessen bei einer Fischerfamilie auf dem Hausboot. [5] Fischerboote im Taifun-Schutzhafen am Westufer des Flusses Sanya.

2

3

4

5

SONNENPARADIES FÜR WINTERFLÜCHTER

1

BIS VOR KURZEM HATTE HAINAN SEINEN LANDESHERREN IM NORDEN nichts weiter zu bieten als einen abgelegenen, ungastlichen Ort, an den man seine Feinde verbannen konnte. Eines Tages fand jemand, dass am Strand liegen und mit kleinen Schirmchen verzierte Cocktails zu trinken, während einem dabei die Sonne auf den Pelz brannte, gar nicht so schlecht war. Ab da reiste der Jetset an, und das Schicksal nahm seinen Lauf. Scharen chinesischer und russischer Touristen aus dem kalten Norden überwintern an den endlos langen, goldenen Stränden unter wiegenden Palmen. Der Umsatz, den sie der Insel bescheren, macht heute 80 % der Wirtschaft Hainans aus. In der Tourismusbranche wird Hainan gerne »Hawaii des Ostens« genannt – ein Slogan, der offensichtlich gerade im fernen Osten Russlands gut angekommen ist. Wenn in den Wintermonaten die Temperaturen in Sibirien bei -30 °C liegen, fliegen täglich Aeroflot-Charterflugzeuge aus Wladiwostok ein und landen in Sanya an der Südküste. [2] [3] Hier erwarten die sibirischen »Flüchtlinge« die schönsten Strände und größten Badeorte mit der Aussicht auf heiße Sonne, billigen Alkohol und frische Meeresfrüchte. [1] Gleichzeitig leben die Menschen in den Dörfern direkt neben den Badeorten ihr eigenes Leben wie in einer Parallelwelt.

2

3

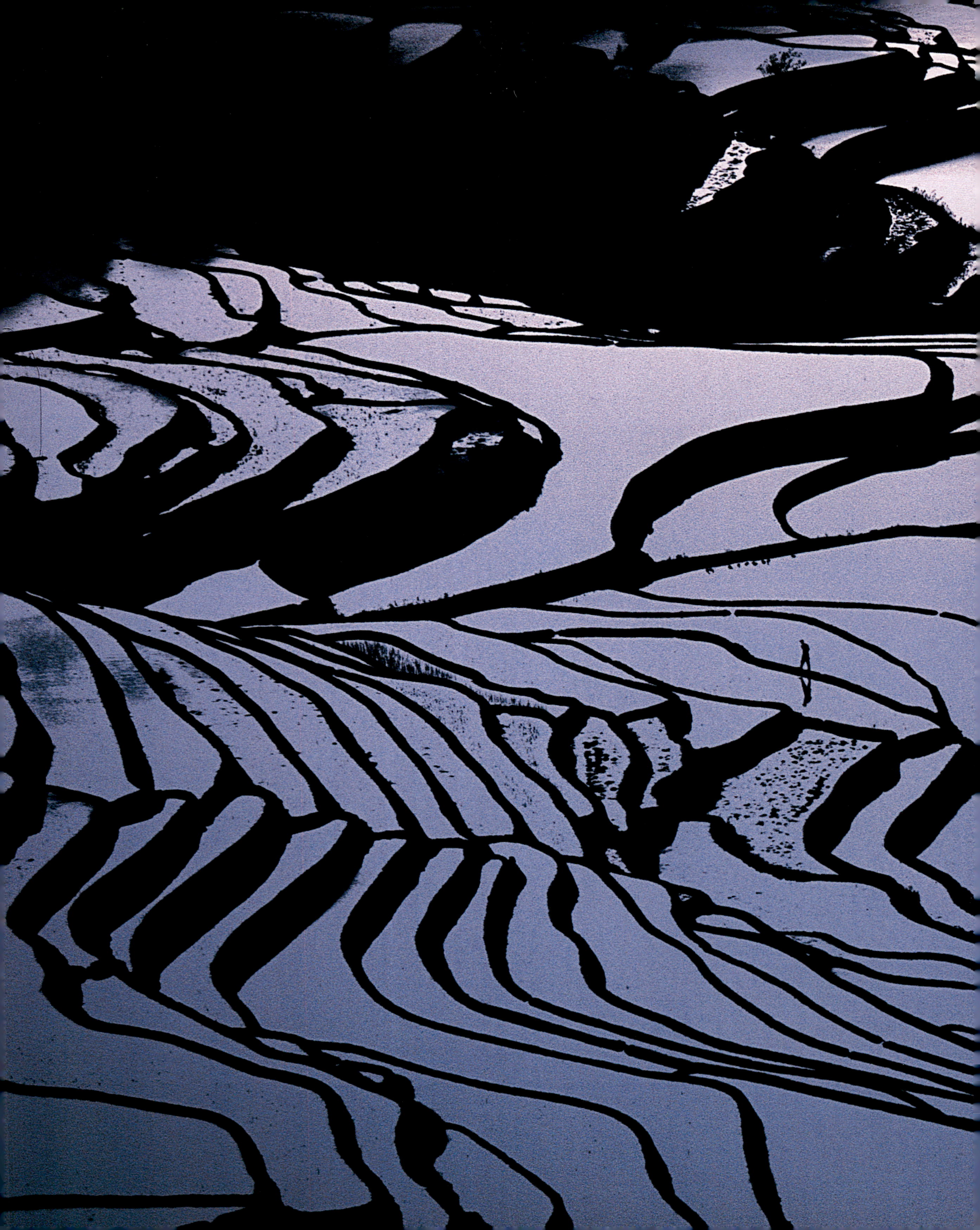

UNTER BERGSTÄMMEN

Eine langstielige Rose in einer eleganten, weißen Porzellanvase begrüßt mich in meinem Hotelzimmer in der entlegenen Kleinstadt Rongjiang in den Bergen von Guizhou. Als ich die Vase von der Kante weg zur sicheren Mitte des Schreibtischs rücken will, merke ich, dass die Rose aus rotem Krepp zusammengebastelt ist. Vom langen Stängel aus demselben Material, nur in Grün und um einen Draht gewickelt, stehen zwei Blättchen aus Plastik linkisch ab. Die Vase ist eine Nummer zu klein für diese langstielige »Blume«, doch sie ist wunderschön in ihrem klassischen Design, oft zu sehen auf Gemälden und Statuen in den anmutigen Händen der Göttin der Gnade, Guan Yin, die geweihtes Wasser versprengt, um die Sünden und Schwächen der Menschheit zu vergeben. Ich werfe die Kamera aufs Bett und sehe mir das Zimmer etwas genauer an. Dabei wird mir klar, dass nicht einmal geweihtes Wasser etwas gegen die Trostlosigkeit von Zimmer 209 des Elektrizitätswerkhotels ausrichten könnte. Kein Reinigungsmittel vor Gott und der Welt könnte zum Beispiel den unbeschreiblichen Dreck aus diesem Teppichboden entfernen. Dieser Teppichboden lebt! Er ist ein Kunstwerk, eine Performance, ein Happening, auf dem getreulich und wahrhaftig die ganze Geschichte eines jeden Verschüttens, Schmierens und Spuckens seit der Eröffnung des Hotels aufgezeichnet ist. Wenn man auch durchaus geneigt sein könnte, den künstlerischen Wert dieses Teppichbodens zu würdigen – ähnelt er doch im Zwielicht einem späten De Kooning oder frühen Pollock –, so würde doch nur ein vollkommen Verrückter allen Ernstes barfuß darauf herumlaufen wollen.

Nun möchte ich das Licht anschalten, damit ich auspacken kann. Auf einer Leiste zwischen den beiden Einzelbetten wird die stolze Auswahl zwischen »Linke Nachttischlampe«, »Zimmerlicht«, »Ganglicht«, »Schreibtischlicht«, »TV«, »Bitte nicht stören« und »Rechte Nachttischlampe« angeboten. Ich knipse alle Schalter nacheinander an, aber nicht einer davon funktioniert, außer dem für »Bitte nicht stören«, der die »Linke Nachttischlampe« ausknipst – die einzig funktionierende Lichtquelle des Zimmers –, sodass ich im Stockdunkeln stehe. Dann versuche ich, den riesigen, nagelneuen *Konka*-Fernseher einzuschalten, aber natürlich passiert nichts. Ein Blick hinter den Schreibtisch zeigt mir den Stecker auf dem Boden, neben einem nackten Loch in der Wand, in dem bestimmt einmal eine Steckdose untergebracht war.

Mit lautem Klopfen wird die Türe aufgerissen, und zwei Männer dringen ins Zimmer, gefolgt von Wilson, meinem Kontaktmann vor Ort. Sie diskutieren heftig miteinander, und zwar in diesem absolut unverständlichen Dialekt des hintersten Guizhou. Ohne zu grüßen oder mir irgendwelche Beachtung zu schenken, zwängen sie sich alle in mein Bad und verschwinden hinter der limonengrünen Türe. Ich stecke den Kopf hinein, um zu sehen, was sie da machen. Ein rotes Licht flackert an der Seite des gigantischen grünen Wasserboilers, der in einer Ecke unterhalb der niedrigen Decke montiert ist. Die beiden Männer, in zum Verwechseln ähnlichen formlosen, dunkelbraunen Monturen, sortieren eifrig einen Kabelsalat, der über ihren Köpfen aus einem Loch in der gekachelten Wand herausquillt.

Plötzlich fangen alle an zu fluchen und herumzuhüpfen, als Wasser aus dem blauen Ziehharmonikaschlauch spritzt, der unterhalb des Waschbeckens lose herumhängt und nirgendwo angeschlossen zu sein scheint. Schnell überflutet das Wasser den Boden und läuft an den Füßen der Männer entlang in die Hock-Toilette, die – Gott weiß warum – direkt unterhalb der Duschvorrichtung im Boden eingelassen ist. Aus der Wassermenge zu schließen, muss der Gast im Zimmer über mir gerade seine Wäsche oder seinen Hund im Waschbecken ausspülen. Endlich bleibt das kleine rote Licht an, die Männer stapfen genauso unhöflich hinaus, wie sie hereingekommen sind, und schütteln abschließend ihre nassen Füße an der Türe aus. Wilson kündigt voller Stolz an, dass in etwa einer Stunde das Wasser heiß sein wird.

Ich stehe noch eine Weile an der Tür zum Bad, hypnotisiert von den wässrigen, schwarzen Schuhabdrücken auf dem feucht glänzenden Boden und der Absurdität der Szene, die sich gerade abgespielt hat. Aus dem

[LINKS] Ein Kormoran am Li Jiang in Yangshuo. [VORANGEHENDE SEITEN] Terrassenfelder von Yuanyang in Yunnan.

Schlauch unter dem Waschbecken läuft immer noch Wasser, und ich frage mich, ob alle Waschbecken in den Zimmern über mir in meine Toilette ablaufen. »Wo sind eigentlich deine Abflussrohre hingekommen?«, frage ich das Waschbecken. »Hat die jemand geklaut, oder hat es die nie gegeben?« Am Ende beschließe ich, lieber eine weitere Nacht ungewaschen zu bleiben, als mich dem Risiko auszusetzen, beim Duschen in die Toilette zu fallen. Morgen sind wir in Kaili in einem Vier-Sterne-Hotel.

Dafür, dass das Hotel dem örtlichen Elektrizitätswerk gehört, ist recht wenig Saft da. Ich muss meine Stirnlampe einschalten, um mich im angrenzenden Elektrizitätsrestaurant zurechtzufinden, da die Hotellobby zappenduster ist, abgesehen vom flackernden Licht eines kleinen Fernsehers, der unter der Empfangstheke versteckt ist und gespenstische Schatten auf ein halb in einen schweren Armeemantel vergrabenes Gesicht wirft. Die Enthüllung, dass das Hotel erst zwei Jahre alt ist, erschüttert mich angesichts des fortgeschrittenen Verfallszustands. Zwei Bedienungen im Restaurant weihen mich in das Geheimnis der künstlerischen Teppichbodengestaltung ein, als sie großzügig mit Mopp und Eimern herumpritscheln und den Dreck mit meisterlichem Schwung immer tiefer in den Teppichboden im Flur hineinwischen. Als ich später auf Zehenspitzen über das abstrakt-expressionistische Kunstwerk zu meinem Bett hinübergehe und mir überlege, mit welchen Krabbeltierchen ich es wohl teilen werde, kommt es mir vor, als sei dies das kümmerlichste Hotelzimmer, in dem ich je übernachtet habe. Es ist nicht nur deprimierend, weil nichts funktioniert – schließlich habe ich einen großen Teil meiner Reisen in Zelten oder Hütten verbracht, die weder Lichtschalter noch Waschbecken hatten –, sondern weil es all das repräsentiert, was in diesem fehlgeleiteten Verlangen nach »Modernität« schiefgehen kann. In den Herzen und Hirnen dieser Kleinstadtfunktionäre geistert die Idee des »Massentourismus« und der Reichtümer herum, die sich damit verdienen lassen. Investitionen in Millionenhöhe wurden an Hotels wie diesem hier vergeudet. Nun stehen diese vollkommen nutzlosen Fremdkörper leer, verkommen, fremdartig und unbeachtet in der Landschaft, denn kein Reisebus wird sich je in diese entlegene Gegend verirren. Man wollte auf Teufel komm raus beweisen, dass man nicht rückständig war, und hat doch genau das Gegenteil erreicht.

Guizhou gehört zu den ärmsten Provinzen des Landes und ist, vielleicht dank dieser unglücklichen Tatsache, eine der faszinierendsten und unberührtesten Gegenden Chinas. Anders als seine Nachbarn mit den einheimischen Bergdörfern besitzt es keine nennenswerte Tourismusindustrie. Im Süden liegt Guangxi mit seinem Scheinenden Fluss (Li Jiang), den surrealen Karstgipfeln und den Touristenmekkas Guilin und Yangshuo an Anfang und Ende einer spektakulären Schiffsreise. Yunnan im Westen ist bekannt als eines der Haupt-Touristenziele des Landes mit schneebedeckten Himalajagipfeln im Norden und üppigen Tropendschungeln im Süden. Die Bergregionen in Chinas Südwesten sind Heimat von mindestens 30 offiziell anerkannten ethnischen Minderheiten und 100 kleineren, nicht anerkannten Gruppen. Außerdem gibt es dort die ältesten menschlichen Spuren Chinas zu sehen (ca. 1,75 bis 2,5 Millionen Jahre alt), die bei Yuanmou in Yunnan entdeckt wurden. Im Laufe der Geschichte war diese Region immer nur bedingt unter der Kontrolle der Regierungen im Norden gewesen. Die Armeen der Qin-Dynastie haben Guangxi zwar 214 v. Chr. erobert, und auch Guizhou wurde zwischen 206 v. Chr. und 220 n. Chr. in das Han-Imperium eingegliedert. Doch in der Tang-Periode, zwischen dem 7. und 10. Jh., entstand in Dali das mächtige Königreich Nanzhao, in dem das Volk der Bai über ein Reich herrschte, das sich über das Plateau hinweg erstreckte und den größten Teil Südwestchinas sowie Teile des heutigen Vietnam, Laos, Thailand und Burma umfasste. Von hier aus kontrollierten sie die südlichen Handelsrouten der Seidenstraße nach Indien und Südostasien. Dem nachfolgenden kleineren Königreich Dali gelang es bis ins 13. Jh. hinein, der großkaiserlichen Macht zu widerstehen, bis es dann den Kriegern des mächtigen Kublai Khan unterlag und in das mongolische Reich eingegliedert wurde. Im Zeichen des Massentourismus verschwindet das Nanzhao-Erbe zusehends. Sein bedeutendstes Denkmal, die ehemalige Hauptstadt Dali, wird gerade zu Tode renoviert. Vor nicht allzu langer Zeit war ich in der Touristenmeile dieser berühmten befestigten Stadt und trank einen Cappuccino in einem Straßencafé genannt Tai Bai Pavillon, während indische Musik aus dem Restaurant heraussäuselte. Kaum hatte ich mich gesetzt, als Techno-Pop der härtesten Sorte aus dem »Tang Dynastie Bar & Grill« auf der anderen Straßenseite herüberwummerte und ein Arbeiter weiter unten auf der Straße seine Motorsäge mit Gusto zum Einsatz brachte, weil er, wenn es sein musste auch in Überstunden, die neue Bar fertigstellen wollte. Gleichzeitig saß ein alter Mann an einer Straßenecke und spielte *Mond, der sich in zwei Quellen spiegelt*, das traurigste und herzzerreißendste Lied im Repertoire der Erhu – der zweisaitigen Geige –, und Rucksacktouristen wanderten zusammen mit chinesischen Touristengruppen durch diese Kakofonie unter einem leuchtenden Vollmond und blinkenden Neonlichtern.

Die Einheimischen der Provinzen Guangxi, Guizhou und Yunnan und die Bergstämme ihrer südostasiatischen Nachbarn über dem Roten Fluss haben gemeinsame Vorfahren, ebenso wie ein gemeinsames Erbe an Sprache, Trachten, Brauchtum und Traditionen. Einige Menschen in diesen Provinzen teilen mit ihren Vettern auch den beneidenswerten Ruf, sich als Einzige auf der ganzen Welt durch den gesamten chinesischen Tierkreis einmal durchgefuttert zu haben. Was das Jahr des Affen, der Ratte (große Feld- und Hausmäuse), des Tigers (die gesamte Katzenfamilie) und den Drachen (einem Iguana ähnliche Riesenechse) betrifft, kennt man hier keine Hemmungen, gegenüber Schlange und Hund sowieso nicht, denn die sind hiesige Spezialitäten. Einmal spazierte ich ganz in der Nähe des äußerst passend benannten »Einzigen Supermarkts« (weiyi = einzig) an einem Lokal in einem Außenbezirk Kailis vorbei, dessen Eigentümer gerade seine Eintopfspezialität in tönernen Schmortöpfen zubereitete. Auf dem Tresen neben dem Ofen stand die hyperrealistische, lebensgroße Gipsabbildung eines Schäferhunds, dem die rosa Zunge aus dem Maul hing. Um den Hals hatte er ein handgeschriebenes Schild mit den chinesischen Zeichen: »Iss mich, das ist gesund.«

In einem anderen Hotelzimmer irgendwo in den Bergen fand ich einmal eine Broschüre in einer Ledermappe, in der Folgendes zum Hotelgarten stand: »Die alle Blumen spucken das Nette, in wirklich das ganze Ökosystem ganze Geisteswissenschaften ganze Natur innewohnen, zu halten die lebhafte Umgebung des Abbilds. Ruhig und freundlich still, die Umgebung des Erfreulichen erfrischt die Person, lässt dich zurückkehren zurück der Natur, Erlösung wahr ich.« Ich möchte mich hier nicht über den armen Übersetzer lustig machen, sondern nur zeigen, was passiert, wenn man einen chinesischen Text Zeichen für Zeichen und in Original-Reihenfolge übersetzt. Doch wir alle kennen die Litanei amerikanischer Slang-Begriffe, die nach und nach im *Oxford English Dictionary* Einzug gehalten haben, und exzentrische Sprüche auf Japanisch-Englisch, die als T-Shirt-Aufdrucke und sonst wie Allgemeingut geworden sind. Und wer weiß, wenn man mal von der wahrscheinlichen Entwicklung ausgeht, dass sich im Zuge des wachsenden wirtschaftlichen und politischen Einflusses auch die chinesische Kultur stärker verbreiten wird, ob sich nicht diese seltsame Grammatik von heute zu einer coolen Art von »New-Speak« entwickelt oder sich sogar in der Literatur unserer Kindeskinder in 100 Jahren einmal durchsetzen wird. Eines steht jedenfalls fest: Zukünftige Generationen von Architekturstudenten werden auf keinen Fall eine Bildungsreise nach Rongjiang machen, um sich das dortige Elektrizitätswerkhotel anzusehen.

Autonome Region
GUANGXI

KOORDINATEN
20° 54' – 26° 23' nördlicher Breite
104° 29' – 112° 13' östlicher Länge

FLÄCHE 220 150 km²

GEOGRAFIE Guangxi wird von Bergen beherrscht. Das Nanling-Gebirge und die kleineren Haiyang- und Yuecheng-Berge grenzen die Provinz nach Nordosten ab. In der Mitte erheben sich die Dayao- und Daming-Berge, im Norden die Gebirge Duyao und Fenghuang, und das Yunkai-Gebirge bildet die Grenze nach Süden. Die Durchschnittshöhe der Provinz liegt bei 1000 m, der höchste Gipfel ist der Berg Maoer mit 2141 m im Yuecheng-Gebirge. Der schiffbare Xi-Fluss (West-Fluss) mit seinen vielen Nebenflüssen fließt durch die Provinz.

KLIMA Guangxi ist subtropisch mit milden Wintern und heißen Sommern. Die Temperaturen liegen im Januar bei 6 °C bis 15 °C, im Juli bei 23 °C bis 28 °C. Die tiefste je gemessene Temperatur ist -6 °C, die höchste 42 °C. Der Jahresniederschlag liegt bei 1250 bis 1750 mm.

BEVÖLKERUNG 49,25 Millionen (Ende 2005)

WICHTIGE STÄDTE Nanning (Provinzhauptstadt), Beihai, Guilin, Liuzhou

LANDWIRTSCHAFT Hauptsächlich werden Reis, Futtermais, Süßkartoffeln, Weizen, Zuckerrohr, Erdnüsse, Tabak und Kenaf (für die Papierherstellung) angebaut. Guangxi liegt in einer Region, in der zwei Jahresernten erzielt werden können, aber aufgrund des gebirgigen Terrains können nur 10–15 % des Landes bebaut werden. Die Fischereigründe im Golf von Beibu (Golf von Tonkin) sind reich an Makrelen und Tintenfischen.

WICHTIGE INDUSTRIEZWEIGE Guangxi fördert große Mengen Manganerz, Kohle, Eisen, Zinn und Fluorit. Rohölvorkommen wurden im Golf von Beibu entdeckt. Der Industriesektor umfasst Schwerbau, Ölraffinerie, Eisen- und Stahlproduktion, Düngemittel, Zement, Textilien und Papierherstellung. Außerdem produziert die Provinz Leder, pharmazeutische Produkte und Kunsthandwerk. Klima, Meer und Landschaft bilden die Voraussetzungen einer expandierenden Tourismusindustrie.

JAHRESEINKOMMEN PRO KOPF (2005)
Verfügbares Einkommen der Stadtbevölkerung: RMB 8916 (845 Euro)
Nettoeinkommen der Landbevölkerung: RMB 2490 (236 Euro)

HISTORISCHE UND LANDSCHAFTLICHE SEHENSWÜRDIGKEITEN Die Städte entlang dem Li Jiang, insbesondere Guilin und Yangshuo, gelegen in Karstlandschaften, wie man sie aus chinesischen Aquarellen kennt. Die Prinzenstadt Jingjiang und die Reisterrassen von Longmen.

ESSEN Guangxis Küche ist berühmt für ihre Wildgerichte, bei denen Reh, Schlange, Bergschildkröte und Taube verarbeitet werden. Spezialitäten sind u. a. Reisnudeln mit Pferdehack und geschmorter Hund im Römertopf.

[RECHTS] Fischer auf dem dunstigen Sanjiang-Fluss an der Grenze zu Guizhou.

1

2

3

4

NACH DER CHINESISCHEN MAUER BEI BEIJING und der Terrakotta-Armee in Xian ist die Schiffsreise auf dem Li Jiang (Scheinender Fluss) von Guilin nach Yangshuo wahrscheinlich Chinas berühmteste Touristenattraktion. Die surrealen und seltsamen Formen der Karstgipfel entlang den Flusswindungen haben schon seit der Sui-Dynastie im 6. Jh. Dichter und Maler angezogen. Heutzutage wird Guilin das ganze Jahr über von unzähligen Tourgruppen überschwemmt, und das einst attraktive Dorf Yangshuo 65 km flussabwärts hat sich in ein Mekka für Rucksacktouristen verwandelt, die dort preiswert in schöner Lage wohnen. Sobald man aber diese ausgetretenen Pfade und beliebten Anlaufstellen verlässt, kann man in den Bergen ringsum immer noch jenem Zauber begegnen, der Generationen von Künstlern inspiriert hat. [1] Straßenhändler mit kitschigen Souvenirs paddeln schnell, um ihre Bambusflöße an vorbeifahrende Touristenboote anzudocken. [2] Ein Fischer holt seine Netze an einer der malerischsten Stellen im Fluss ein. [3] Nachtfischen mit Kormoranen. [4] Baustelle vor Longsheng. Hier entsteht eine neue Brücke über den Sanjiang. [5] Wie viele betrunkene Genossen braucht man, um eine Spule Stahlkabel den Berg hinaufzurollen?

5

1

The only shop that
Sell Indonesia coffee
in Town.
We don't serve
STAR BUCK coffee.
We serve GOOD
coffee Cappuccino
Latte Macha
Espresso Royal
THIS MONTH'S
SPECIAL
*CURRY
CHICKEN
*PEPPER
CHICKEN
*SHEPHERD'S
PIE

2

EINBLICKE INS LEBEN VON GUANGXI

3

UM 200 V. CHR. BEFAHL QIN SHI HUANGDI, der erste Kaiser von China, die Errichtung des Ling-Damms, um den Perlfluss mit dem Fluss-System des Yangtse zu verbinden. [1] Die alte Handelsstadt Daxu, 20 km südöstlich von Guilin, war ein bedeutender Umschlagplatz auf dieser Handelsstraße. Heute ist sie nur noch ein Schatten ihrer selbst und setzt große Hoffnungen darauf, vom großen Tourismuskuchen in Guilin auch ein wenig abzubekommen. Yangshuo ist mit seiner Rolle als Rucksacktouristen-Paradies nicht mehr glücklich und versucht sich nun als Reiseziel mit Kultur- und Unterhaltungswert. Das neue Yuxi-Paradieshotel liegt inmitten eines weitläufigen Gartens mit schweren modernen Skulpturen. Währenddessen ist der Nachthimmel über Lijiang hell erleuchtet von den Lichtern des Multi-Media-Events über die hiesige Volksheldin Liu Sanjie (Dritte Schwester Liu), das der berühmte Filmregisseur Zhang Yimou inszeniert hat, der 2008 auch die Eröffnungszeremonie der Olympiade in Beijing leiten wird. [2] Zwei Kinder flüstern sich Geheimnisse zu vor einem Café in der »Fremdenstraße« von Yangshuo. [3] In einem Park Longshengs blickt die kleine Schwester den vielen schönen Seifenblasen ihres Bruders nach.

Die Provinz **GUIZHOU**

KOORDINATEN
24° 07' – 29° 32' nördlicher Breite
103° 37' – 109° 32' östlicher Länge

FLÄCHE 170 940 km²

GEOGRAFIE Guizhou steigt über relativ flache Ebenen im Süden an bis auf 1107 m Höhe. Die Provinz wird von fünf Bergen beherrscht: Dalou, Wuling, Wumeng, Laowang und Miao Ling. In zahlreiche tiefe Flusstäler und Schluchten laufen die Wasser der Flüsse Wu, He und Yuan ab.

KLIMA Guizhou zeichnet ein subtropisches Klima mit milden Wintern und heißen, feuchten Sommern aus. Die Temperaturen liegen im Januar zwischen 1 °C und 10 °C und steigen im Juli bis auf 28 °C. Die höchste gemessene Temperatur ist 36 °C, die tiefste -13 °C. Der Jahresniederschlag liegt bei 1100 bis 1400 mm.

BEVÖLKERUNG 39,31 Millionen (Ende 2005)

WICHTIGE STÄDTE Guiyang (Provinzhauptstadt), Anshun, Congjiang, Zunyi

LANDWIRTSCHAFT Als wichtigste Getreideart wird Reis angebaut. Die Anbaufläche für Mais ist fast ebenso groß, ergibt aber nur die Hälfte an Ertrag. Für den Eigenbedarf werden Sojabohnen, Weizen, Hafer, Gerste, Süßkartoffeln, Sorghum und Bohnen angebaut, für den Handel u. a. Raps, Tabak, Tee, Erdnüsse, Zuckerrohr und Indigo.

WICHTIGE INDUSTRIEZWEIGE Die Industrie der Provinz beschränkt sich hauptsächlich auf den Abbau von Kohle, Schieferöl, Kalk und Gips sowie Holzwirtschaft.

JAHRESEINKOMMEN PRO KOPF (2005)
Verfügbares Einkommen der Stadtbevölkerung: RMB 8147 (772 Euro)
Nettoeinkommen der Landbevölkerung: RMB 1877 (178 Euro)

HISTORISCHE UND LANDSCHAFTLICHE SEHENSWÜRDIGKEITEN Die Provinz ist berühmt für die überdachten »Wind-und-Regen-Brücken« der Dong-Minderheit. Der Huangguoshu ist Chinas größter Wasserfall.

ESSEN Die Küche von Guizhou ist für ihre würzigen, schmackhaften Gerichte bekannt. Zu den Spezialitäten gehören Nudeln mit Innereien, *yelang*-Teigfisch, Klebreisknödel, Klebreis mit Fleisch im frisch geschnittenen Bambusrohr gebacken. Auch *maotai*, Chinas berühmtestes alkoholisches Getränk, wird in der Provinz hergestellt.

[RECHTS] Das Lusheng-Frühlingsfest in Zhouxi ist eines der größten jährlichen Feste der Miao-Minderheit.

1

2

3

4

IN DIESER ENTLEGENEN BERGREGION sind Feste und Wochenmärkte wichtig für Leben und Geist der isolierten Dorfbewohner. Hier trifft man sich, um soziale Kontakte zu pflegen, zum Vergnügen und zum Austausch von Waren und Dienstleistungen. [1] Auf dem Bauernmarkt in der Stadt Xiajiang probieren zwei Mädchen der Dong-Minderheit verschiedene Requisiten aus für ihr allererstes »Studioporträt« bei einem professionellen Fotografen, der vor einem Abrisshaus sein mobiles Fotostudio aufgebaut hat. [2] Im Dorf Zhaoxing betreibt ein Friseur sein Gewerbe neben der kleinen »Wind-und-Regen-Brücke« – so genannt, weil sie ursprünglich zum Schutz der Dorfbewohner bei einem plötzlichen Regenguss gebaut wurden. Mit der Zeit wurden die Brücken immer größer und aufwändiger und haben sich zu Treffpunkten entwickelt. [3] Im Bergdorf Tangandong hat man bunt gefärbte Reiskuchen, Überbleibsel vom Neujahrsfest, für die Vögel auf das Dach gelegt. [4] Ein Mann geht auf Kailis Hauptstraße mit seinem Schwein spazieren, vorbei an der Hauptverwaltung des regionalen Fernsehsenders.

DIE MINDERHEITEN VON GUIZHOU

1

2

3

4

5

DIE INDUSTRIALISIERUNG UND ENTWICKLUNG findet vor allem im Norden der Provinz statt, deshalb ist das Leben der Dong- und Ming-Minderheiten so hart wie eh und je und praktisch seit Jahrhunderten unverändert. [1] Eine Frau aus Tangandong kehrt bei Sonnenuntergang in ihr Dorf zurück, nachdem sie in den Bergen nach Wildgemüse für die Familie und Futter für die Tiere gesucht hat. [2] Auf der Suche nach Käufern für seine Enten kommt ein Bauer auf der Hauptstraße eines Landstädtchens an einer Mauer mit altmodischer kommunistischer Propaganda vorbei. [3] Eine Familie kehrt von den Neujahrsfeierlichkeiten zurück, froh, den neuen Koffer und das Ferkel gut heimgebracht zu haben. [4] Reisanbauzeit in den Miao-Dörfern in den Hügeln um Guiyang. Ein junger Bauer trägt Setzlinge zu den Reisterrassen, auf denen die Frauen knietief im eisigen Schlamm stehen und das uralte Ritual der jährlichen Erneuerung vollziehen. [5] »Kaufst du mir ein paar neue Schuhe?«, fragte mich die Frau auf dem Heimweg von den Feldern.

ZWEI HOCHZEITEN UND ZWEI TODESFÄLLE

1

2

3

ALS VORWIEGEND AGRARISCHE GESELLSCHAFTEN nehmen die Minderheiten Guizhous den Mondkalender sehr ernst und befolgen ihn haargenau – insbesondere wenn es darum geht, was man alles vermeiden sollte. Deshalb sind wir am 16. Tag nach dem chinesischen Neujahrsfest in den Städten entlang der Straße von Rongjiang nach Kaili zwei Hochzeiten und zwei Beerdigungen begegnet, denn nach dem Almanach ist das der erste günstige Tag im Jahr für derlei Aktivitäten. [3] In der ersten Stadt saßen Frauen am Straßenrand und hackten bergeweise Gemüse klein, während Gestalten mit weißen Kopftüchern sich zwischen riesigen Dampfwolken hin und her bewegten. [4] Unterdessen holten sich die Männer Appetit bei einem derben Ratespiel. Weiter unten an der Straße saßen Hunderte von Leuten an Tischchen, die für einen enormen Leichenschmaus rechts und links der Hauptstraße vorbereitet waren. Während die blutjunge Braut bei der ersten Hochzeit recht verstört aussah, wirkten die [2] Miao-Braut und ihre Brautjungfer bei der zweiten Hochzeit sehr vergnügt. [1] Ein Hochzeitsgast verlässt das Fest mit einem Stück Hochzeitskuchen chinesischer Art.

增强全民国防观念
加强国防教育
中共平坝县委
平坝县人民政府
平坝县全民国防教育委员会

1

天湖池
保健按摩浴业欢迎您
高档低消费浴业
地点：凯里大十字大世界2楼 24小时营业
内设：冲浪大池、按摩水床、干蒸、湿蒸、淋浴、座浴、门票：白天10元
晚上15元，凡消费任何一项保健，均免门票，免包房费、免停车费

2

3

SEIT DER HAN-DYNASTIE ZU BEGINN DES 3. JH., als der bergige tiefe Süden Chinas Teil des Kaiserreichs wurde, war Guizhou die meiste Zeit autonom und wurde von der Zentralregierung links liegen gelassen, solange dort Ruhe und Ordnung herrschte. Bis heute ist die Provinz eine der ärmsten Chinas mit über acht Millionen Menschen unterhalb der Armutsgrenze. Als kommunistische Guerillas auf dem Langen Marsch um 1934 hier vorbeizogen, herrschte Hungersnot. Abgesehen von der selten benutzten Bahnverbindung nach Guangxi gab es keine Industrie und wenig Infrastruktur. Nach 1949 versuchte die Zentralregierung, die Region mit Eisenbahn, Straßen und Industrien zu erschließen, doch profitierten davon vor allem die städtischen Gebiete im Norden und die dort lebende Han-Mehrheit. Für die schlecht ausgebildeten jungen Männer und Frauen, die den Terrassenfeldern und der harten Subsistenzwirtschaft entkommen wollen, bleibt eigentlich nur die Möglichkeit, [1] in die Armee einzutreten. [2] Ein Bauer mit frischem Gemüse unterwegs zum Markt in den Vorstädten Kailis. [3] Europäische Mode hat sich in den Köpfen dieser alten Genossen bis jetzt noch nicht durchsetzen können. [4] Ein »Riesen«-Schlussverkauf in einem Kaufhaus in Guiyang.

4

1

2

3

DAS LUSHENG-FEST

4

BEIM ERSTEN VOLLMOND nach dem chinesischen Neujahrsfest feiert die Miao-Minderheit die Ankunft des Frühlings mit Riesenfesten. In Lusheng findet das größte von allen statt. Hunderttausende von Menschen strömen an diesen entlegenen Ort, um eine ganze Woche lang zu feiern und den spektakulären rituellen Hochzeitsmarkt zu beobachten. [4] Das trockene Flussbett schimmerte wie flüssige Lava, als Tausende junger Mädchen, geschmückt mit einem fantasievollen, mehrteiligen und aufwändigen Silberkopfputz unter gigantischen Nachbildungen von Büffelhörnern, zum *lusheng*-Spiel (*lusheng* = Bambusrohrflöte) der jungen Männer tanzten und sangen. [3] Eine andere Attraktion sind die Büffelkämpfe. Alle Dörfer der Umgebung schicken ihren stärksten Bullen ins Feld, um den des Nachbarn aus den Hufen zu kippen. Ein unglücklicher Bulle ging buchstäblich schon in der ersten Runde gegen den Vorjahreschampion k.o. Die beiden Bullen wurden 90 m voneinander entfernt losgelassen, sie griffen an, die Köpfe prallten mit einem lauten, tiefen Knall aufeinander, wie ein Böller, der unter einem Kissen explodiert. [1] [2] Ein Bulle kippte um und stand nie wieder auf.

Die Provinz **YUNNAN**

KOORDINATEN
21° 08' – 29° 15' nördlicher Breite
97° 31' – 106° 11' östlicher Länge

FLÄCHE 394 100 km²

GEOGRAFIE Die Provinz ist Teil des Yunnan-Guizhou-Plateaus, das auf einer durchschnittlichen Höhe von 2000 m ü. M. liegt. Von Norden nach Süden fällt die Provinz vom 6700 m hohen Gipfel des Meili an der Grenze zu Tibet ab bis auf 76 m an der vietnamesischen Grenze. Dieser Kontrast und Yunnans südliche Lage haben zur Folge, dass die Provinz sowohl Schneegipfel als auch dichte Regenwälder besitzt. Yangtse, Mekong, Salween und der Rote Fluss fließen durch die Provinz.

KLIMA Yunnans unterschiedliches Terrain beschert der Provinz von Nord nach Süd drei unterschiedliche Klimazonen: gemäßigt, subtropisch und tropisch. Die Jahresdurchschnittstemperatur reicht von 7 °C in den Bergen im Nordwesten bis zu 22 °C im südöstlichen Yuan-Jiang-Tal. Die tiefste gemessene Temperatur ist -8,4 °C, die höchste 42 °C. Die Jahresniederschläge bewegen sich zwischen 750 und 1750 mm.

BEVÖLKERUNG 44,15 Millionen (Ende 2004)

WICHTIGE STÄDTE Kunming (Provinzhauptstadt), Qujing, Gejiu, Xiaguan, Yuxi

LANDWIRTSCHAFT Für den Eigenbedarf werden hauptsächlich Reis, Mais, Weizen, Süßkartoffeln und Sojabohnen angebaut, für den Handel u. a. Tee, Zuckerrohr und Baumwolle. Die Provinz ist das Zentrum der chinesischen Tabakindustrie. Im Südwesten bildet die Tropenholzwirtschaft einen bedeutenden Industriezweig.

WICHTIGE INDUSTRIEZWEIGE Die Provinz ist ein großes Bergbauzentrum, in dem Eisen- und Bauxit-Erz, Kohle, Kupfer, Gold, Zink, Zinn, Silber und andere Mineralien abgebaut werden. Wasserkraft liefert die Energie für diese und andere Industrien. Der Tourismus macht mehr als 10 % von Yunnans BIP aus.

JAHRESEINKOMMEN PRO KOPF (2005)
Verfügbares Einkommen der Stadtbevölkerung: RMB 9250 (877 Euro)
Nettoeinkommen der Landbevölkerung: RMB 2042 (194 Euro)

HISTORISCHE UND LANDSCHAFTLICHE SEHENSWÜRDIGKEITEN Die Städte Xiaguan, Jinghong und Lijiang, die Karstformationen des Steinwalds und Kunmings, die Reisterrassen von Yuanyang.

ESSEN Die Küche in Yunnan verwendet sowohl die chilischarfe Küche der Nachbarprovinz Sichuan als auch die Einflüsse anderer Traditionen. Die Landesspezialitäten spiegeln die klimatische und natürliche Vielfalt der Provinz wider in der Verarbeitung von Schinken, Geflügel, Aal, Käse, Pilzen und Nudeln.

[RECHTS] Die Terrassenfelder im Kreis Yuanyang.

HANI-TERRASSEN BEI YUANYANG

1

2

3

DIE HANI-MINDERHEIT IN DER AUTONOMEN PRÄFEKTUR HONGHE im tiefen Süden der Provinz, nahe der vietnamesischen Grenze, hat schon vor mindestens 1300 Jahren in den Bergen Terrassenfelder angelegt. Das auffällige Muster dieser Terrassen, auf denen sowohl Reis angebaut als auch Fisch gezüchtet wird, zeigen ein perfekt angepasstes landwirtschaftliches System und spiegelt gleichzeitig die erdverbundene Kultur der Hani wider, die auf ihrer tiefen Liebe zu Mutter Erde und dem Glauben beruht, dass der Mensch mit der Natur im Einklang leben kann. Allein im Bezirk Yuanyang [4] [5] [6] gibt es mehr als 11 000 ha Terrassen. Einige erstrecken sich über 3000 Stufen von hohen Berggraten hinunter in die endlosen Tiefen der Täler. [1] Ein Dorfjunge wartet vor der öffentlichen Frauentoilette bei einem Aussichtspunkt über die Terrassen. [2] Die Bauweise dieser Bambus- und Grashütte ist ungewöhnlich und einzigartig. [3] Mit einem Gasbrenner bereitet diese Frau in Yuanyang ein Lamm für das Nationalgericht »Lamm im Römertopf« vor, indem sie alle verbliebenen Haare absengt.

4

5

6

1

2

3

DER GARTEN DER DAI IN XISHUANGBANNA

4

ALS »ERSTES ÖKOLOGISCHES DORF CHINAS« ANGEPRIESEN, ist der Garten der Dai-Minderheit ein Versuch, Anthropologie mit Tourismus zu verbinden. Der »Garten« ist ein Produkt der »Reich-werden-ist-herrlich«-Ära in den wilden 80er-Jahren. Vor fünf Dai-Dörfer setzte man einen Parkplatz und einen Eintrittskartenschalter. So wurden aus den 309 Haushalten mit 1487 Bewohnern über Nacht eine Art kultureller Safaripark, in dem Besucher in traditionellen Pfahlbauten übernachten, kulinarische Spezialitäten kosten und an den Neujahrsfestivitäten der Dai teilnehmen können. Das [1] »jährliche« Wasserspritzfest, das zweimal täglich am Hauptplatz stattfindet. Man kann sich entrüsten, wie skrupellos diese Minderheitenkultur ausgenutzt wird, aber der Ort ist wunderschön, die Menschen sind liebenswürdig und anmutig, und das Essen schmeckt köstlich. Es liegt schon eine traurige Ironie darin, dass Minderheiten nur dann eine Chance haben, ihre kulturelle Identität zu bewahren, wenn sie sich von der Tourismusindustrie vermarkten lassen – was im Endeffekt unweigerlich zu ihrem Untergang führt. [2] Dai-Mädchen mit einer Python-Schlange. [3] Ein Dai-Krieger. [4] Dai-Tänzer warten auf ihren Auftritt in der Nachmittagsaufführung.

CHINAS MINI-THAILAND AM MEKONG

1

2

3

ÜBER 50 MINDERHEITENVÖLKER LEBEN IN CHINA, die Hälfte davon in der Provinz Yunnan, und mindestens acht wohnen in der Präfektur Xishuangbanna. Es sind die Yao, Lisu, Hani und ihre Vettern, die Aini, Bulang, Jinuo, Lahnuo, Lahu, Wa und die Dai (oder Thai), alle zusammen stellen sie etwa die Hälfte der Minderheitenbevölkerung von insgesamt 530 000 Menschen. Die Dai sind Angehörige einer weit verbreiteten Familie von Bergvölkern im nördlichen Thailand, Laos und Burma. Sie ähneln sich sehr stark in ihrer Art zu bauen und in ihren Dialekten, und sie sind Angehörige derselben Religion: des Hinayana-Buddhismus. [2] Dieses Foto eines Tempels in Jinghong, der Hauptstadt von Xishuangbanna, könnte genauso gut in einem südostasiatischen Land jenseits der chinesischen Grenze aufgenommen worden sein. [1] Ein Pfau im Garten der Dai. [3] Geriebene Rüben werden auf einem Gestell getrocknet und zum Einlegen vorbereitet. In vielen verschiedenen Marinaden werden sie als Grundnahrungsmittel [5] auf dem Lebensmittelmarkt von Jinghong von Händlern angeboten, die sich auf eingelegte Gemüse spezialisiert haben. [4] Der Häuptling der Jinuo-Minderheit von Dagu (Große Trommel) lädt uns zum Tee in sein Langhaus oben auf dem Hügel ein.

4

5

1

2

KUNMING, DIE HAUPTSTADT VON YUNNAN, ist im Westen vielleicht am besten als nördliches Ende der Burma-Straße bekannt. Über diese 1000 km lange, unbefestigte Straße, die in Lashio in Burma ihren Ausgang nimmt, wurde im Zweiten Weltkrieg angloamerikanischer Nachschub zur Unterstützung des chinesischen Widerstands gegen die japanischen Invasoren transportiert. Als die Japaner 1942 Lashio einnahmen, flog die alliierte Luftwaffe von Indien aus über den Himalaja-»Buckel«, um die chinesischen Nationalisten und amerikanische »Flying Tigers«, ein Jagdgeschwader in Kunming, zu unterstützen. Aber Chiang Kai-sheks Armee dachte gar nicht daran, die Japaner zu bekämpfen, und so landeten die meisten Vorräte auf dem Schwarzmarkt. Einige Kuomintang-Generäle sind auf diese Weise stinkreich geworden. Nach 1949 zogen die Kriegsgewinnler über die Grenze nach Burma, wo ihre Armeen den illegalen Handel mit Edelsteinen, Jade und Opium im Goldenen Dreieck übernahmen. [1] Eine ganze Straße voll Neonreklame für Operationen zur »Brustvergrößerung« in Kunming. [2] Ein unwilliger Untertan in der Stadt des ewigen Frühlings. [3] [4] [5] Offizielle »Minderheiten-Fremdenführerinnen« frischen ihr Make-up auf, bevor sie die Touristenhorden in das Labyrinth von ausgewaschenen Kalksäulen führen, das unter dem Namen Steinwald bekannt ist.

3

4

5

DIE MARMORSTADT

1

2

3

DIE URALTE BEFESTIGTE STADT DALI war die Hauptstadt des Königreichs Nanzhou in Yunnan zwischen dem 8. und der Mitte des 13. Jh. Während dieser Zeit herrschten die Bai über den Südwesten Chinas und das nördliche Burma. Dieser Einfluss macht sich heute noch bemerkbar in [1] Tracht und Brauchtum der anderen Minderheitengruppen in der Region. [2] [3] Der chinesische Begriff für Marmor ist »Dali-Stein«, und die Stadt hat ihre berühmten polierten Marmorstücke, die an chinesische Aquarelle erinnern, u. a. an die Bauherren der Verbotenen Stadt, die Gärten von Suzhou und die Moscheen in Xian geliefert. [4] Der San Ta Si (Drei-Pagoden-Tempel) erhebt sich in den grünen Ausläufern der 4000 m hohen Cang Shan (Jadegrünen Berge) und thront über dem Erhai-See, der wie ein Riesenohr aussieht. Die 16-stöckige, 70 m hohe Qianxun-Pagode wurde erstmalig im 9. Jh. errichtet und war ursprünglich flankiert von zwei kleineren zehnstöckigen Pagoden. Sie erinnert an die große Wildgans-Pagode in Xian. Etwas weiter entlang den Bergen [5] werden in Brennöfen die traditionellen grauen Ziegel hergestellt, die bei der Renovierung der Altstadt Verwendung finden.

4

5

1

2

3

DAS STAMMESGEBIET DER NAXI

4

LIJIANG (STADT AM SCHÖNEN FLUSS), einst ein verschlafenes und verkommenes Nest unterhalb der [1] [2] spektakulären Yulong Shan (Jadedrachenberge) am östlichen Ende des Himalaja, empfängt heute über drei Millionen Touristen, die jährlich über seine Kopfsteinpflaster [3] durch die Straßen stolpern. Die Verwandlung von einem entlegenen Stammesgebiet für die Minderheitengruppe der Naxi, in das sich wegen der einzigartigen, 1000 Jahre alten Piktogramme (die einzige alte Hieroglyphenschrift, die heute noch verwendet wird!) sonst nur eine Handvoll Forscher verirrte, hin zum populärsten Touristenziel im Südwesten Chinas begann 1966 mit einem verheerenden Erdbeben von 7,0 auf der Richterskala. Es zerstörte die Neustadt, tötete an die 300 Menschen und verletzte über 16 000. Die Altstadt war zum größten Teil stehen geblieben – sie war eben von Menschen gebaut worden, die sich mit Erdbeben auskannten (50 große Erdbeben in 130 Jahren). Lijiang erlebte eine Renaissance, als die Regierung Geld für den Wiederaufbau und Ausbau der Infrastruktur in die Stadt pumpte, während die UNESCO zur Restaurierung der Altstadt beitrug. [4] Ein Müllmann auf seiner Runde durch das nachbarliche Shuhe, einer stilleren und authentischeren Version dessen, was Lijiang einmal war.

DIE GROSSE SCHLEIFE DES YANGTSE

1

2

3

DIE HUTIAO XIA (TIGERSPRUNG-SCHLUCHT) in der nordwestlichsten Ecke von Yunnan ist zwar nur ein Fältchen am östlichen Ende des Himalaja, doch für die Chinesen ist dieses Fältchen die Keimzelle ihrer Kultur. Denn in Shingu (Steintrommel) am Ausgang der 3960 m tiefen Schlucht nimmt der Yangtse Abschied von anderen im westlichen Tibet entspringenden Flüssen und vollführt eine dramatische Kehrtwendung nach Nordosten durch die tosenden Stromschnellen der 16 km langen Hutiao Xia, während die anderen Flüsse weiter nach Süden fließen. Der breite Saum von Flussablagerungen entlang seines Laufes hin zum Gelben Meer wurde zur Wiege und Reisschüssel des Reichs der Mitte. [1] Eine Gruppe Pferde folgt vorsichtig dem glitschigen Steinpfad, der 1220 m über dem Fluss in den [3] nackten Felsen gehauen wurde. Dieser Pfad war Teil der berühmten »Tee-und-Pferde-Straße«, Chinas wichtigster Handelsroute nach Süden. [2] Ein Rastplatz an der Bergkuppe oberhalb des nördlichen Endes der Schlucht. [4] Eine Frau der Yi-Volksgruppe mit ihrem Enkel.

DAS TIBETISCHE HOCHLAND

Eine sehr nette, junge Dame am Check-in-Schalter in Chengdu teilt mir mit, dass sich mein Flug Nummer CA 4447 nach Lhasa leider wegen schlechter Witterungsbedingungen auf unbestimmte Zeit verzögert. Seltsamerweise kann sie mich auf einen anderen Flug umbuchen, einen »Zusatzflug«, der zwar ebenfalls Verspätung hat, aber immer noch 35 Minuten vor der ursprünglich angesetzten Abflugzeit des Fluges CA 4447 starten wird. Ob das in Ordnung gehe? Ich entdecke den Flug auf der Abfluganzeige, und es überrascht mich zu sehen, dass an diesem Nachmittag noch einige andere Flüge nach Lhasa gehen, stündlich, mit Ausnahme von CA 4447 natürlich, dessen Bestimmung es wohl ist, gänzlich gestrichen zu werden.

Eine große Gruppe von Leuten in Ferienstimmung kommt verspätet ins Flugzeug, laut lachend und redend und ohne jedes Schuldbewusstsein, dass ein Flugzeug voll Menschen lange Zeit auf sie warten musste. Wie sich herausstellt, sind es Regierungskader, eine weibliche Parteifunktionärin samt Gefolge aus Shanghai. Und so scheint es, dass die von der netten jungen Frau angedeutete Wetterlage mehr mit dem politischen Klima zu tun hat als mit dem meteorologischen. All diese Sonderflüge nach Lhasa wurden eben nur eingesetzt, um kommunistische Parteifunktionäre aus dem ganzen Land zum großen »50. Jahrestag der Gründung der Autonomen Region Tibet« einzufliegen, und die Flüge wurden »verschoben«, um auf alle Verbindungsflüge aus den anderen Städten zu warten. Aus diesem Grund hat man auch das alljährliche Shoton-Fest, nach dem ich meinen Reisetermin ausgerichtet hatte – einschließlich der Vorausbuchung von Hotels und Flügen 6 Monate vor Antritt der Reise – einfach um einen Monat zugunsten dieses Riesentamtams verschoben. Eine bittere Mahnung, dass – entgegen allen anderslautenden Beteuerungen – das Volk gefälligst der Partei zu dienen hat. Nun, wenigstens verzichteten sie auf das Wort »Befreiung« im Slogan für ihre Gaudi. Buddha sei Dank.

Als ich das letzte Mal diese Strecke flog, war ich in die Gegenrichtung unterwegs, nach Yunnan, nachdem ich zuvor Fotografien am Everest-Basislager für ein Buch aufgenommen hatte. Ich hatte fast den ganzen Flug damit verbracht, die wundersame Frostlandschaft vor dem Fenster zu fotografieren und mir das endlose Plateau tief unten wie einen weiten Ozean vorzustellen. Irgendwo habe ich einmal gelesen, dass vor 50 Millionen Jahren die Indo-Australische Platte mit der Eurasischen Platte zusammenstieß und dadurch ein neues Stück Land mit über 2,3 Millionen km^2 aus dem Ozean herausgepresst und 5000 m hoch aufgeworfen wurde. Als dann endlich alle Wasser in Millionen Wasserfällen abgeflossen waren, war das Tibetische Hochland stehen geblieben, das höchste Plateau der Erde, mit Gipfeln riesiger Gebirgszüge, die 8000 m hoch in die Wolken stießen, und Schluchten, die tief in fruchtbare Flusstäler abstürzten. Im Windschatten der Berge befinden sich ausgedehnte Gebiete knochentrockener Wüste und wogenden Graslands, gesprenkelt von türkisfarbenen Brackwasserseen, vermutlich Reste des Tethys-Meers, das einst dieses Land bedeckte. Bei der Platte versteinerter, in einer chaotischen Dauerumarmung gefangener Venusmuscheln, die ich zwischen all dem Trödel und den gefälschten Antiquitäten in einem Souvenirladen am Qinghai-See hervorgezogen hatte und die heute an der Wand meines Ateliers lehnt, könnte es sich tatsächlich um ein Beweisstück für diese Theorie handeln. Oder besteht sie doch eher aus Überbleibseln eines Mittagessens, das mit Zement und Dreck zusammengebacken wurde, um das Ganze an einen arglosen Touristen zu verhökern? Das Hochplateau enthält acht der höchsten Gipfel der Welt, einschließlich des 8848 m hohen Mount Everest (Jomolungma), des höchsten Berges der Welt. Das Wasser, das an diesen Bergketten herunterrinnt, ist Ursprung aller großen Flüsse Süd- und Ostasiens. Es beeinflusst die Lebensqualität von mehr als der Hälfte der Weltbevölkerung sowie die klimatischen Bedingungen der Regionen, in denen diese Menschen leben. Zwei dieser Flüsse entstammen dem Plateau: Der Yangtse, mit 6380 km längster Strom Asiens, entspringt den Nordhängen des Tangla-Gebirges, und der Huanghe, oder Gelbe Fluss, 5464 km lang, im Qinghai-Plateau. Beide bilden die Lebensadern der chinesischen Zivilisation.

[LINKS] Ein junger Novize beim Reiterfest in Yushu. [VORANGEHENDE SEITEN] Der Osten der Tibetischen Hochebene.

青藏

Im Laufe der Jahre habe ich das Plateau aus vielen Perspektiven betrachtet, die Intensität der ultravioletten Strahlung bei unterschiedlichen Lichtsituationen gespürt und die reine Luft in den verschiedensten Gegenden geatmet. Ich bereiste seine entlegensten Winkel, die tiefen Schluchten Yunnans, die Smaragdberge von Sichuan und die Lössterrassen von Shaanxi im Osten, den Hexi-Korridor der Seidenstraße im Norden, das Pamirgebirge und den Karakorum-Highway im Westen und den 2450 km langen Himalaja im Süden, wo ich zu Fuß oder mit einem Fahrzeug die atemberaubendsten und abwechslungsreichsten Landschaften Indiens, Nepals, Bhutans und Assams erkundete. Ich habe die fruchtbaren Ebenen von Qinghai durchquert, in denen gigantische Viehherden weideten, und die einsamen Landschaften Tibets, in denen man keine Menschenseele trifft. Überall auf meinen Reisen begegneten mir tapfere, großzügige Menschen, deren Lebensmut ich zu bewundern lernte, ebenso wie ihre Art, mit Humor und Würde den Schwierigkeiten zu begegnen, die ihnen ihre unwirtliche Umgebung oder harte Schicksalsschläge auferlegen. Meine jetzige Reise führt mich zum spirituellen Zentrum der Hochebene, zum heiligsten Berg Asiens, dem Kailash. Er ist, nach den Kosmologien und Schöpfungsmythen von Hindus, Jains, Bön-Anhängern und Buddhisten, der Berg Meru, der Ursprung und das Zentrum der Welt.

Mein Fahrer und der Reiseführer entschuldigen sich dafür, dass sie vom Flugplatz nach Lhasa hinein einen Umweg fahren müssen, aber die neue Brücke in die Stadt sei für den allgemeinen Verkehr gesperrt, nur nicht für autorisierte Fahrzeuge mit offiziellen Gästen. Mir ist das gerade recht. Die alte Straße ist malerischer, besonders jetzt, da der geschwollene Lhasa-Fluss über seine Ufer schwappt, und ich bin einfach überglücklich, wieder in Tibet zu sein. Als wir in die Stadt hineinkommen, überholen wir einen Buskonvoi mit Darstellern in unterschiedlichen Nationaltrachten. Sie sind unterwegs zum Potala-Platz, offenbar um abends an einer Kostümprobe teilzunehmen. Die Parteiveranstaltung scheint die Pläne des Reiseleiters durcheinandergebracht zu haben, denn er entschuldigt sich wieder, dass er für mich nicht im Lhasa-Hotel – das frühere Holiday Inn und nach wie vor beste Hotel der Stadt – buchen konnte, da alle Zimmer für die an den Festlichkeiten teilnehmenden VIPs reserviert waren. Außerdem scheinen die Behörden für die Dauer der Feierlichkeiten alle Reisegenehmigungen für ausländische Touristen aufgehoben zu haben, sodass seine Reiseagentur mit Beschwerden überschüttet wird und er alle Kunden umbuchen muss.

Während der nächsten Tage akklimatisiere ich mich langsam an das Höhenklima, und da der Potala-Platz für alle ohne Sondergenehmigung oder Veranstaltungskarten gesperrt ist, verbringe ich meine Zeit in der Altstadt in der Nähe des Barkhor (oktogonaler Rundweg) um den Dschokhang, den wichtigsten buddhistischen Tempel in Tibet. König Songtsen ließ ihn ursprünglich für seine junge Braut, Prinzessin Wen Cheng, erbauen, um eine heilige Buddha-Darstellung aufzunehmen, die Teil ihrer Mitgift war, als sie 641 heirateten, um einen Friedensvertrag zwischen dem Königreich Tofan (Tibet) und dem Hof des Tang-Kaisers zu besiegeln. Dies gilt auch als offizielles Datum für die Einführung des Buddhismus in Tibet. Der Tempel, der im Lauf der Jahrhunderte oft zerstört und wieder aufgebaut wurde, bildet bis heute das spirituelle Zentrum des tibetischen Volkes. Und am heutigen Tag ist man dabei, ihn für den Besuch der Parteibonzen mit bunten Bannern über die ganze Fassade aufzutakeln, was den altehrwürdigen Schrein wie eine grell geschminkte Kurtisane aussehen lässt. Kleine, rote chinesische Flaggen mit dem Stern stecken in jedem Fenster der Altstadt und erinnern mich an die Zeit kurz nach dem 11. September, als alle Minderheiten in den USA gar nicht schnell genug die Stars und Stripes vor ihren Häusern hochziehen konnten, um so ihren Patriotismus zu demonstrieren (manche auch vor lauter Angst).

Die Würdenträger werden in Konvois in die Stadt gekarrt und richten dort ein Verkehrschaos an. Gerüchte von im Potala-Palast positionierten Scharfschützen, die die Sicherheit der Funktionäre bei den Festlichkeiten gewährleisten sollen, machen die Runde. Es ist fast unmöglich, nicht an die Invasion erinnert zu werden, die Exil, gewalttätige Säuberungsaktionen und mutwillige Zerstörung in den Jahren danach brachte. Doch sind dies altbekannte Tatsachen, die hier nicht wiederholt werden müssen. Also rüsten wir uns früh am nächsten Morgen mit einem großen Karton Instant-Nudeln und ein paar Dosen aus, überlassen die Hauptstadt der Besatzungsmacht und machen uns in zwei voll bepackten Landcruisern auf den Weg nach Westen entlang dem Yarlung Tsangpo (Brahmaputra), um Herz und Seele Tibets zu suchen.

Die nun folgende Reise quer durch die Weiten Tibets gehört zu den härtesten und magischsten meines Lebens: der Blick von einer steilen Erhebung aus über das blühende Yarlung-Tal mit Samye, dem ersten buddhistischen Kloster Tibets, das mir wie ein dreidimensionales Mandala erscheint, und der Yamdrok-tso, der Türkis-See, dessen leuchtende Farbe mich ebenso in Erstaunen versetzt wie das Blauviolett des Rindfleischs, das unser Koch aus Shigatse mitgebracht hat und das im Kochtopf im Gästehaus von Zhongba köchelt; die Schreckensnacht in Payang, wo Rudel bösartiger, wilder Hunde das Dunkel regieren, und der erste Anblick des schneebedeckten Kailash, noch in weiter Ferne, von einer Erhebung oberhalb des Manasarovar-Sees aus, dem »See des Bewusstseins und der Erleuchtung«; der unerwartete Schneesturm, der vom heiligen See aus über die Ebene nach Taerqin fegt und uns in der Nacht vor unserem Treck zum Kailash einhüllt – ein Naturphänomen, das unser tibetisches Team geradewegs einer Gruppe soeben angekommener Hindu-Pilger anlastet –, und die anhaltenden Zweifel, die an meinen ohnehin schon angegriffenen Innereien nagen, angesichts der dicken Schneewolken, die den Kailash beharrlich verstecken, und endlich die Verzückung, als der Himmel plötzlich aufklart und den mythischen Berg Meru freigibt, dem wir uns nun endgültig nähern. Wir kampieren an einem Bach in seinem Schatten und fotografieren ihn in der köstlichen Morgenstille. Zum ersten Mal in meinem Leben fühle ich mich einem Berg regelrecht physisch verbunden. Als wir mit dem Packen unserer Ausrüstung fertig und die Yaks beladen sind, sausen wieder dichte Sturmwolken heran und verbergen den massiven schwarzen Bergkegel. Auf unserem Weg ins Tal hinunter, nach einem langen, anstrengenden Marsch, der mich an den Rand meiner Kräfte bringt, erscheint ein kreisrunder Regenbogen direkt über uns um die Sonne herum.

Eines Nachts in Shigatse, auf dem Rückweg nach Lhasa, essen wir hervorragend in einem Sichuan-Restaurant, das Freunden unseres tibetischen Kochs gehört, einem chinesischen Paar aus Chengdu. Der Mann kommt zu uns an den Tisch herüber und grüßt mit »Om Mani Padme Hum« und einem breiten Lächeln auf dem Gesicht. Ich denke mir: »Das ist nett. Er verwendet das Juwel-im-Lotus-Mantra als Gruß.« Aber als dann unser Koch mit der ähnlich lautenden Verballhornung »All Money Go My Home« antwortet und beide in lautes Lachen ausbrechen, wird mir klar, dass das ein ständiger Scherz zwischen den beiden ist. Den Scherz könnte man auch auf die Lage des Tibetischen Hochlands übertragen. Es nimmt 20 % der Landmasse Chinas ein, es leben aber weniger als 1 % der Gesamtbevölkerung in dem Gebiet. Die Regierung in Beijing versucht das zu ändern, indem sie Massenmigrationen in die Region fördert, oft mit Geldmitteln oder Steuervergünstigungen. Heute schon sind von den acht Millionen Einwohnern ungefähr 3,4 Millionen chinesische und muslimische Einwanderer, die meist in der Provinz Qinghai ansässig sind. Große Fernstraßen werden gebaut, und der umstrittene »Lhasa-Express«, eine 1118 km lange Schnellzugverbindung zwischen Golmud in Qinghai und Lhasa, verkehrt seit dem Sommer 2006 – infrastrukturelle Projekte, rechtzeitig für die Olympischen Spiele in Beijing. Es scheint fast unumgänglich, dass die Tibeter bald im eigenen Land als Minderheit leben werden.

Die Provinz **QINGHAI**

KOORDINATEN
31° 39' – 39° 19' nördlicher Breite
89° 35' – 103° 04' östlicher Länge

FLÄCHE 722 797 km²

GEOGRAFIE Qinghai liegt hoch in den Bergen am Rande des Tibetischen Hochplateaus. Mehr als die Hälfte der Provinz liegt 4000 bis 5000 m über dem Meeresspiegel. Die Provinz besteht aus drei Regionen: dem Qilian-Gebirge im Nordosten, dem Qaidam-Becken im Nordwesten und dem Tibetischen Hochplateau im Südwesten. Der Huanghe (Gelbe Fluss) entspringt im Zentrum der Provinz, während die Quellen von Yangtse und Mekong im Süden liegen. Der Qinghai-See im Nordosten ist der größte See Chinas.

KLIMA Die Lage und Höhe der Provinz verursachen lange, kalte Winter und kurze, kühle Sommer. Im Januar bewegen sich die Temperaturen zwischen -18,2 °C und -7 °C, sie steigen im Juli an auf 5 °C bis 21 °C. Die tiefste je gemessene Temperatur liegt bei -46 °C, die höchste bei 35,9 °C. In Qinghai kommen außerdem starke Winde und Sandstürme auf. Der Jahresniederschlag kann zwischen 17,6 und 764,4 mm liegen.

BEVÖLKERUNG 5,39 Millionen (Ende 2004)

WICHTIGE STÄDTE Xining (Provinzhauptstadt), Yushu, Gonghe, Delingha

LANDWIRTSCHAFT Im Grasland der Provinz wird hauptsächlich Viehzucht betrieben, einschließlich Yaks, Kamelen, Schafen und Ziegen. Dazu werden Weizen, Kartoffeln und andere Gemüsesorten angebaut.

WICHTIGE INDUSTRIEZWEIGE Schwer- und Förderindustrie in den Öl- und Gasfeldern des Qaidam-Beckens, Bergbau und Wasserkraftwerke. Eisen- und Stahlwerke wurden ebenfalls aufgebaut, um die reichlich vorhandenen Energiequellen zu nutzen.

JAHRESEINKOMMEN PRO KOPF (2005)
Verfügbares Einkommen der Stadtbevölkerung: RMB 8058 (769 Euro)
Nettoeinkommen der Landbevölkerung: RMB 2165 (206 Euro)

HISTORISCHE UND LANDSCHAFTLICHE SEHENSWÜRDIGKEITEN Die große Moschee von Xining, der Tempel des Nordbergs, das Kloster Kumbum, der Qinghai-See.

ESSEN Das Essen in Qinghai ist besonders beeinflusst von den Vorschriften und Vorlieben der muslimischen Hui-Minderheit. Fleisch, Mehl und Milchprodukte werden in der Landesküche bevorzugt. Typische Gerichte sind u. a. Lamm am Spieß und Hammelfleisch in verschiedenen Variationen, gebackene Karpfen, Pfannennudeln, Gebäck und Dampfnudeln.

[RECHTS] »Om Mani Padme Hum« – das Juwel-im-Lotus-Mantra – in Stein gehauen und dann bemalt am Gyanak-Mani-Tempel.

1

2

3

DAS TOR NACH TIBET

4

DAS KLOSTER KUMBUM (Taer Si) war eines der großen Zentren der Gelehrsamkeit der Gelugpa-Schule (Gelbmützen-Schule) und spielte eine entscheidende Rolle bei der Einführung des tibetischen Buddhismus in der Mongolei und am Hofe Dschingis Khans. Nach der Legende fielen bei der Geburt des Klostergründers Tsongkhapa einige Tropfen Blut aus der Nabelschnur auf den Boden. An dieser heiligen Stelle wuchs dann ein Sandelholzbaum mit Sanskrit-Symbolen auf den Blättern und Buddha-Abbildungen auf dem Stamm. Um den Baum herum, dessen Blüten die Luft mit süßem Duft erfüllt haben sollen, wurde ein Tempel erbaut. Dieser entwickelte sich über die Jahrhunderte hinweg zu einer führenden buddhistischen Universität, die zur Erziehung vieler Dalai Lamas und anderer verehrter Lehrer beitrug. Heute [2] [3] ist Kumbum immer noch wichtiger Pilgerort und eine große Touristenattraktion. [1] Muslimischer Gemeindeältester an der Großen Moschee von Xining, einer der größten in Nordchina. [4] Ein Rentner übt »Wasserkalligrafie« auf dem Volksplatz von Xining. Viele haben diese Kunstform als stillen und »unsichtbaren« Protest gegen die Obrigkeit genutzt, bei dem sich das belastende Beweismaterial einfach in Luft auflöst.

1

EIN POSTER IN DER LOBBY DES HOTELS IN XINING warb für eine Kreuzfahrt über den 4635 km² großen Kokonor-See in einem Luxusliner. Das erwies sich als maßlos optimistisch. Der Weg zum »Smaragdmeer« war größtenteils leer gefegt von Menschen und Verkehr, außer [1] diesem Maurer, der den Sockel für eine Werbetafel aufmauerte, und [5] den beiden Zwillingen, die mitten in der Landschaft auf einen Bus warteten. An diesem besonders tristen und trüben Tag fand ich [2] den halb fertigen und dann verlassenen siebenstöckigen »schwimmenden Palast«, der am Ufer des größten Salzsees in China still vor sich hinrostete. Das Projekt war anscheinend aufgegeben worden, als einflussreiche Umweltschützer und Wissenschaftler in Beijing ihre Bedenken über die Auswirkungen des Massentourismus auf das empfindliche Ökosystem des Sees zum Ausdruck brachten. Nur wenige Touristen tummelten sich auf der Hauptstraße, und [4] das »Foto-Gelegenheits-Yak« hatte keine Kunden. Selbst das Restaurant, das [3] [6] eine Schar Hostessen auf dem Gehsteig traditionelle tibetische Tänze aufführen ließ, um Kunden anzulocken, blieb leer. Später habe ich dann erfahren, dass, während ich über das »lausige« Licht am Ufer schimpfte, die Vögel auf der Vogelinsel an Vogelgrippe starben. Die Insel ist die größte Touristenattraktion am See und Nistplatz von Hunderttausenden von Zugvögeln.

2

3

4

5

6

DER GYANAK-MANI-TEMPEL

1

2

3

4

VON FERNE SIEHT DIE RIESIGE TEMPELANLAGE VON GYANAK MANI am oberen Ende des Jyekundo-Tals aus wie die Überreste eines Dorfs nach einem Luftangriff. Das Trümmerfeld um den Tempel enthält jedoch die größte Ansammlung von *mani*-Steinen auf der Tibetischen Hochebene. Prinzessin Wen Cheng, der man die Konvertierung des tibetischen Königshofs zum Buddhismus zuschreibt, kam vor 1400 Jahren auf ihrem Weg von Xian nach Lhasa hier vorbei, um König Songtsen Gampo zu ehelichen. Ihre Heirat besiegelte den Frieden zwischen dem Tang-Kaiserreich und dem mächtigen tibetischen Königreich, das sich aus dem Yarlung-Tal heraus entwickelte. Pilger aus dem Hochland haben hier jahrhundertelang gemeißelte oder bemalte Steine aufgestellt. Ob monumental oder winzig – alle sind mit Mantras bedeckt, und einige enthalten sogar ganze Passagen aus den heiligen Schriften oder Abbildungen von Heiligen. [1] Ein Wandermönch rezitiert die heiligen Schriften. Pilger wandern durch [2] die Gassen zwischen Bergen von *mani*-Steinen und [3] Türmen aus Gebetsfahnen. [4] Eine Nomadenfamilie ruht sich vor dem Haupttempel von ihrer *kora* aus. [5] Eine Pilgerin aus Amdo.

1

2

3

4

DIE RIESIGE, DÜNN BESIEDELTE PROVINZ QINGHAI war in der Geschichte oft die letzte Station für Feinde des Kaisers. Während des Kalten Kriegs rief der Name Bilder trostloser Gulags hervor, in denen die »Volksschädlinge«, von denen man später oft nie wieder hörte, in den eisigen, windgepeitschten Bergen Uran abbauten. Heute, im aufblühenden »Kapitalismus unter chinesischen Vorzeichen«, könnte man leicht vergessen, dass die Provinz immer noch als der »Gefängnisstaat« bekannt ist und sich hier das Zentrum der Nuklearwaffenindustrie befindet. Etwas romantischer ist der Aspekt, dass in Qinghai drei große Flüsse Asiens entspringen – Yangtse, Mekong und Gelber Fluss –, die Ursprung der Naturwunder und des kulturellen Erbes entlang ihren Ufern sind. Die halbnomadische Familie, die wir unterwegs trafen, dient als gutes Beispiel, dass das traditionelle Leben weitergeht, trotz des schlechten Rufs der Provinz. [1] Mit genau gezielten Steinen und ein paar Pfiffen wird eine Yak-Herde durch den Fluss getrieben. [2] Zwei Brüder scheren ein Kalb, während [3] ihre Schwester, eine Nonne, eine Yak-Kuh melkt und [4] »Oma« den frischen Jogurt probiert.

1

DIE STADT YUSHU (Jadebaum), auch bekannt unter dem Namen Jyekundo, ist das Verwaltungszentrum von sechs Bezirken im südlichen Qinghai an der Grenze zu Tibet. Sie liegt buchstäblich am Ende der Welt. Die Stadt hat sich um das berühmte Bergkloster Jyekundo Dondrubling herum gebildet und spielte in der Vergangenheit eine Rolle als wichtiges Handelszentrum auf der in Nord-Süd-Richtung verlaufenden Karawanenroute zwischen Xining und Lhasa. Yushus jährliches Sommerfest lockt Zehntausende tibetischer Nomaden aus ihrem traditionellen Heimatland in Kham. Eine Zeltstadt entsteht auf dem Paradeplatz der Stadt, zieht sich die smaragdgrünen Hügel hinauf und entlang den Uferbänken. Es gibt Rummelplätze für Kinder und Märkte für den Handel von Waren aller Art wie Yak-Käse und -Pelze oder Raupenpilze (*cordyceps sinensis*), eine seltene und sehr gesuchte Pflanze aus dem Himalaja, die von vielen Tibetern als Allheilmittel angesehen wird. [1] Zwei Mädchen auf dem Weg zum Rummelplatz. [2] [4] Die Hohenpriester kommen in ihren schönsten Zeremoniengewändern zum Paradeplatz, um die Eröffnungszeremonie zu segnen. [3] Volkstanzdarbietung. [5] Die Mobiltelefon-Generation bringt moderne Kommunikationsmittel in die Zeltstadt.

2

3

4

5

DAS SOMMERLICHE PFERDEFEST IN YUSHU

1

EIN GRELLBUNTES FARBENMEER schimmert auf dem Paradeplatz inmitten eines Tals mit leuchtend grünen Bergen auf dem 4420 m hohen Plateau. Zehntausende Tänzer und Zuschauer in traditionellen Kostümen, eine wilde Farbpalette mit lebhaften Rot-, Pink-, Blau- und Gelbtönen, hervorgehoben durch den Bernstein-, Korallen- und Türkis-Schmuck, der ins lange, schwarze Haar geflochten wird – all dies wetteifert um die Aufmerksamkeit vor einem unwirklich erscheinenden Hintergrund, der sich im ultravioletten Höhenlicht der Berge und der dünnen Luft präsentiert. [1] Die Eröffnungszeremonien erinnern stark an die üblichen kommunistischen 1.-Mai-Paraden. Lange Kolonnen schwerfälliger blauer Lastwagen und klappernder Traktoren, mit Girlanden aus Blumen und Bändern umwunden und geschmückt mit Fahnen voll kommunistischer Parolen, fahren vorbei, während die höflich enthusiastische Menge applaudiert. Die Parade wird von einer Phalanx leistungsstarker Motorräder angeführt, gefahren von tibetischen Reitern, die sich für den Anlass in Hell's Angels verwandelt hatten. Später demonstrieren die Männer ihre halsbrecherischen Reitkünste, indem sie [2] [5] auf winzige Zielscheiben schießen oder [3] im rasenden Galopp so viele Seiden-*katas* wie möglich aufsammeln. [4] Ein übereifriger Mitstreiter reitet sein Pferd buchstäblich in Grund und Boden.

2

3

4

5

Autonome Region **TIBET**

KOORDINATEN
26° 52' – 36° 32' nördlicher Breite
78° 24' – 99° 06' östlicher Länge

FLÄCHE 1 221 700 km²

GEOGRAFIE Tibet umfasst Gebiete auf einem Hochplateau und Berge. Die durchschnittliche Höhenlage ist 4000 m. Im Süden wird das Land durch den Himalaja begrenzt, im Westen durch die Karakorum-Kette und im Norden durch das Kunlun-Gebirge. Vier Berggipfel sind höher als 8000 m, weitere 38 höher als 7000 m. In Tibet entspringen die Quellen der Flüsse Yangtse und Brahmaputra.

KLIMA Tibet prägen zwei unterschiedliche Klimazonen. Den Norden des tibetischen Hochlands zeichnet eine Jahrestemperatur von durchschnittlich -2 °C aus, er ist sechs Monate im Jahr mit Schnee bedeckt. Die Täler im südlichen Tibet kennzeichnet ein gemäßigtes, feuchtes Klima. Im Januar liegt die Durchschnittstemperatur in Lhasa, im Süden Tibets, bei -16 °C, sie steigt jedoch im Juli auf 29 °C. Dabei kann es im Sommer zu extremen Temperaturschwankungen zwischen 30 °C am Tag und Minustemperaturen in der Nacht kommen. Die tiefste je gemessene Temperatur liegt bei -44,6 °C, die höchste bei 32,2 °C. Die durchschnittlichen Jahresniederschläge bewegen sich zwischen 300 und 1000 mm.

BEVÖLKERUNG 2,74 Millionen (Ende 2004)

WICHTIGE STÄDTE Lhasa (Provinzhauptstadt), Shigatse, Shannan, Nakchu, Ngan, Nyingchi, Zhangmu

LANDWIRTSCHAFT Das einzige durchgängig landwirtschaftlich genutzte Gebiet ist das Tal des Yarlung Tsangpo, wo Gerste, Weizen, Kartoffeln, Hirse und Rüben angebaut werden. Weitere Gebiete bilden die Weiden für Yaks, Schafe und Ziegen.

WICHTIGE INDUSTRIEZWEIGE Der Tourismus stellt den größten Industriezweig Tibets dar, abgesehen von der Landwirtschaft. Es gibt ausgiebige Mineralvorkommen, die bis jetzt jedoch kaum abgebaut wurden. Das Erdwärmekraftwerk Yangbajain bei Lhasa ist ein preiswerter Energielieferant, hat jedoch kein Exportpotenzial.

JAHRESEINKOMMEN PRO KOPF (2005)
Verfügbares Einkommen der Stadtbevölkerung: RMB 8411 (802 Euro)
Nettoeinkommen der Landbevölkerung: RMB 2075 (198 Euro)

HISTORISCHE UND LANDSCHAFTLICHE SEHENSWÜRDIGKEITEN Der Potala-Palast, der Dschokhang-Tempel, die Klöster Tashilunpo und Kumbum, Mount Everest, die Seen Yamdrok-tso und Manasarovar, der Kailash, die Yarlung-Tsangpo-Schlucht.

ESSEN Die tibetische Küche basiert auf den landwirtschaftlichen Erzeugnissen der Region. Gerichte umfassen *tsampa* (geröstetes Gerstenmehl), *momo* (gedämpfte oder gebackene Teigtaschen), *thukpa* (Nudelsuppe mit Fleisch und gelegentlich Gemüse), *soja* (Buttertee) und viele verschiedene Gerichte mit Hammel-, Lamm- und Yak-Fleisch.

[RECHTS] Die Nordseite des Jomolungma – Muttergöttin der Erde – vom Everest-Basislager in Rongbuk aus.

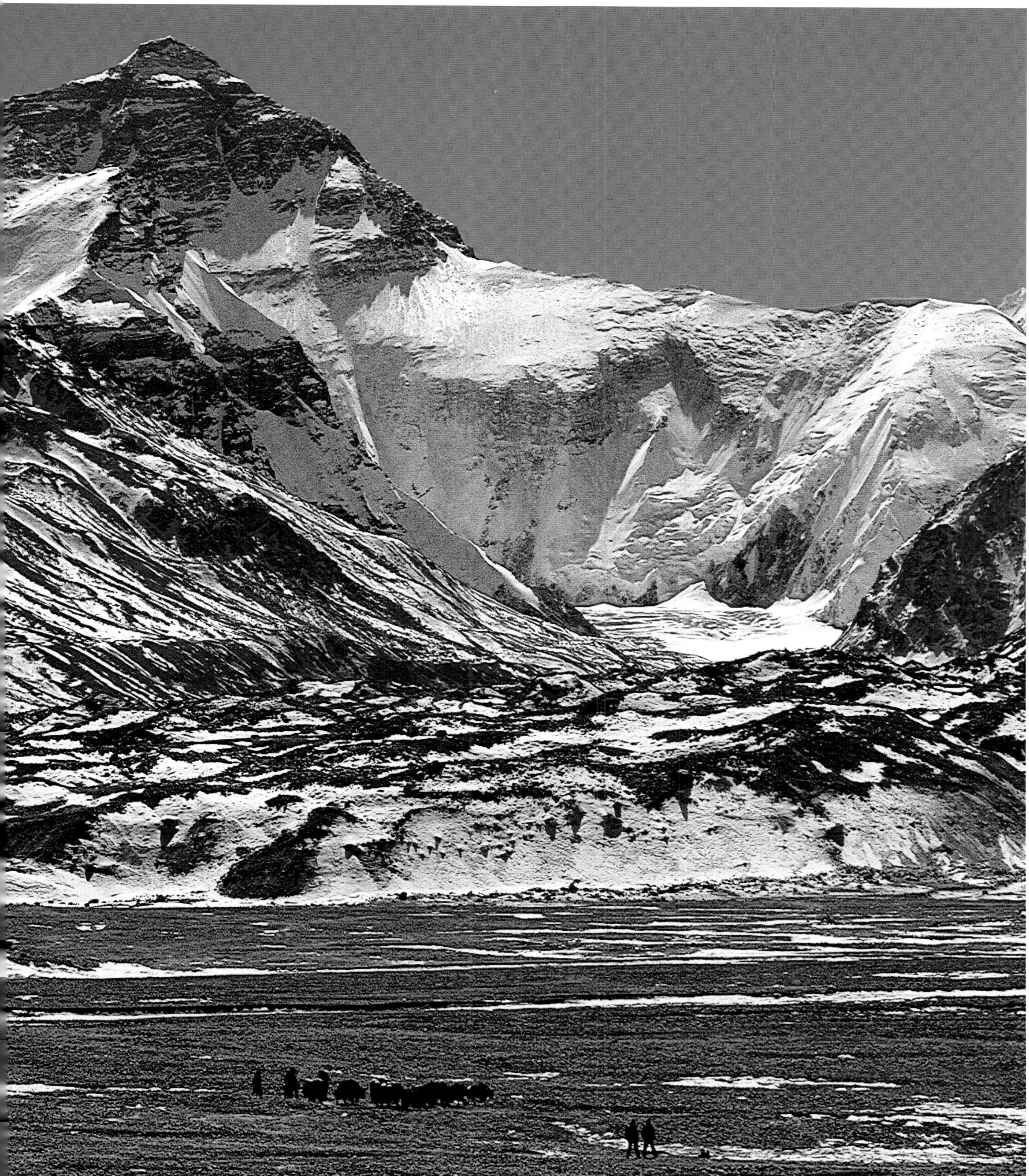

1

2

3

4

DAS YARLUNG-TSANGPO-TAL

5

SAMYE LIEGT IM FRUCHTBAREN TAL am Nordufer des Yarlung Tsangpo (Brahmaputra) und war Tibets erstes buddhistisches Kloster. Die Fertigstellung des Tempels 779 v. Chr. war ein Zeichen für die offizielle Einführung des Buddhismus im Land und das Ende der einheimischen Bön-Religion bei Hofe. König Khri-Srong lud den indischen Mahayana-Gelehrten Santiraksita und den aus Swat in Pakistan stammenden tantrischen Mystiker Padmasambhava (»der Lotusgeborene«) ein, beim Bau des Klosters beratend mitzuwirken. Einer Legende nach entstand der Name Samye, d.h. »unvorstellbar«, nachdem Padmasambhava auf wundersame Weise den Entwurf für Samye als Hologramm in seiner Handfläche erscheinen ließ. Andere Legenden berichten, dass Santiraksita das Kloster entwarf, jedoch gezwungen wurde aufzugeben, als »Dämonen« die Bauarbeiten störten. Padmasambhava, der meisterliche Dämonenbezwinger, siegte über die Dämonen bei Hepo Ri und stellte das Kloster fertig. Santiraksita aber wurde sein erster Abt. [3] [5] Pilger auf einem Hügel oberhalb des Klosters Samye, das als dreidimensionales Mandala konzipiert wurde. [1] Mönchsquartiere. [2] Ein Pilger isst Nudeln in der Cafeteria des Klosters. [4] Traditionelle Bearbeitung von Getreide im Yarlung-Tal.

1

DER POTALA-PALAST IST DAS SYMBOL TIBETS und ständige Mahnung, dass der geistige Führer des Landes, der Dalai Lama, abwesend ist. Auf den Grundmauern des Palastes von Songtsen Gampo aus dem 7. Jh. begannen 1645 7000 Arbeiter und 1500 Handwerker mit dem Bau des Weißen Palastes. Der 5. Dalai Lama verlegte 1649 den Sitz der Regierung vom Kloster Drepung zum Gipfel des Marpori (Roten Hügel), 1653 wurde das Projekt abgeschlossen. Der Legende nach wurde der Rote Palast vom 5. Dalai Lama als sein eigenes Grabdenkmal, sein *chorten*, entworfen. Die Bauarbeiten waren bei seinem Tode 1682 schon weit gediehen. Desi Sanye Gyatso, der Regent Tibets von 1679–1703, ließ seinen Tod zwölf Jahre lang geheim halten, bis der Mittelbau fertiggestellt war. Seither diente der Potala-Palast als Winterquartier der nachfolgenden Dalai Lamas, wobei der mittlere »rote« Teil des Palastes die Gebetsräume und Grabstätten von acht der geistigen Führer enthält. Heute ist der Bau ein staatliches Museum. Das 13-stöckige Gebäude mit seinen 1000 Räumen war das höchste Gebäude der Welt, bevor Wolkenkratzer gebaut wurden. [1] [2] [3] Der Potala-Palast aus verschiedenen Blickwinkeln.

2

3

1

2

3

4

5

6

ALS DIE CHINESISCHE PRINZESSIN WEN CHENG IN LHASA EINTRAF, so die Legende, blieb ein Wagen mit der Statue des Jowo Shakyamuni – einer Darstellung Buddhas im Alter von zwölf Jahren und heute Tibets heiligstes Heiligtum – im Schlamm am Ufer des Othang-Sees stecken. Wen Chengs Wahrsager erklärte dieses unheilvolle Omen damit, dass eine Dämonenriesin im Untergrund lebe, die fest entschlossen war, die Einführung der neuen Religion zu verhindern. Um die Dämonin zu besiegen, solle man ein schützendes Mandala aus 108 buddhistischen Tempeln über das ganze Territorium hinweg bauen. Der Dschokhang wurde 638–647 n. Chr. über dem Herzen der Dämonin gebaut. Er ist das Zentrum, von dem die geomantische Ausstrahlung ausgeht, und wird heute noch als spirituelle Mitte des tibetischen Volks angesehen. [1] Ein Nomadenmädchen vor Tibets heiligstem Schrein. [2] Der Dschokhang-Platz. [3] Devotionalienhändler im Barkhor (oktogonaler Rundweg) um den Tempel. [4] Immer öfter stellen sich falsche »Mönche« um den Dschokhang auf und bitten Touristen um Geld, um ihre imaginären Klöster wieder aufzubauen. Seine prahlerische Art, die schicke Kleidung und glänzender Schmuck verrieten diesen jungen Mann. [5] Butterlampen am Eingang der Buddhahalle. [6] Die drei Stadien einer vollkommenen Niederwerfung.

DER NAMTSO-SEE

1

VON LHASA AUS fuhren wir, vom Schneesturm verfolgt, Richtung Nordwesten auf eine 190 km lange Reise zum Namtso-See. Als wir [1] den 5090 m hohen Lhachen-La-Pass am Ende des Namtso-Chukmo-Tals überquerten, hatte sich der heulende Wind zu einem einzigen spitzen Schrei entwickelt. Von den berühmten türkisfarbenen klaren Wassern des zweitgrößten Salzsees in China war nichts zu sehen, stattdessen eine aufgewühlte, schiefergraue Oberfläche unter einem stürmischen Himmel. Wir parkten [2] nahe der Einsiedlerhöhle von Tashidor, in der ein Schrein für die Bön-Gottheit Nyenchen Tanglha untergebracht ist. Er ist Hüter und Namensgeber der schneebepuderten Bergkette um den See und als Beschützer des Marpori (Roter Hügel) auch der Grundherr des Potala-Palastes. Der beißende Wind fühlte sich an, als wolle er mir das Gesicht abreißen, doch den Pilgern schien das alles nichts auszumachen. Sie stemmten sich einfach gegen den Wind und drehten unbeirrbar ihre *kora*-Runden um den heiligen See. Einige warfen sich auf dem eisigen Boden vollkommen nieder, wo [3] Reihen heruntergefallener Gebetsfahnen an den *mani*-Steinen entlang dem Ufer flatterten.

2

3

1

2

3

IM WINDSCHATTEN DER HÖCHSTEN BERGE DER WELT haben Asiens große Flüsse breite, fruchtbare Täler aus dem tibetischen Hochland ausgewaschen. Eine große, Landwirtschaft betreibende Bevölkerungsgruppe pflanzt hier Grundnahrungsmittel wie Gerste und Buchweizen sowie eine große Bandbreite an Obst und Gemüse an. Eine der fruchtbarsten Regionen ist das Yarlung-Tal, das durch den Brahmaputra (Yarlung Tsangpo) aus dem westlichen Himalaja bewässert wird. Von alters her konnten die Tibeter hier einen Überfluss an Getreide erwirtschaften, der sich im trockenen Bergklima jahrelang aufbewahren ließ. Hungersnöte waren unbekannt, bis die chinesischen Kommunisten die Tibeter aus dem »Feudalismus befreiten«. Mehr als 50 Jahre hoher Steuern, Verfolgung und Säuberungsaktionen haben den ausgeklügelten Produktionszyklus zerstört und zu chronischer Lebensmittelverknappung geführt. In den letzten Jahren haben sich die Bedingungen aufgrund des Wirtschaftsbooms und einer vernünftigeren Politik etwas verbessert, doch wurde die Fähigkeit der einheimischen Bevölkerung, sich selbst zu versorgen, sicher für immer zerstört. [1] [3] Goldene Ernte vor den Toren Shigatses; die Bauern singen bei der Arbeit, und das weiße Pferd schaut zu. [2] Morgenstimmung am Yarlung Tsangpo.

DER FREUNDSCHAFTS-HIGHWAY ZUM HIMMEL

1

DER FREUNDSCHAFTS-HIGHWAY VERBINDET LHASA MIT KATHMANDU am tibetisch-nepalesischen Grenzort Kodari. Die Fahrt auf dieser Route über den Himalaja ist eine der landschaftlich schönsten und – buchstäblich – atemberaubendsten Reisen der Welt. Der neu gebaute Nordabschnitt zwischen Lhasa und Shigatse hat eventuell das Konzept von »Geschwindigkeit« unter den einheimischen Reisenden eingeführt, aber immer noch gibt es Bootsleute, die mit [1] traditionellen Yak-Haut-Flößen Menschen, Waren und Vieh über den Fluss bringen. Diese Art von Fähren hat vielleicht schon Francis Younghusbands Truppe von 1000 Soldaten, 10000 Dienern und 4000 Yaks übergesetzt, als sie 1903 nach Lhasa marschierten, um einen Disput zwischen Tibet und Britisch-Indien aus dem Weg zu räumen. Younghusband belagerte [4] die Klosterfestung von Gangtse Dzong acht Monate lang und wartete auf die Abgesandten von Lhasa, die jedoch nie kamen. Die alte Südroute führt [3] den Kamba-Pass hinauf, am heiligen See Yamdruk-tso (Schwanensee) vorbei. Bei schöner Aussicht ruht sich dort ein Souvenirhändler aus. [2] Eine junge Bauarbeiterin fühlt sich beim Mittagessen gestört.

2

3

4

DAS KLOSTER TASHILUNPO

1

2

3

4

TASHILUNPO IST DER SITZ DES PANCHEN LAMA, der in der zweitwichtigsten Abstammungslinie in der Gelugpa-Tradition (Gelbmützen-Schule) nach dem Dalai Lama steht. Das Kloster stand seit seiner Gründung 1447 im Zentrum politischer Intrigen sowie religiöser und regionaler Rivalitäten zwischen Lhasa und Shigatse. Ironischerweise war es der 5. Dalai Lama, der den Panchen Lama erschuf, indem er seinen Lehrer, den Abt von Tashilunpo, für heilig erklärte. Die Rivalität zwischen Gottkönig und Großem Lehrer machen sich Fremdmächte seit langem bei ihrer Einflussnahme auf die tibetische Politik zunutze, so die Mongolen, die Mandschus, die Briten, die Russen und schließlich die Chinesen. Tashilunpo war das einzige große Kloster auf der Tibetischen Hochebene, das der Zerstörung durch die chinesische Kulturrevolution entging, wahrscheinlich weil der 10. Panchen Lama im Grunde genommen ein politischer Gefangener war und in Beijing aufwuchs. [1] Auf dem Weg nach Tashilunpo. [2] Ein Novize geht zur Versammlungshalle. [3] Ein Mönch holt Wasser vor dem Gebetshaus von Jampa, in dem die riesige Statue von Maitreya – dem zukünftigen Buddha – steht. [4] Weiß getünchte Türme in den Mönchsquartieren. [5] Ein Pilger mit einem großen zeremoniellen Ölkrug.

1

2

3

DIE NORDSEITE VON GIPFEL XV

4

5

6

7

GEORGE MALLORYS BERÜHMTE ANTWORT auf die Frage, warum er unbedingt den Everest besteigen wolle, war: »Einfach weil er da ist …«. Obwohl das Geheimnis vielleicht nie gelüftet wird, ob er und sein Partner Andrew Irvine 1933 schon 20 Jahre vor Norgay und Edmund Hillary den Gipfel des Everest erreichten, bevor sie dann auf Nimmerwiedersehen im Schnee des Himalaja verschwanden, bleibt seine lakonische Antwort die Standardreplik auf alle Fragen, auf die es keine Antwort gibt. Beim Anblick des Berges, zwischen Reihen fluoreszierender Gebetsfahnen, die wild im scharfen Wind flatterten, und dem Rongbuk-Gletscher, der sich in den Hintergrund erstreckte, kam mir nicht in den Sinn: »Ich will da rauf«, sondern eher: »Ich will jetzt eine rauchen, und eine Schüssel voll Nudeln und Tee wären jetzt auch nicht schlecht.«
[1] Die Himalaja-Kette vom Pang-La-Pass, wo vier gigantische Gipfel – Xixabangma Feng, Cho Oyu, Lhotse und Makalu, alle über 8000 m hoch – stehen wie Schutzgötter um das Dach der Welt, den Jomolungma (Everest). [2] Rongphu ist das höchstgelegene Kloster der Welt. [3] Nomaden wandern über den Rongbuk-Pass. [4–7] Die Nordwand des Jomolungma, Muttergöttin des Universums oder Kuhprinzessin.

1

2

3

STRASSE ZUM SEE DES BEWUSSTSEINS

4

DIE LUFT WAR DÜNN, DIE REISE LANG und die Straße schlecht. Der Blick durch die Windschutzscheibe ging auf eine karge, großartige Landschaft. [1] Auf dem Weg von Saga nach Paryang kamen wir an einer Nomadenfamilie vorbei, deren Teenagertochter vor dem Zelt Yakbutter stampfte. Im Hintergrund sieht man die große Gebirgskette des Himalaja, über die die Grenze zu Nepal verläuft. Erst als ich näher herankam, wurde mir die raue Wirklichkeit hinter der malerischen Szene bewusst. Die ganze Familie, wie auch viele andere in der Region, leidet an Arthritis. Sie baten mich um Medizin, aber alles, was ich ihnen anbieten konnte, waren ein paar Aspirintabletten. [2] In der kleinen Gemeinde Huoer näht ein Schneider ein tibetisches Gewand. [3] Nomaden aus dem westlichen Tibet reiten in der Abenddämmerung zum Manasarovar-See, dem »Ozean aus Milch, bekundet vom Geiste Brahmas«. [4] Zunächst sah ich nur ein paar weiße Punkte, ähnlich Reiskörnern, die über einen grünen Billardtisch verstreut worden waren, dann erkannte ich Schafe, die ins Tal getrieben wurden, bevor der Winter einsetzt.

DIE KORA UM DEN BERG KAILASH

1

AM VORABEND UNSERES TRECKS ZUM KAILASH färbte sich der Himmel bei Sonnenuntergang schwarz. Die Hügel hinter dem Manasarovar-See glühten in der Dunkelheit vor dem schmalen Band des Horizonts, während ein Schneesturm über die Ebene fegte und uns im Ort Darchen einhüllte. Vor Morgengrauen zogen wir los über die mit Schnee bedeckte Erde und einen dräuenden Himmel über uns. Meine tibetischen Führer waren fest davon überzeugt, dass die am Vorabend angekommenen Hindu-Pilger schuld waren am Wetter. Die Südseite des heiligen Bergs war von Wolken verdeckt, als wir am Darpoche vorbei ins Tal kamen, dem großen Flaggenmasten und wichtigen Orientierungspunkt bei der *kora* um den Kailash. Einige Stunden später lichtete sich der Himmel, und die Westwand des Kailash zeigte sich, als wir mit [1] drei Pilgern gleichzogen, die auf einer *kora* mit vollständigen Niederwerfungen den Berg umrunden wollten. Sie hatten einen Monat dafür eingeplant. [2] Tibetische Pilger. [3] Als wir uns dem Drirapuk-Tempel näherten, wurden wir mit der hässlichen Realität der Umweltverschmutzung durch den Menschen konfrontiert. [4] Eine Nomadenfamilie mit all ihrer Habe auf der *kora*.

2

3

4

1

2

DER MYTHISCHE BERG MERU

3

DER KAILASH IST DER HEILIGSTE BERG ASIENS. Gemäß den Kosmologien und Schöpfungsmythen von Hinduismus, Jainismus, Bön und Buddhismus ist er der Berg Meru, Geburtsort und Zentrum des Universums, Wohnort der Götter. Er ist ein magischer Ort, an dem Mythos und Wahrheit nahtlos ineinander übergehen. Die vier nackten, vertikalen Wände des monumentalen, 4714 m hohen schwarzen Felsmassivs sind genau nach den vier Himmelsrichtungen ausgerichtet, und an jeder Seite entspringt ein großer Fluss. Der Indus fließt nach Norden hin zum Arabischen Meer, der Kanali nach Süden, wo er in den Ganges mündet, der Brahmaputra nach Osten entlang dem Himalaja und der Sutlej fließt aus dem Manasarovar-See nach Westen in Richtung Pakistan. Diese Flüsse mit ihren Nebenflüssen bilden die Wasseradern, die unzähligen Millionen von Menschen auf dem Subkontinent das Leben überhaupt ermöglichen. [1] Wolken ziehen auf den Kailash zu. [2] Ein »runder Regenbogen« erschien im Zenit, als ich am Ende des Trecks aus dem Tal wankte. [3] Die Kailash-Nordwand.

NACHWORT

祝全市人民新春快乐!
实施大开放
建设大贵阳

DAS GROSSE SPIEL UND DER TROCKENE MARTINI

ODER

EIN GROSSER BAUM ZIEHT DEN WIND AN

Der Wodka-Martini rinnt weich die Kehle hinunter und gleitet in einen Bewusstseinsstrom, wie man ihn nur im Club haben kann. Während der letzten 20 oder mehr Jahre seit meiner Rückkehr nach Hongkong war die große Bar des FCC (Foreign Correspondents' Club) mein Zufluchtsort vor Erbarmungslosigkeit und Irrsinn. Heute ist sie meine zweite Heimat. Jedes Mal, wenn ich von wochenlangen Foto-Touren aus der Volksrepublik zurückkomme, ist dies mein zweiter Anlaufplatz. (Der erste ist bei Mak auf eine Schüssel Wonton-Nudeln.)

Normalerweise leiste ich mir keinen Martini um halb fünf Uhr nachmittags, aber heute ist ein besonderer Tag: Ich bin gerade zurück von der letzten Reise für dieses Projekt, und mir ist nach Feiern zumute. Wenn im Moment auch nur mit den Barkeepern, weil sonst niemand da ist, außer ein paar Juristen in der »Lawyer's Corner« am anderen Ende der Bar. Meine Kumpel, mit denen ich mich in Gespräche und Debatten verwickeln kann, mit denen kein Thema ausgespart wird, für die keine Verschwörungstheorie zu wild ist, kein Witz zu drastisch oder politisch inkorrekt, schauen erst nach sechs Uhr vorbei. Ich habe also noch eine lange Nacht vor mir. Ist mir auch ganz recht, denn ich kann ein paar Takte Ruhe gebrauchen, bevor ich mich richtig volllaufen lasse.

Nachdem ich mich jahrelang mit dem Gedanken getragen habe, und nach 13 Monaten ruheloser Reisezeit habe ich es nun endlich geschafft, fast all die Gegenden Chinas zu bereisen, von denen ich immer geträumt hatte. Auch wenn ich nicht alles auf Film festhalten konnte, so war ich doch dort gewesen und hatte es erlebt. Und das Allerwichtigste: Ich habe endlich dem Drachen ins Auge geblickt, ohne zu blinzeln, und dieses Ungeheuer hoffentlich endgültig aus meinem Leben exorziert. Erschöpft und ausgelaugt, doch gleichzeitig erleichtert und beschwingt bestelle ich noch einen Martini, extra trocken mit Lemon-Twist und diesmal mit polnischem Wodka.

Vielleicht mag ich diesen Club einfach deshalb so sehr, weil ich so viel Zeit meines Erwachsenenlebens hier an der Bar oder im Untergeschoss über den Billard-Tisch gebeugt verplempert habe. Ich mag hier einfach alles. Sogar sein unbegründeter Ruf, dass sich Frauen mit Vergangenheit hier mit Männern ohne Zukunft treffen, gibt mir ein wohliges Gefühl der Sicherheit, wie ein Kokon mit einer voll ausgerüsteten Bar. Ich finde es toll, dass ich in John le Carres Buch *Eine Art Held* über die »Pissoirs mit Blick auf den Hafen« im alten Club im Sutherland House lesen konnte, lange bevor ich mich selbst dort erleichtert habe, und auch, dass ich am Ende einer Nacht, in der wir uns ernsthaft dem Alkohol widmen, irgendwelchen Fremden an der Bar meine innersten Geheimnisse preisgeben und über alles reden kann und dabei weiß, dass am Morgen alles vergessen sein wird. Am besten finde ich aber, dass der Club seit seiner Gründung 1943 in Chongqing durch eine Handvoll Auslandskorrespondenten, die mit der Regierung Chiang Kai-sheks um das Recht der freien Berichterstattung über den Japanischen Krieg gestritten hatten, immer eine Bastion der freien Presse in China war. Seit der Zeit in Shanghai, als zwei Clubmitglieder 1949 fast von der Kuomintang hingerichtet worden waren, weil sie über den unmittelbar bevorstehenden Sieg der Kommunisten berichteten, dann in den guten alten Tagen, als er im Vietnamkrieg zum Treffpunkt der berichtenden Journalisten und Fotografen wurde, bis heute im Hongkong nach der Übergabe – der Club ist und bleibt der Ort, an dem Leute offen sein können und manchmal sogar ehrlich.

Ich kann mich an eine »Session« erinnern, die sich besonders lange hinzog, bis weit nachdem die Barkeeper um zwei Uhr in der Früh nach Hause gegangen waren. Es war die Nacht, als der damalige amerikanische Außenminister Colin Powell bei den Vereinten Nationen sein »Kuba-Krisen-Theater« abzog und eine Phiole mit »einer tödlichen chemischen Substanz« hochhielt, die alles Mögliche enthalten konnte, und Aufnahmen »mobiler Labors für chemische Waffen« zeigte, die – wie sich später herausstellen sollte – Fahrzeuge zur Heliumherstellung für Heißluftballons waren. Der Nachrichtenclip flimmerte immer wieder über den Bildschirm des Geräts, das auf CNN eingestellt war,

[LINKS] Regennacht in Guiyang, in der Provinz Guizhou. [VORANGEHENDE SEITEN] Der Berg Kailash.

und die Diskussionen drehten sind endlos darum, ob die USA wohl im Irak einmarschieren würden. Ein wenig abseits von unserer immer lauter werdenden Gruppe hing ein massiger Mann allein und still über der Bar, trank seinen Whiskey und starrte auf die Reihe voller Gläser, die er beim letzten Aufruf bestellt hatte und die vor ihm aufgereiht waren wie eine Reihe Zinnsoldaten. Plötzlich stand er auf, stolperte und fiel fast vom Stuhl. Wir sahen zu ihm hinüber, als er mit dickem australischem Akzent sagte: »Ihr Deppen könnt euch darüber streiten, solange ihr wollt. Es gibt Krieg, ob es euch nun passt oder nicht …« Er trank sein Glas aus und fuhr dann mit lallender Stimme fort: »Ende Februar geht's los. Wir haben schon Satellitenzeit gebucht …« Er fand sein Gleichgewicht wieder und machte sich auf den Weg. »Ich habe meine Jungs heute schon nach Kuwait geschickt …« Seine Stimme versagte, als ihm die Tränen in die Augen schossen. Er drehte sich um und ging hinaus, ohne seine restlichen Whiskeys zu trinken.

Obwohl er sich um ein paar Wochen vertan hatte, musste ich doch manchmal an ihn denken, besonders an Tagen wie heute, wo ich ganz alleine an der Bar sitze und die dunkleren Winkel meiner Erinnerungen durchstreife. Ich frage mich, ob es moralisch verwerflich war, dass wir die Whiskeys austranken, die er hatte stehen lassen, wo er doch so viel Schmerz empfunden hatte. Aber noch öfter denke ich an ihn, weil er mir die Augen für die Tatsache geöffnet hat, dass der »Militär-Industrie-Komplex«, vor dessen »Aneignung unbefugter Einflussnahme« Präsident Eisenhower in seiner Abschiedsrede 1961 gewarnt hatte, heute im Informationszeitalter die treffendere Bezeichnung »Militär-Medien-Industrie-Komplex« verdient.

An der Säule hinter mir hängt eingerahmt das Titelbild des *TIME*-Magazins vom 19. Juni 1989 mit der ikonenhaften Aufnahme eines Mannes in Beijing mit seinen Einkaufstüten, der versucht, die Panzer auf der Chang An Avenue aufzuhalten. Die Überschrift proklamiert »Aufstand gegen den Kommunismus – China, Polen, UdSSR«. Das erinnert mich an unsere zahlreichen Diskussionen darüber, wie diese Vorkommnisse in der Weltöffentlichkeit einen permanenten Schatten auf China geworfen und grundsätzlich die Nachrichtenübermittlung verändert haben, indem das Konzept der Rund-um-die-Uhr-Berichterstattung eingeführt wurde. Freunde, die über die Vorkommnisse am Tian-An-Men-Platz berichtet hatten, waren der Meinung, das Massaker hätte von dem Moment an verhindert werden können und sollen, als die Studenten der unter Tränen vorgebrachten Bitte Zhao Ziyangs, ihren Hungerstreik doch abzubrechen, in den Morgenstunden des 19. Mai Folge leisteten – wenn nur die naiven Studentenanführer auf ihre »15 Minuten im Rampenlicht« vor einem weltweiten Publikum verzichtet hätten. Andere wiederum glauben, dass der Einfluss von Taiwan, Hongkong und der CIA ausschlaggebend gewesen sei, und führen als Beweise einerseits die Millionen von Dollar an, die am Ende für den Tian-An-Men-Platz lockergemacht worden waren, andererseits die schnelle Evakuierung der Studentenführer nach Amerika durch Triaden-Schmugglernetzwerke. Und wieder andere dachten, dass dieser »High-Noon-Showdown« unausweichlich gewesen war, weil alle daran beteiligten Parteien es so wollten – die Studenten, die Medien, die Kräfte im Untergrund und ganz besonders Deng Xiaoping, der unbedingt diese Demütigung mit Blut wegwaschen und der Welt beweisen wollte, dass die Leute vor dem kaiserlichen Willen »zittern und gehorchen« sollten. In einem waren wir uns alle einig, nämlich dass es ganz klar bedeutete, dass China die Fesseln seiner konfuzianisch-kaiserlichen Vergangenheit nicht abschütteln und über Nacht eine Demokratie nach westlichem Vorbild werden konnte.

»Noch einen, Mr. Pao?« Die freundliche Stimme hinter der Bar holt mich aus meinen Gedanken zurück. Ich nicke geistesabwesend und wende mich wieder dem Bild mit dem Mann und den Panzern zu. An meine Wut und Empörung jener Tage kann ich mich lebhaft erinnern. Die Bitterkeit hat sich inzwischen gelegt und ist einer tiefen Trauer um die Opfer gewichen, einer stillen Resignation gegenüber der Aussichtslosigkeit, mit der zerbrechliche Menschen gegen den Strom der Geschichte ankämpfen. Ein jeder hatte damals das Gefühl, das zu tun, was getan werden musste. Nur lagen leider alle falsch. Meine Freunde von damals wundern sich oft über die grundlegende Veränderung in meiner Haltung gegenüber China, seit ich mit diesem Buch angefangen habe. Aus einem Gegner, der allem in China gründlich misstraute, hatte ich mich in einen Enthusiasten verwandelt, der Geschichten über die wunderbaren Menschen erzählte, die er unterwegs getroffen hatte, und über interessante Gerichte, die ihm in den exotischsten Gegenden serviert worden waren, weit weg vom Lärm und der Luftverschmutzung der Städte. Am meisten hat mich beeindruckt, wie hart die einfachen Leute in diesem Land arbeiten müssen, wie genügsam sie leben und wie großzügig sie gegenüber Fremden wie mir sind. Wie bei den Ärmsten in aller Welt ist ihr größter Wunsch, dass es ihren Kindern einmal besser gehen solle als ihnen. Meine Freunde aber scheinen lieber Geschichten über verachtenswerte Parasiten am anderen Ende des menschlichen Spektrums hören zu wollen.

Obwohl ich weiß, dass ich machtlos bin gegen Umweltverschmutzung, Arbeitslosigkeit, den Einkommensunterschied, Korruption und Kriminalität, den Modegeschmack und einer Reihe anderer Probleme, mit denen China sich auseinandersetzen muss, habe ich fast zwanghafte Befürchtungen, was seine Zukunft angeht. Ich mache mir Sorgen, weil das Land schon zu reich geworden ist und mit seinen Devisenreserven bereits doppelt so viele Goldbarren aufkaufen könnte, wie in den Banktresoren der ganzen Welt liegen. Ich mache mir Sorgen, ob die Regierung diesen neu erworbenen Reichtum weise verwaltet oder ob sie die Krankheit »Mehr Geld als Verstand« bekommt und den Reichtum durch Prestigeprojekte verschleudert. Oder noch schlimmer, dass sie ihn den Generälen der Volksarmee in den Rachen wirft und sich mit Amerika – wie einst die Sowjetunion im Kalten Krieg – ein Rüstungswettrennen leistet. Vielleicht verwenden sie den Reichtum aber auch für die Entwicklung erneuerbarer Energien, um diese übel riechende, toxische Kohle zu ersetzen, oder für die Renaturierung der ausgebeuteten Umwelt oder für die Verbesserung der Lage der Bauern. Vielleicht ist es jetzt an der Zeit, endlich das fast vergessene Versprechen der Regierung wahr zu machen, den Menschen das Land zurückzugeben, das sie bebauen. Denn die meisten Experten sind sich einig, dass die Schaffung von privatem Grund und Boden die wichtigste Reform ist, die heutige und zukünftige Regimes angehen müssen, um China den Aufruhr einer neuen »Bauernrevolution« zu ersparen.

Ich mache mir Sorgen um das neue große Spiel. Seit dem ersten Kampf unter Höhlenmenschen um den Besitz des Feuers hat die Menschheit um Bodenschätze und die Gebiete gerungen, in denen sie vorkommen. Im 21. Jh. ist es fossile Energie, hinter der alle her sind, und es wird mit höchstem Einsatz gespielt. Amerikas Außenpolitik basiert auf einer neokonservativen Doktrin, die nach dem Fall der Berliner Mauer und dem Zusammenbruch des »Reichs des Bösen« formuliert wurde. Sie zielt darauf ab, die USA als einzige Supermacht der Welt aufrechtzuerhalten. Amerikas Versuche, andere Staaten – wenn nötig mit Gewalt – daran zu hindern, sich auf irgendeine Weise zur Supermacht aufzuschwingen, hatten eine abenteuerliche Außenpolitik zur Folge. Das Verhalten im Irak-Krieg hat die einzige Supermacht der Welt viele Freunde gekostet und ihre Nachbarn im Global Village misstrauisch werden lassen im Hinblick auf ihre wahren Absichten. Während Amerika in diesem selbst gemachten Sumpf steckt und sein Ansehen auf den absoluten Nullpunkt gesunken ist, wird China wider Willen als Frühgeburt einer Supermacht aus dem Kreißsaal geschoben und im Inkubator vor eine sensationshungrige Öffentlichkeit auf die Weltbühne gezerrt. Für diese Rolle ist China noch nicht bereit und will sie vielleicht auch gar nicht einnehmen. Denn die Volksweisheit eines chinesischen Sprichworts besagt: »Ein großer Baum zieht den Wind an.«

Am meisten Sorge bereitet es mir, dass ich mir so viele Sorgen mache um ein Land, das ich bis vor Kurzem kaum kannte und für das ich nichts weiter empfand als Animosität und vage Neugier, das ich im Grunde genommen sogar aus tiefster Seele verabscheute. Gerade eben fühlte ich den Drachen in mir aufsteigen, aber statt Angst und Abscheu, wie sonst, empfinde ich nur eine große Wärme in mir, als er zum Flug ansetzt. Ein ungekanntes Gefühl des Friedens mit ihm breitet sich in meinem Innern aus. Oder sind das nur die Martinis, die langsam anfangen zu wirken?

CHINA	ASIEN	EUROPA	ANDERE
9000–8000 v. Chr.			
Keramikherstellung in Xianrendong.	Weizenernte und Schafzucht im Mittleren Osten.	Rückgang der Gletscher am Ende der Eiszeit.	Anbau von Getreide, Bohnen und Paprika in Peru.
8000–5000 v. Chr.			
Erste landwirtschaftliche Siedlungen, Tierhaltung und Reisanbau am Yangtse.	Bewässerung in Mesopotamien (Irak) ermöglicht die Gründung der ersten (sumerischen) Stadt.	Kupfer- und Goldbearbeitung.	Viehzucht in der Sahara-Region Nordafrikas.
5000–3000 v. Chr.			
Jadeimporte aus dem heutigen Sibirien und Verwendung in Ornamenten.	Erfindung des Rads in Mesopotamien.	Zugtiere ziehen einfache Pflüge. Erste Fahrzeuge mit Rädern.	In Ägypten werden erste Segelboote auf dem Nil eingesetzt.

CHINA – EINE ZEITTAFEL

CHINA	ASIEN	EUROPA	ANDERE
3000–1000 v. Chr.			
Beginn der Seidenweberei. Erfindung von Bronze, Tinte und Lacken, ebenso Keramikherstellung mit der Töpferscheibe. **1666–1045** Shang-Dynastie, Chinas erstes komplett dokumentiertes Reich.	Aufstieg und Fall der Indus-Zivilisation. **1650** Das Hethiter-Reich zerstört Babylon. **1030** Gründung des Königreichs Israel.	**2600–1450** Aufstieg und Fall der minoischen Kultur. **1600** In Südengland werden die Arbeiten in Stonehenge beendet.	**2575–1650** Bau der Pyramiden in Ägypten. **2200** In Peru Bau des Tempels des Fuchses, des ersten von Menschen errichteten Steinbaus in Amerika. **1325** Tutanchamun wird im Tal der Könige begraben.
1000–1 v. Chr.			
Chinesische Schrift voll entwickelt, Erfindung des Eisenpflugs. **551–479** Konfuzius.	**612** Babylonischer Sieg über das Assyrer-Reich.	**600** Aufstieg der Etrusker-Staaten in Italien.	**950** Frühe Maya-Kultur (Mittelamerika).

CHINA	ASIEN	EUROPA	ANDERE
1000 – 1 v. Chr.			
Entstehung der Seidenstraße zwischen China und dem Westen. **221 – 210** Qin Shi Huangdi wird erster Kaiser Chinas. **221** Der Bau der Chinesischen Mauer beginnt. **206** Beginn der Han-Dynastie	**566 – 486** Siddharta Gautama, Begründer des Buddhismus. **480** Sieg der Griechen über die Perser bei Salamis. **490** Schlacht von Marathon. **63** Rom besetzt Judaea (Israel).	**256 – 223** Alexander der Große erobert Ägypten und Gebiete bis ins heutige Indien. **509 – 133** Römische Republik (Römisches Reich bis 5. Jh. n. Chr.)	**30** Königin Kleopatra begeht Selbstmord.
1 n. Chr. – 200 n. Chr.			
50 Die neue Han-Dynastie führt den Buddhismus ein. **150** Cai Lun erfindet das Papier. **200** Einsatz von Heckruder, wasserdichten Schotten und Vielmastern in der Schifffahrt. **200** Nutzung der Wasserkraft, Kettenpumpen weitgehend eingeführt.	**33** Jesus Christus wird gekreuzigt. **66 – 73** Judäischer Aufstand gegen Rom führt zur Vertreibung der Juden und zur Diaspora. **100** Indonesische Seeleute erreichen die Küste Ostafrikas. **150** Erste Sanskrit-Inschrift wird in Indien aufgezeichnet.	**43** Die Römer erobern Britannien. **116 – 117** Größte Ausdehnung des Römischen Reiches. **180** Mit dem Tod Kaiser Marc Aurels beginnt der Niedergang des Römischen Reiches.	**90 – 168** Der ägyptische Mathematiker und Astronom Ptolemäus schafft die Grundlagen moderner Kartografie. **150** Die Sonnenpyramide, das größte vorkoloniale Gebäude Amerikas, wird in Teotihuacán (Mexiko) fertiggestellt.
200 – 400 n. Chr.			
220 Auf die Han-Dynastie folgen die Zeit der Drei Reiche und die Jin-Dynastie. **300** Porzellanproduktion. Magnetkompass und Steigbügel werden erfunden.	**300** Errichtung des Yamato-Reichs in Japan. **320** Gründung des Gupta-Reichs in Nordindien.	**360 – 380** Invasion der Goten und Hunnen. **380** Das Christentum wird zur offiziellen Religion im Römischen Reich. **395** Aufteilung des Römischen Reichs in ein Weströmisches Reich und ein Oströmisches Reich mit dem Zentrum Konstantinopel.	**100** Die Anasazi-Kultur entwickelt sich im Südwesten der USA. Sie zeichnet sich durch Bauten aus luftgetrockneten Ziegeln, einfache Landwirtschaft und Weberei aus. **300 – 400** Beginn der Viehherdenhaltung im südlichen Afrika.
401 – 600 n. Chr.			
500 Dem indischen Mönch Bodhidharma wird zugeschrieben, den Zen-Buddhismus nach China gebracht zu haben. **553** Seidenraupen werden nach Europa geschmuggelt, was den Handel beeinträchtigt.	**500** Zerstörung des Gupta-Reichs durch die Hunnen. **500** Indische Mathematiker führen das Konzept der »Null« ein. **540** Der Buddhismus erreicht Japan. **570** Mohammed, islamischer Prophet, in Mekka geboren.	**410** Plünderung Roms durch die Westgoten. **450** Angeln, Sachsen und Juten fallen in Britannien ein.	**500** Polynesische Migration aus Südostasien erreicht Hawaii und weitere westpazifische Inseln.
600 – 800 n. Chr.			
610 Der Große Kanal zwischen Yangtse und Chang An wird fertiggestellt. **618** Beginn der Tang-Dynastie. **700** Entwicklung von Schießpulver, Feuerwaffen und Raketen zur Kriegsführung. **751** Niederlage gegen arabische Armeen bei Talas (Zentralasien) läuten Jahrhunderte des militärischen Niedergangs Chinas ein.	**622** Mohammed und seine Anhänger ziehen von Mekka nach Medina (Hidschra), Beginn muslimischer Eroberungen und des islamischen Kalenders. **632** Tod Mohammeds. **650** Der Koran entsteht. Islam-Anhänger teilen sich in Sunni und Shia. **645 – 784** Japan übernimmt das chinesische Regierungsmodell. Nara wird erste Hauptstadt Japans.	**700** Muslimische Truppen besetzen große Teile Spaniens. **732** Karl Martell stoppt nahe der französischen Stadt Tours die islamische Expansion in Europa. **742 – 814** Karl der Große, Gründer des Heiligen Römischen Reichs, beginnt in Frankreich und Deutschland mit der Einigung Europas. **787** Beginn der Wikinger-Raubzüge in Britannien.	**600** Höhepunkt des Maya-Reichs (Mittelamerika). **633 – 642** Muslimisch-arabische Armeen erobern Ägypten, Palästina, Mesopotamien, die Küste Nordafrikas, Teile Persiens und des Byzantinischen Reichs.
800 – 1000 n. Chr.			
800 Entwicklung des Druckstocks. **845** Der Buddhismus wird zu Gunsten des Konfuzianismus verboten. **868** Das erste Druckwerk, das Diamantsutra (Jingang Jing), wird hergestellt.	**800** Die Tempelanlagen in Angkor (Kambodscha) und Borobudur (Java) entstehen. **820** Ein persischer Mathematiker entwickelt das algebraische System.	**850 – 1000** Der Einfluss der Wikinger reicht von Konstantinopel bis Nordamerika.	**787 – 809** Harun al-Rashid Kalif von Bagdad. Seine Regierungszeit ist die Basis der *Geschichten aus Tausendundeiner Nacht*. **800** Arabische und persische Seeleute gründen Handelsposten entlang der Küste Afrikas.

CHINA	ASIEN	EUROPA	ANDERE
800–1000 n. Chr.			
907 Der Zusammenbruch der Tang-Dynastie führt zu jahrelangem Kriegszustand. **960** Die Song-Dynastie stellt die Einheit wieder her. **970** Die Einführung des Papiergelds führt zu Inflation und Staatsbankrott.	**893** Der japanische Kaiser befiehlt das Ende der Wirtschaftsbeziehungen zu China. **939** Ngo Quyen vertreibt die Chinesen aus Vietnam und wird erster Führer des neuen Landes.	**849–899** Nach dem Sieg über die Dänen wird Alfred der Große erster englischer König. **975** Die Araber führen moderne mathematische Symbole in Europa ein.	**850** Kaffee in Äthiopien entdeckt. **900** Maori besiedeln Neuseeland. **900** Nach Klimaveränderungen plötzlicher Niedergang der Maya-Kultur in Mittelamerika.
1000–1200 n. Chr.			
1041 Entwicklung beweglicher Ton-Drucklettern. **1127** Die südliche Song-Dynastie etabliert sich in Hangzhou.	**1000** Die *Geschichte des Dschinn*, von vielen als erster Roman angesehen, wird in Japan verfasst. **1095–1099** Erster Kreuzzug christlicher Armeen nach Palästina.	**1054** Teilung der christlichen Kirche in die orthodoxe Kirche (Byzanz) und die römisch-katholische Kirche (Rom). **1066** Beginn der Herrschaft der Normannen nach der Eroberung Britanniens.	**1000** Der Wikinger Leif Eriksson erreicht Nordamerika bei Neufundland.
1200–1400 n. Chr.			
1211–1368 Mongolische Invasion und Besatzung führen zur Entstehung der Yuan-Dynastie. Die Zeit der mongolischen Besatzung bildet eine der kreativsten Perioden Chinas, da die Orthodoxie von Erfindungsgeist und Individualität abgelöst wird. **1274–1295** Marco Polos Besuch verstärkt Europas Interesse an China. **1300–1400** Luo Guanzhong verfasst die *Geschichte der drei Reiche* und *Die Räuber vom Liangshan-Moor*. **1368** Ming-Armeen vertreiben die mongolische Yuan-Dynastie aus China.	**1206** Mehrere muslimische Invasionen führen zum Sultanat von Delhi. **1221** Erste mongolische Invasion Indiens durch Dschingis Khan. **1281** Mongolische Invasion von Japan wird durch einen Taifun vereitelt (*kamikaze*, ein »göttlicher Wind«). **1300** Gründung des Ottomanen-Reichs in der Türkei. **1332** Der schwarze Tod (Beulenpest) bricht in Indien aus. **1398** Der Mongolenführer Tamerlan zerstört Delhi.	**1100** Erste Universitäten werden gegründet. **1215** Die Magna Charta überträgt in England die Macht vom Monarchen auf die Aristokratie. **1242** Ende der Mongolen-Invasion in Europa. **1250** Der Langbogen, die stärkste Waffe vor den Feuerwaffen, wird in England entwickelt. **1290** In Italien wird die Brille erfunden. **1347–1351** Die Pest tötet ca. ein Drittel der Bevölkerung Europas. **1387** Chaucer schreibt die *Canterbury Tales*.	**1200** Gründung der Eisenzeit-Zivilisation in Great Zimbabwe. **1201** Erdbeben tötet mehr als 1 Million Menschen in Ägypten und im östlichen Mittelmeerraum. **1206** Dschingis Khan gründet das Mongolenreich. **1300** Die Inkas beginnen das zentrale Andengebiet zu beherrschen. **1327** Die Azteken gründen Mexiko-Stadt.
1400–1600 n. Chr.			
1405–1433 Zheng Hes sieben Reisen nach Indien, Afrika und in den Mittleren Osten. **1406** Beginn am Bau der Verbotenen Stadt in Beijing. **1460** Erster überseeischer Export von Ming-Porzellan. **1488** Der Wiederaufbau der Chinesischen Mauer beginnt. **1516** Die Portugiesen errichten einen Handelsposten in Macao. **1590** *Reise nach Westen* veröffentlicht.	**1430** Das Khmer-Reich wird durch die Thai zerstört. Angkor Wat wird aufgegeben. **1492** Der portugiesische Seemann Vasco da Gama erreicht Indien. **1542** Der portugiesische Navigator Antonio da Mota betritt als erster Europäer Japan. **1570** Japan öffnet den Hafen Nagasaki für den internationalen Handel. **1571** Die Zerstörung der ottomanischen Flotte durch Christen bei Lepanto beendet die muslimische Expansion.	**1456** Die Gutenberg-Bibel wird als erstes Buch mit beweglichen Lettern gedruckt. **1492** Muslime und Juden werden nach der Reconquista aus Spanien vertrieben. **1517** Martin Luther schlägt seine 95 Thesen gegen kirchliche Praktiken in Wittenberg an und begründet den Protestantismus. **1519** Tod Leonardo da Vincis. **1560** Tabak wird nach Europa importiert. **1564** Geburt William Shakespeares. **1575** In Italien werden Kopien chinesischen Porzellans hergestellt.	**1440–1450** Die Inkas bauen Cuzco und Machu Picchu in Peru. **1492** Christoph Kolumbus segelt von Spanien nach Nordamerika. **1521** Der spanische Soldat Hernando Cortes zerstört das Aztekenreich in Mexiko. **1522** Eine portugiesische Expedition umrundet erstmals die Welt. **1530** Beginn des transatlantischen Sklavenhandels.
1600–1800 n. Chr.			
1637 Ein englischer Handelsposten wird in Kanton (Guangzhou) errichtet. **1644** Die Mandschus stürzen die Ming-Dynastie und gründen die Qing-Dynastie.	**1600** Gründung der British East India Company in London. **1600–1630** Beginn der Edo-Periode in Japan, Rückzug des Landes aus der Weltpolitik.	**1609** Die erste Schiffsladung mit chinesischem Tee kommt nach Europa. **1642–1647** Bürgerkrieg in England. **1649** Hinrichtung Karls I. in London.	**1607** In Virginia wird Jamestown gegründet, die erste ständige Niederlassung Englands in Nordamerika. **1616** Holländische Seeleute unter Dirk Hartog erreichen als erste Europäer Australien.

CHINA	ASIEN	EUROPA	ANDERE
1600–1800 n. Chr.			
1683 Formosa (Taiwan) von China annektiert. **1685** Alle chinesischen Häfen werden für den internationalen Handel geöffnet. **1727** China und Russland unterzeichnen das Grenzabkommen von Kiachta. **1729** Kaiser Yongzheng verbietet das Rauchen von Opium. **1736–1796** Herrschaft des Kaisers Qianlong, Höhepunkt des Mandschu-Reiches. **1750** Die Mandschus nehmen Lhasa ein und besetzen Tibet. **1750** Cao Xueqin verfasst *Der Traum der roten Kammer*. **1784** Die Vereinigten Staaten beginnen direkten Handel mit China. **1793** Dem Briten Lord McCartney gelingt es nicht, offizielle Beziehungen mit China aufzunehmen. **1796–1804** Die »Weiße-Lotus-Rebellion« gegen die Mandschus untergräbt die Autorität der Qing-Dynastie.	**1619–1624** Holländer übernehmen das Monopol des südostasiatisches Gewürzhandels. **1685** Erster südostasiatischer Außenposten der Briten in Sumatra. **1707** Der Tod des Herrschers Aurangzeb leitet das Ende des Mogul-Reichs in Indien ein. **1739** Der persische Herrscher Nadir Shah plündert Delhi, entführt den Pfauenthron und viele andere verbliebene Mogul-Schätze. **1757** Die Schlacht bei Plassey (nördlich von Kolkata) leitet die britische Oberherrschaft in Indien ein. **1767** Invasion Siams durch die burmesische Armee, Zerstörung der Hauptstadt Ayutthaya. **1782–1785** Rama I. gründet die Chakri-Dynastie in Siam. Vertreibung der Burmesen, neue Hauptstadt Bangkok.	**1652–1654** Erster Englisch-Holländischer Krieg. **1665–1666** Pestepidemie und Großfeuer in London. **1682–1725** Herrschaft Peters des Großen in Russland. **1683** Belagerung Wiens durch die Türken. Die Schlacht am Kahlersberg endet siegreich für die europäischen Truppen. **1701–1713** Spanischer Erbfolgekrieg. **1756–1763** Siebenjähriger Krieg zwischen England und Preußen einerseits und Österreich, Frankreich und Russland andererseits. **1779–1795** Französische Revolution. **1783** Erster bemannter Flug in einem Heißluftballon durch die Brüder Montgolfier in Frankreich. **1792–1815** Koalitionskriege bzw. Napoleonische Kriege zwischen Frankreich und dem größten Teil Europas.	**1620** Die »Pilgerväter« gründen eine Kolonie in Massachusetts. **1638** Erste Druckerpresse in Nordamerika eingerichtet. **1651** Die Holländer gründen Kapstadt in Südafrika. **1651** Die Haltung afrikanischer Migranten als Sklaven wird in Virginia legalisiert. **1664** Die Briten erobern Nieuw Amsterdam von den Holländern und ändern den Namen in New York. **1701** Beginn des westafrikanischen Aschanti-Reichs. **1754–1763** Krieg zwischen englischen und französischen Truppen in Nordamerika. **1775–1783** Amerikanischer Unabhängigkeitskrieg. **1787** Probefahrt des ersten Dampfschiffs in den USA auf dem Delaware River durch John Finch. **1788** Erste britische Straftäter nach Australien verschickt. **1795** Die Briten erobern Kapstadt von den Holländern.
1800–2008 n. Chr.			
1839–1842 Das Opiumverbot führt zum Krieg mit den Briten und der Annexion von Hongkong. **1850–1864** Der Taiping-Aufstand gegen die Mandschus kostet 30 Millionen Menschenleben. **1860** Anglo-französische Truppen besetzen und zerstören Beijing. **1894–1895** Japan siegt gegen China und besetzt Taiwan. **1900** Der antiwestliche Boxer-Aufstand in Beijing stärkt die Vorherrschaft westlicher Kräfte noch weiter. **1911–1912** Sun Yat-sen stürzt die Qing-Dynastie, was zur Gründung einer Republik führt. **1921** Gründung der Kommunistischen Partei Chinas. **1934–1935** Über 100 000 kommunistische Kämpfer fliehen vor den Nationalisten. Der 12 500 km »Lange Marsch« führt von Jianxi in die Provinz Shaanxi. **1936–1937** Japanische Invasion Chinas. Kommunistische und nationalistische Truppen vereinigen sich. **1945** Ende des Zweiten Weltkriegs. Japan zieht sich aus China zurück.	**1826** Die Briten erweitern ihren Einfluss auf die Malaiische Halbinsel durch Gründung von Siedlungen an der Straße von Malakka, Penang und Singapur. **1853** US-amerikanische Kriegsschiffe erzwingen Japans allgemeine Öffnung für internationale Handelsbeziehungen. **1854** Erstes Handelsabkommen zwischen USA und Japan. **1857–1858** Als Antwort auf den Sepoy-Aufstand in Indien erzwingt Großbritannien die Direktherrschaft. **1858** Französische Truppen landen in Tourane (Danang) im heutigen Vietnam. **1869** Einweihung des Suez-Kanals, der die Reisezeit für Schiffe von Europa nach Asien beträchtlich verkürzt. **1885–1886** Burma wird eine Provinz Britisch-Indiens. **1885** Der Indische Nationalkongress wird als Opposition gegen die britische Vorherrschaft gegründet. **1887** Französisch-Indochina entsteht aus Annam, Tonkin, Cochin, China und Kambodscha. **1892–1898** Aufstand gegen die spanische Kolonialherrschaft auf den Philippinen.	**1804** Napoleon wird Kaiser. **1815** Napoleon wird bei der Schlacht von Waterloo geschlagen und ins Exil geschickt. **1827** Nicéphore Niepce produziert in Frankreich die erste Fotografie. **1848** Marx und Engels veröffentlichen Das *Kommunistische Manifest*. **1853–1856** Krimkrieg zwischen Russland einerseits und dem Osmanischen Reich, Großbritannien und Frankreich andererseits. **1871** Gründung des Deutschen Reichs. **1890** Deutsche und französische Investoren und Hersteller starten die moderne Autoindustrie. **1895** In Frankreich erfinden die Brüder Lumière den Filmprojektor und das Kino. **1895** In Italien erfindet Guglielmo Marconi die drahtlose Telegrafie. **1904** Die Entente cordiale zwischen Frankreich und Großbritannien wird unterzeichnet. Ende des jahrhundertelangen Konflikts zwischen den beiden Nationen. **1905** In Russland wird die Revolution unterdrückt. **1914–1918** Erster Weltkrieg.	**1812–1814** USA im Krieg gegen England. **1831–1836** Charles Darwins naturwissenschaftliche Reise in den Pazifik an Bord der *Beagle*. **1844** Samuel Morse sendet eine erste elektronische Nachricht mit Hilfe des Morse-Alphabets. **1859** Erste Ölquelle in Titusville, Pennsylvania, angebohrt. **1861–1865** Amerikanischer Bürgerkrieg. **1876** Alexander Graham Bell erhält das Patent auf das Telefon. **1877** Thomas Edison macht die erste Aufnahme auf einem Phonographen (Grammofon). **1880–1881** Erster Burenkrieg zwischen Briten und Transvaal-Buren in Südafrika. **1884–1885** Berliner Konferenz verabschiedet Grundlagen für die Aufteilung Afrikas in Kolonien. **1888** George Eastman stellt die erste tragbare Handkamera von Kodak vor. **1899–1902** Zweiter Burenkrieg. Britische Herrschaft über Südafrika. **1902** Kuba wird unter amerikanischer Protektion unabhängig.

CHINA

1800 – 2008 n. Chr.

1949 Kommunistische Truppen besiegen die nationalistische Kuomintang und rufen die Volksrepublik China aus. Mao Zedong wird ihr Führer.

1950 – 1953 China unterstützt Nordkorea im Kampf gegen UN-Truppen auf der koreanischen Halbinsel.

1958 Mao verkündet den Wirtschaftsplan »Großer Sprung nach vorn« mit Kollektivierung der Landwirtschaft und arbeitsintensiven Industrien. Der Plan schlägt fehl und führt zu Hungersnöten.

1962 Zusammenstöße chinesischer und indischer Truppen entlang der umstrittenen Himalaja-Grenze in Ladakh und Assam.

1966 – 1976 Maos »Kulturrevolution«, die eigentlich Chinas radikalen Geist wiederaufleben lassen soll, endet in jahrelangem wirtschaftlichem, politischem und sozialem Chaos.

1970 China startet seinen ersten Satelliten, der 26 Tage lang im All bleibt und das Revolutionslied »Der Osten ist rot« sendet.

1976 – 1977 Tod Maos. Sein Nachfolger ist Deng Xiaoping, der wirtschaftliche Entwicklung über politische Orthodoxie stellt.

1979 Es werden diplomatische Beziehungen mit den Vereinigten Staaten aufgenommen.

1986 – 1990 Dengs »Politik der offenen Tür« fördert Investitionen aus dem Ausland, die Schaffung einer Marktwirtschaft und Privatwirtschaft.

1989 Nach wochenlangen friedlichen Protesten schießen Truppen auf Demonstranten am Tian-An-Men-Platz in Beijing. Etwa 200 Menschen sterben. Danach wird China einige Jahre lang diplomatisch isoliert.

1997 Hongkong fällt nach mehr als 100 Jahren Kolonialherrschaft zurück an China.

1999 Macao, letzte europäische Kolonie in Asien, fällt nach mehr als 440 Jahren portugiesischer Kolonialherrschaft an China zurück.

1999 Teststart der ersten unbemannten Weltraumkapsel.

2003 Chinas erster bemannter Weltraumflug mit Astronaut Yang Liwei.

2005 Chinas zweiter bemannter Weltraumflug mit zwei Astronauten, die die Erde in der Weltraumkapsel Shenzhou VI umrunden.

2008 Olympische Spiele in Beijing.

ASIEN

1898 Nach dem Spanisch-Amerikanischen Krieg gewinnen die USA die Herrschaft über die Philippinen.

1899 – 1902 Philippinischer Unabhängigkeitskampf gegen die amerikanischen Besatzer.

1904 – 1905 Japan besiegt Russland bei Port Arthur, Tsushima.

1910 Japan annektiert Korea.

1931 Japan marschiert in der Mandschurei ein und etabliert ein Marionettenregime.

1932 Siams Königtum wird durch eine parlamentarische Regierung ersetzt.

1941 Japan greift ohne Warnung amerikanische und britische Militärbasen und Kolonien in Hawaii und Südostasien an. Der Krieg im Pazifik beginnt.

1945 Die USA werfen Atombomben über den japanischen Städten Hiroshima und Nagasaki ab und beenden damit den Zweiten Weltkrieg in Asien.

1945 Indonesische Nationalisten erklären die Unabhängigkeit des Landes von den Holländern.

1945 Kommunisten erklären Vietnams Unabhängigkeit von Frankreich.

1946 Die USA erklären die Philippinen zum souveränen Staat.

1947 Großbritannien teilt den Subkontinent auf in Pakistan und Indien und zieht sich dann zurück.

1948 Burma gewinnt die Unabhängigkeit von Großbritannien.

1951 Japan unterzeichnet Friedensabkommen mit den USA und anderen Nationen.

1954 Frankreich zieht sich aus Vietnam zurück und hinterlässt ein geteiltes Land.

1957 Malaysia gewinnt die Unabhängigkeit von Großbritannien.

1964 Die USA starten eine Luftoffensive gegen Nordvietnam und stellen Bodentruppen auf.

1975 Nordvietnam besiegt Südvietnam. Wiedervereinigung des Landes.

1997 – 1998 Asiatische Finanzkrise verursacht großen wirtschaftlichen Schaden.

2004 Ein Seebeben löst einen Tsunami aus, mindestens 230 000 Menschen in Südostasien, Indien und Sri Lanka sterben oder gelten als vermisst.

EUROPA

1917 Die russische Regierung wird von den Bolschewiken gestürzt.

1918 Russland und Deutschland unterzeichnen einen Nichtangriffspakt. Der Zar und seine Familie werden ermordet.

1922 Italiens faschistischer Anführer Mussolini bildet eine Regierung.

1922 – 1991 Union der Sozialistischen Sowjetrepubliken.

1929 Der Weltaktienmarkt bricht ein, was zu Massenarbeitslosigkeit führt (Schwarzer Freitag).

1933 Der Führer der NSDAP, Adolf Hitler, wird deutscher Kanzler.

1936 – 1939 Spanischer Bürgerkrieg.

1938 Deutschland annektiert Österreich und das Sudetenland.

1939 – 1945 Zweiter Weltkrieg.

1949 Teilung Deutschlands in zwei Staaten.

1949 Erster moderner Computer an der Universität Manchester eingesetzt.

1956 Aufstand in Ungarn gegen die sowjetische Besatzung kostet Tausende das Leben.

1957 Gründung der Europäischen Wirtschaftsgemeinschaft (EWG).

1957 Die Sowjetunion startet Sputnik 1, den ersten Satelliten.

1961 Bau der Berliner Mauer.

1968 Ca. 500 000 Soldaten des Warschauer Pakts marschieren in der Tschechoslowakei ein, um zu verhindern, dass das Land aus dem sowjetischen Einflussbereich ausbricht.

1986 Ein Reaktor der Atomenergieanlage Tschernobyl in der Ukraine explodiert und sendet radioaktive Wolken über ganz Europa.

1989 Die Berliner Mauer fällt.

1991 Die Sowjetunion wird durch einen Bund unabhängiger Staaten aus den meisten der sowjetischen Republiken ersetzt.

2001 China und Russland unterzeichnen einen Freundschaftsvertrag.

2002 Russland und die USA vereinbaren eine drastische Abrüstung ihrer Atomraketenarsenale.

2004 In Madrid finden 191 Menschen bei Bombenattentaten auf Züge den Tod.

2005 In London werden bei Bombenattentaten auf das öffentliche Verkehrssystem 52 Menschen getötet.

ANDERE

1903 Erster motorisierter Flug von Orville Wright in North Carolina.

1905 Albert Einstein veröffentlicht seine Relativitätstheorie.

1908 Henry Ford produziert sein erstes Model-T-Auto in Fließbandarbeit.

1914 Eröffnung des Panamakanals beschleunigt den Handel zwischen USA und Asien.

1926 Der amerikanische Physiker Robert Goddard testet die erste Flüssigkeitsrakete, die eine Flughöhe von 14 m erreicht.

1927 Philo Farnsworth demonstriert weltweit erstmalig die Übertragung eines Bildes auf elektronischem Wege.

1942 Deutsche Wissenschaftler testen die V2-Rakete, das erste Raketengeschoss.
Erste Atomreaktion unter kontrollierten Bedingungen in Chicago.

1945 Atombombentest in Los Alamos, New Mexico. Nur Monate später beenden zwei Bomben auf Japan den Zweiten Weltkrieg.

1951 Die erste kommerzielle Rechenmaschine, die UNIVAC 1, wird in den USA hergestellt.

1956 Streitkräfte der USA, Großbritanniens und Frankreichs ziehen sich aus Ägypten zurück. Vorausgegangen war der Versuch, den Suez-Kanal in ihre Gewalt zu bringen.

1959 Fidel Castro stürzt die von den USA unterstützte Regierung.

1962 Algerien wird unabhängig von Frankreich.

1967 Israel greift seine Nachbarn an und erobert große Gebiete von Jordanien, Ägypten und Syrien.

1969 Mondspaziergang des US-Astronauten Neil Armstrong.

1973 Ägypten greift Israel auf dem Sinai an; der Angriff wird unter hohen Verlusten abgewehrt.

1975 Gründung von Microsoft zur Erstellung von Computer-Software.

1980 – 1988 Krieg zwischen Iran und Irak.

1982 – 1983 Großbritannien erobert die Falkland-Inseln von den argentinischen Invasoren zurück.

1991 Im ersten Golfkrieg werden irakische Invasoren aus Kuwait verjagt.

2001 Terror-Angriffe in den USA kosten fast 3000 Menschen das Leben.

2003 Zweiter Golfkrieg und Besetzung Iraks.

DANKSAGUNG

Dieses Projekt ist bei Weitem das anspruchsvollste, das ich je in Angriff genommen habe, und unter allen Menschen, die dazu beigetragen haben, sind drei, ohne die es einfach immer nur bei der Idee geblieben wäre.

Mein Dank gilt in erster Linie meinem Verleger und Lektor Michael Dover, der das Potenzial dieses Projekts rasch erkannt hat und ihm von Anfang an ständige Unterstützung zukommen ließ. Michael hat mir insbesondere die Augen dafür geöffnet, dass dieses Buch einer breiten Leserschaft zugänglich gemacht werden sollte und nicht nur denen, die mit Chinas außergewöhnlicher Kultur, Andersartigkeit und landschaftlicher Schönheit schon vertraut sind. Vor allem vielen Dank für Deine Geduld und für Deine Überzeugung, dass der Begleittext von mir geschrieben werden konnte und sogar sollte – trotz allen Ringens meinerseits mit den Zeitformen und obskuren Grammatikregeln der englischen Sprache. Hoffentlich habe ich Dir nicht alle Illusionen genommen, was meine »literarische Stimme« betrifft.

Wenn Michael die intellektuelle Energie erzeugte, mit der ich loslegen konnte, so hat Nina Huang'fan, meine Produzentin in Beijing, dafür gesorgt, dass ich genügend Kraft aufbrachte, das Projekt auch zu Ende zu führen. Mit Huang'fan arbeitete ich für Michael Palins TV-Serie *Himalaya* zum ersten Mal zusammen. Von Anfang an haben ihre unbezahlbaren Recherchen für dieses Projekt meinen Träumen zur Realität verholfen. Durch ihre sorgfältige Planung und ihr ausgedehntes Netzwerk an Kontakten in ganz China konnten wir tatsächlich unser hochgestecktes Ziel termingerecht und im Rahmen des Budgets erreichen. Ihre Fernbeiträge zu Buchdesign und Text waren unverzichtbar, ebenso wie das Beschaffen der Kalligrafien für die Kapitelanfänge und die Kurzinformationen über die Provinzen. Ihre Recherchen und die Sammlung von Material für meinen Text wurden mit äußerster Effizienz und so wenig Aufwand wie möglich erledigt. Dir vielen Dank, meine liebe Freundin, für Deine Unterstützung bei diesem Projekt. Ich hoffe, dass Du zufrieden bist mit dem, was ich aus »unserem« Buch gemacht habe.

Es ist fast unmöglich, die richtigen Worte – in schriftlicher oder anderer Form – zu finden, um meine Dankbarkeit gegenüber Michael Palin richtig zum Ausdruck zu bringen, meinem großen Freund und Gönner, dem ich meine Karriere verdanke. Michael hat mir durch seinen Hunger nach neuen Erfahrungen buchstäblich die Welt gezeigt. Er hat mich von meiner bequemen Couch heruntergezerrt und aus mir einen, wenn auch moderaten Abenteuertouristen gemacht. Ich danke Dir, Mike, dass Du Dein »Urlaubsjahr« gerade zur richtigen Zeit genommen hast, sodass auch ich mein Traumprojekt verfolgen konnte, und auch für Deine positive Unterstützung bei meinem ersten Versuch, nicht nur Fotos, sondern auch Wörter aneinanderzureihen. Deine Erfahrung und Großzügigkeit gaben mir das nötige Selbstvertrauen, um dieses Projekt zu Ende führen zu können. Die nächste Runde Martinis geht auf mich.

Weiteren Dank schulde ich meinem Cheung Chau Gang – meinem alten Freund und Nachbarn Gavin Greenwood, der die Zeitleiste und die Kapitelanfänge so professionell zusammengestellt und die Bildunterschriften lektoriert hat, und meiner Patentochter Stella Lai, Co-Designerin und Computerfachfrau, für ihren prüfenden Blick und ihre flinken Finger. Ich freue mich schon auf den Tag, der sicher bald kommen wird, wenn ich Dir einfach einen Stapel Fotos hinlege und weiß, dass Du ein wunderschönes Buch daraus machst.

Allen Mitarbeitern bei Weidenfeld & Nicholson in London herzlichen Dank, besonders Debbie Woska für ihr aufmerksames Lektorat und Fiona McIntosh für die Produktionsüberwachung. Dank an Newsele in Mailand für die hervorragenden Farbreproduktionen und an Dario Martinelli und sein Team bei Printer Trento, die das endgültige Buch mit Hingabe und Finesse noch einmal produziert haben. *Grazie mille*.

Dank auch an Steve Abbot und Paul Bird bei Mayday, die sich um die finanzielle Seite gekümmert haben, und an meinen alten Freund und Agenten Peter Bennet-Jones, der sich eine Auszeit von der Verwaltung seines Imperiums genommen hat, um mich vor der großen, bösen Welt des Kommerzes zu schützen. Vielen Dank Euch allen.

Was mich persönlich betrifft, danke ich meinen Eltern und meiner Familie für ihre Unterstützung, besonders Pat, Sonia und Ed, die mein gnadenloses Reisepensum toleriert haben.

Und zum Schluss Dank an all die Menschen in China, die uns auf dieser Reise geholfen haben. *Xie-xie* aus ganzem Herzen und von ganzer Seele.

Basil Pao 2007

[RECHTS] Barbier in der Altstadt von Kashgar, Xinjiang. [SEITEN 376–377] Mingsha-Dünen bei Dunhuang in der Provinz Gansu. [SEITE 384] Der heilige See Yamdrok-tso in Tibet.

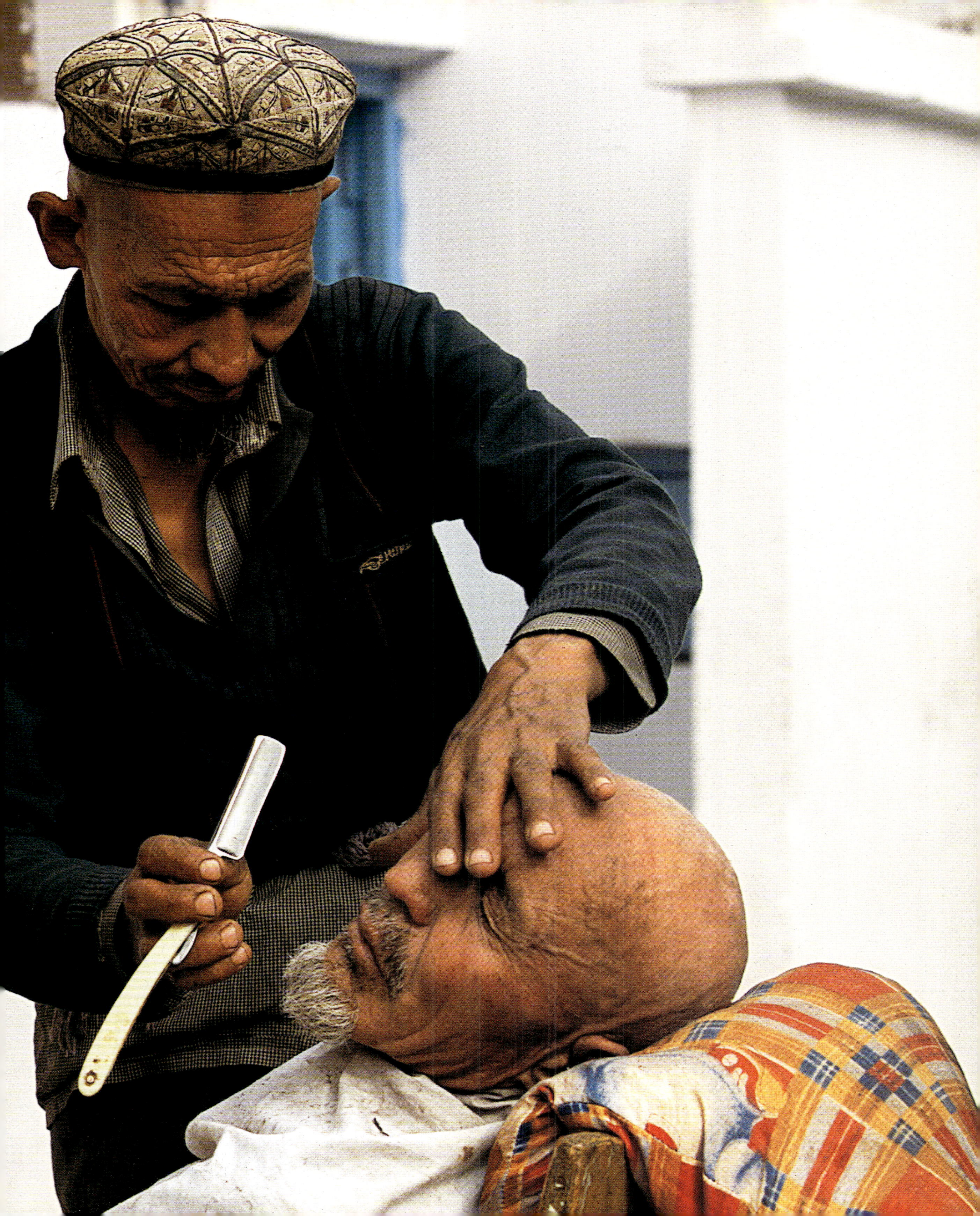

Man regiert ein Königreich mit gewöhnlichen Taten.
Man führt Krieg durch ungewöhnliche Aktionen.
Aber man regiert die Welt, indem man sie unbehelligt lässt.
Woher ich das weiß?
Weil es in der Natur der Sache liegt.

Je mehr Verbote und Tabus, desto ärmer werden die Menschen.
Je schärfer die Waffen, desto größer werden Chaos und Verwirrung.
Je aufgeweckter die Menschen, desto größer die Verschwendungssucht.
Je mehr Gesetze und Vorschriften, desto mehr Diebe und Räuber kommen zum Vorschein.

Deshalb sagt sich der Weise:
Wo du keine Befehle gibst, verhalten sich die Menschen bedacht.
Wo du nicht predigst, sondern still bleibst, finden die Menschen Gelassenheit.
Wo du dich nicht einmischst, gedeihen die Menschen von alleine.
Wo du deine Wünsche nicht aufzwingst, kehren die Menschen zum Einfachen zurück.

Kapitel 57 aus dem *Tao Teh Ching* von Lao Tzu